KB263907

리더십
A
APPRECIATIVE
다이아나 휘트니 아만다 트로스텐 - 블룸 케이 레이더 저
이영석 김명언 신좌섭 역

ORP PRESS

"A 리더십은 대인 관계의 스타일과 조직적인 결과, 공공의 선을 명쾌하게 연결시킨다. 이 책은 조직 구성원이라면 누구에게나 필요한 원칙에 근거한 리더십을 실천하는 방법을 제시한다."

– 바튼 알렉산더Barton Alexander

Molson Coors Brewing 부사장

"A 리더십은 긍정적인 몰입과 변화에 대한 철학이자 방법론이다. 이 책은 우리 자신과 다른 사람들 안에 있는 힘을 인식하고 가족과 공동체, 세상이 옳은 일을 할 것을 촉구한다."

– 게리 M. 넬슨Gary M. Nelson 박사

Institute for Sustainable Development 창립 회원

"A 리더십은 긍정적 정서에 대한 새로운 이론과 맥을 같이 한다. 우리 자신 그리고 다른 사람들에게서 긍정성을 배움으로써 삶과 조직을 안에서부터 밖으로 전환시키는 리더십의 강력하고 새로운 접근법을 이해하게 된다."

– 바바라 L. 프레드릭슨Barbara L. Fredrickson 박사

"Positivity"의 저자, 노스 캐롤라이나 대학 교수

“인간 공동체에 A 리더십이 필요한 시기가 있다면 지금이 바로 그 때이다. 이 책은 우리 자신과 다른 사람에게서 최상의 것을 이끌어내기 위한 우리의 헌신을 통해 우리가 원하는 세상을 어떻게 만들어 갈 수 있는지를 생생하게 보여준다.”

　　　- 피터 F. 놀린Peter F. Norlin 박사

　　　　　Organization Development Network , 상무이사

“이 책은 실효를 거둘 수 있는 방법을 이용해서 조직을 변화시키고 싶은 리더들이 반드시 읽어야 할 책이다. 이 책에 제시된 핵심 전략과 사용하기 쉬운 도움말들이 에이아이에 생기를 불어넣는다.”

　　　- 도리 K. 폰테인Dorrie K. Fontaine 박사 RN, FAAN

　　　　　버지니아 간호대학 학장, 교수

“A 리더십은 직급에 관계없이 리더라면 꼭 읽어야 할 책이다. 건전한 원칙과 능력을 향상시키는 실천 방안으로 가득한 이 책은 새로운 리더들에게 현대 사회에 도전할 채비를 갖추게 한다.”

　　　- 윌리엄 J. 하이블William J. Hyble ,

　　　　　El Pomar Foundation 회장, CEO

"나에게 A 리더십은 삶의 방식이 되었다. 그것을 받아들인 우리 교구의 많은 사람에게도 마찬가지이다. 이 책은 당신도 그렇게 할 수 있도록 도와줄 것이다."

> – 브리짓 롤러Brigid Lawlor, RGS, JD
>
> The Sisters of the Good Shepherd 교구 지도자

"이 책은 A 리더십을 실천하는 법에 대한 포괄적인 지침서이다. 이 책에는 저자들의 지혜와 연구가 여러 분야에서 입증된 실천 방안과 통합되어 있다. 앞으로 오랫동안 참고하게 될 실용적이고 정통한 책을 만들어냈다."

> – 제임스 C. 로빈슨James C. Robinson과 다나 G. 로비슨Dana G. Robinson
>
> Performance Consulting and Strategic Business Partner 저자

"A 리더십은 오늘날의 여러 기관에서 일하는 총명하고 뛰어난 많은 사람들의 숨겨진 역량을 해방시키는 열쇠를 제공한다."

> – 폴 R. G. 커닝햄Paul. R. G. Cunningham, MD, FACS
>
> 이스트캐롤라이나 브로디 의과대학, 학장

"이 통찰력 있는 책은 후기산업화 시대의 리더십 전략과 그 실천 방안을 찾아내는 길잡이 역할을 한다. 이 책은 우리 조직을 어떻게 두려움에서 해방시키고 뛰어난 성과와 긍정적 변화를 촉진할 수 있는지 우리에게 이야기해준다."

　－ 윌리엄 H. 허드넷 3세 William H. Hudnut Ⅲ

　　인디아나폴리스 전 시장

"이 책을 이용하여 조직에 내재된 지혜를 발견하고 긍정적인 결과를 끌어내는 방법을 배우라."

　－ 딕시 반 드 플라이어 데이비스 Dixie Van de Flier Davis 교육학 박사

　　The Adoption Exchange 대표, 상임이사

"A 리더십은 에이아이의 힘을 포착하고, 육성하고, 확장한다. 이 책은 고도의 몰입과 헌신 그리고 성과를 독려하면서 우리 조직의 문화를 일신하는 방법을 제시한다."

　－ 릭 펠렛 Rick Pellett

　　Hunter Douglas Window Fashions Division 대표

이 뛰어난 작품의 대표 작가인 다이아나 휘트니Diana Whitney를 25년간 친구이자 동료로 둘 수 있었던 것은 큰 행운이었다. 첫 만남 이래 우리 대화의 초점은 인간 커뮤니케이션에 관한 것이었다. 내 경우 이러한 관심이 학문적인 길로 이어졌고, 다이아나의 경우 조직 개발에 대한 뛰어난 경력으로 발전되었다.

내 학문적 여정은 마침내 인간 커뮤니케이션이 어떻게 현실과 윤리, 논리에 대한 공통의 견해를 유발하는가에 대한 탐구로 나를 이끌었다. 논란의 가능성은 있지만 궁극적으로 우리가 인생에서 가치 있는 존재가 되기 위해 가지고 있는 모든 것은 소통적 관행에서 비롯된 것이라고 할 수 있다. 소위 사회구성주의로 불리는 이러한 견해는 많은 사람들을 불안하게 한다. 사회구성주의는 객관적인 진실 안에 있는 과학적 믿음, 논리에 기반을 둔 철학적 믿음, 보편적인 도덕적 원칙이 존재하는 종교적 혹은 인문학적 믿음을 거스른다.

그러나 다이아나 휘트니와의 논의를 통해 사회구성주의 이론이 조직 변화 실천면에서 가진 잠재력을 확인할 수 있었다. 조직에 대한 이론들은 오랫동안 합리적 설계와 통제가 가능한 기계의 한 형태로 조직을 바라보는 기계론적 조직관에 기반을 두어 왔다. 조직의 변화는 상의하달적 개입을 기반으로 하며, 구조와 기능에 대한 연구를 통해 강화되었다. 그러나 그것은 성공적이지 못한 경우가 많았다.

사회 구성주의자의 관점에서 보면 모든 장소에서 이루어지는 모든 대화가 좋든 나쁘든 조직의 미래에 영향을 미치는 것처럼 살아있는 과정이 곧 조직이라는 입장은 조직을 구조로 보는 입장을 대체했다고 볼 수 있다.

우리가 다섯 명의 학자 및 실무자들과 힘을 합해 비영리단체인 타오스 연구소Taos Institute를 만들고 사회구성주의적 아이디어를 사회적 실천 관행과 연결시켜 사회 변화를 꾀한 이유는 우리가 그러한 아이디어와 실제적인 의미에 크게 매료되었기 때문이었다.

현재 18개국에서 온 200여 명의 동료들이 일하는 타오스 연구소는 컨퍼런스와 워크숍, 박사 교육 과정, 온라인 자원, 저비용 출판물 등을 제공하고 있다. 그렇지만 창설 당시에는 수레시 스리바스트바Suresh Srivastva와 데이비드 쿠퍼라이더David Cooperrider가 연구소 이사회에 굳건히 자리한 덕분에 타오스 연구소는 에이아이에 역점을 두고 있었다. 그것은 구성주의 이론의 요소들을 창의적인 협력 관행과 최적으로 결합시킨 관행이었다.

지난 20년간 에이아이의 성장과 적용은 가히 경이로웠다. 긍정적 조직 변화의 가장 강력한 프로세스가 고안되었다고 말해도 틀림이 없을 것이다. 전 세계 수천 명의 사람들이 국가 전체나 거대 조직에서 지역 사회, 가족, 개인의 삶에 이르는 온갖 종류의 조직 변화를 위해 에이아이 형식을 사용해 오고 있다. 또한 수많은 논문과 책이 그 힘을 증명한다.

이 놀라운 분야를 살펴본 사람이라면 누구나 에이아이의 대중적이고 민주적인 특징이 다양하게 부각되는 것에 매력을 느끼게 된다. 즉, 긍정의 무브먼트는 모두의 목소리를 존중하며 조직이나 집단 내에서 일치된 비전과 가치를 공유함으로써 힘을 발휘한다. 에이아이는 모든 사람의 목소리를 높일 것을 제안한다. 왜냐하면 그러한 목소리가 울려 퍼지는 가운데서 우리가 원하는 긍정적인 목적지에 다다를 수 있기 때문이다.

그와 동시에 긍정 무브먼트는 수세기 동안 이어져 온 조직 관리 전통과 정면으로 대치된다. 과거의 전통은 개인적 리더십을 중시한다. 초기의 카리스마적 리더십에서 보다 최근의 정교하고 효과적인 관리에 이르는 개인적 리더십은 조직을 형성하고 원하는 방향으로 조직을 결집시키는 개인의 자질, 특성, 기술에 초점을 맞추었다. 이와 같이 잠재적인 능력을 많이 보유한 개인이 곧 리더라는 오래된 개념은 수백 권의 인기 서적과 교육 프로그램에 구체적으로 기술되어 있다. 그러나 개인의 능력보다는 협동을 우선시하는 리더십을 탐색한 책은 불과 몇 권에 불과하고, 긍정 무브먼트에서 에너지를 이끌어내는 리더십에 대한 저서를 찾기는 상당히 어렵다.

이런 의미에서 바로 이 책이 조직 개발 이론과 실천에 있어서 이정표라고 할 수 있는 것이다. 휘트니와 그녀의 재능 있는 동료, 아만다 트로스텐-블룸Amanda Trosten-Bloom과 케이 레이더Kae Rader는 지식과 실천의 범위를 확장시키고 있다. 에이아이 철학과 실천에 뿌리를 둔 리더십이야말로 번창하고 성공하는 조직의 열쇠이다. 저자들은 에이아이를 이용한 광범위한 컨설팅 경험과 다양한 조직 리더들과의 밀접하고 협력적인 연구를 이용해서 긍정적 접근법이 어떻게 작용하는지에 대한 풍성하고 매력적인 설명을 내놓는다.

저자들은 긍정 전통에서 도출한 긍정의 힘을 활용하는 다섯 가지 중요한 지침을 제시한다. 그 첫 번째는 질문하기이다. 이는 리더십을 발휘하는 위치에 있는 사람들의 문제를 긍정적 변화의 기회로 전환시킬 수 있는 질문을 만들어 내도록 한다. 조직 구성원들로 하여금 상호 질문을 하게 만듦으로써 직무 영역 간에 가교가 만들어지고, 그 결과로 모든 참여자들이 존중하는 가치에 근거한 조직 문화가 만들어질 수 있다. 두 번째, 긍정의 실천을 통해 참가자들이 조직 생활에 보다 영감을 받고 몰입하는 자세를 가지게 된다. 세 번째는 조직의 미래를 함께 창조하는데 사람들을 끌어들이는 중요성에 관한 것이다. 이러한 관계가 만들어지는 과정에서 참여자들은 에너지를 얻고 창의적으로 사고하고 기획할 수 있게 된다. 그리고 마지막으로 이러한 프로세스들을 통해 오늘날 세상에서 너무나 흔한 개인 중심(혹은 나부터) 문화를 지양하고 전체의 선에 가치를 두는 결정을 하게 된다.

쉽지 않은 것이 사실이다. 조직 내에서 크고 작은 창의적 변화의 불을 지피는 노력이 필요하다. 그렇지만 더 멀리 본다면 이 책 안에는 인식하지 못하고 간과할 수 있는 보다 깊은 지혜가 있다. 그것은 우리의 세상을 관계적인 과정으로 보는 일이 매우 가치 있고 심오한 접근법임을 보여준다. 우리에게는 개별적 실체를 초점으로 삼는 오랜 전통이 있다. 여기에서 내가 말하는 것은 비단 개인을 개별적 실체로 보는 것뿐만 아니라, 개인의 생각과 가치, 욕구 등의 측면에서 우리가 그들을 이해하는 방식까지도 개별적으로 보는 것을 말한다. 우리는 학문적인 면에서나 일상에서나 두뇌, 경제, 의료, 주택, 교육 등과 같은 개개의 주제에도 관심을 둔다. 이것은 사실상 우리가 세상을 분리된 단위나 영역으로 만들어 가고 있으며 더 나아가 이러한 영역들을 고정된 것으로 여기게 한다. 다시 말해, 우리는 지속적인 연구를 통해 그들의 본성과 작용에 대한 지식을 쌓아갈 수 있다고 가정하고 있는 것이다. 그러한 가정은 시간이 가도 단위나 영역이 동일하게 유지된다는 시각에서 나온 것이다.

이제 지금의 A 리더십에 기반을 둔 시각에서 세상에 대해 생각해 보라. 휘트니, 아만다, 케이가 제안했듯이 조직의 성공은 개별적인 인물들의 행동이 아닌 구성원들 간의 관계에 달려 있다. 관계가 번성할 때 참여자들은 고무되고 전념하고 헌신하게 되며 이러한 관계가 상호적인 지지를 받게 될 때 창의적 변화를 위한 잠재력은 극대화된다. 아이디어, 가치, 사람들과 자원의 세계적 흐름이 타성과 이성에 끝없이 도전하고 있는 오늘날의 세계에서는 창의적 변화를 위한 조직의 잠재력이 극히 중요하다. 그리고 긍정의 기술을 사람과 환경을 비롯한 우리의 모든 관계에 확장할 수 있다면, 우리는 성장과 발전의 가능성을 지닌 세계를 향해 나아갈 수 있을 것이다.

케네스 J. 거겐 Kenneth J. Gergen, **타오스 연구소 대표**

이 책은 우리 각자가 우리 가족, 우리 걸스카우트 단, 우리 반, 학교에서의 과외활동 등 리더십의 세계에 발을 들여놓은 50년 전부터 시작되었다. 어린 시절에 우리는 모두 리더십의 부름을 받았고 무엇이 좋은 리더십인지 궁금해 했다. 나라면 어떻게 할까 혹은 어떻게 더 낫게 할 수 있을까? 하는 호기심을 가진 것이다.

다이아나는 고등학교 시절 연보 편집자의 자리를 제안 받았다. 당시 그녀는 책을 쓰는 일에 대해서 한 번도 생각해 본 적이 없었다. 그녀의 선생님이 그녀의 잠재력을 보았고 그녀에게 그것을 직접 확인할 기회를 주었던 것이다. 지금의 그녀는 20권의 책을 쓰고 편집한 작가이자 편집자이다. 고등학교 연보와 대학 연보, 그녀의 박사 학위 논문까지 포함해서 말이다!

이와 유사하게 아만다의 신생님들과 멘도들은 그녀에게 학교와 교회에서 공개적으로 연설할 기회를 주었다. 그때에도 그녀는 자신의 명확하고 희망적인 메시지로 모든 연령의 사람들이 행동에 나서게 만들었다. 오늘날 그녀는 대규모 조직의 사람들에게 긍정 변화를 일으키도록 영감을 부여하는 열정적인 연설가이자 컨설턴트이다. 케이의 경우 일찍이 인디아나폴리스 시장의 사무실에서 재능있고 헌신적인 공공 서비스 리더들과 함께 일했던 것이 주효했다. 그녀는 그들이 지역 사회 전체에게 이익이 되는 초당파적 결정을 내리기 위해 성심을 다해 끊임없이 노력하는 모습을 보고 큰 통찰력을 얻었다. 현재 조직을 위해 일하는 사람들을 돕는 노련한 컨설턴트인 그녀는 아직까지도 그 통찰력으로부터 교훈을 얻고 있다. 각기 걸어온 길은 달랐지만 그 모든 길이 우리를 동료와 공저자로 함께 하도록 만들었다.

우리는 조직 개발 컨설턴트들이다. 우리는 리더십 팀과 함께 전체 시스템의 긍정적 변화를 이끄는 대규모의 프로세스를 기획하고 진행한다. 또한 엄청난 규모의 그룹들과 일하고 그들의 창의적인 협력을 지원하는 데 익숙하다. 우리의 고객들은 헌터 더글라스Hunter Douglas, 버지니아 대학 헬스 시스템the University of Virginia Health System, 시스터즈 오브 더 굿 쉐퍼드the Sisters of the Good Shepherd, 콜로라도의 롱먼트시, 덴버시, 볼더시, 미국 올림픽 조직 위원회U.S. Olympic Committee, 브리티시 에어웨이British Airways, 버라이즌Verizon, 머크Merck, 휴렛 팩커드Hewlett-Packard, 종교 연합 이니셔티브United Religions Initiative를 비롯한 대규모 조직이나 공동체이다.

에이아이라고 불리는 우리의 작업은 강점에 기반을 둔 고도의 몰입 프로세스이다. 사람들은 에이아이를 통해 협력적으로 조직이나 공동체의 비전과 사명, 전략, 문화, 정체성을 재창조한다. 가치 기반 질문과 삶을 확인하는 대화에 참여함으로써 수 백 혹은 수 천의 사람들은 그들의 긍정적인 강점의 핵심을 공동으로 확인하고, 바람직한 미래를 구상하고, 그들이 함께 앞으로 나아갈 수 있는 방법을 결정할 수 있다. 이 프로세스는 관계와 결과 모두를 강화한다. 승리를 얻는 조합을 만들어내는 것이다.

에이아이는 세계 전역의 광범위한 업계, 부문, 공동체에서 괄목할 만한 성공을 기록했다. 우리는 오랜 시간 동안 무엇이 에이아이를 성공으로 이끄는지 궁금해 했다. 실제로 다이아나와 아만다는 바로 그 질문에 대한 연구를 수행했다. 그들의 연구는 베스트셀러에 오른 그들의 저서 "긍정조직 혁명의 파워"The Power of Appreciative Inquiry 로 요약된다. 그들의 발견은 에이아이 프로세스를 통해 해방된 여섯 가지 자유Six Freedoms를 가리킨다. 이들은 성공적인 긍정 변화를 위한 토대를 만든다. 관계를 통해 알려질 자유, 경청될 자유, 공동체 안에서 꿈 꿀 자유, 기여하기로 선택할 자유, 지원을 받으며 활동할 자유, 긍정적일 자유가 그것이다. 저자들은 이렇게 말한다. "다른 사람에 대해 차이를 만들 수 있다는 것을 깨달으면 사람들은 진정한 해방을 경험한다. … 에이아이는 여섯 가지 자유를 통해 관계적이고 이야기가 풍성한 배경을 만들며 이러한 환경은 자유로 가는 여행의 여정이 된다." ^{미주 1}

흔히 그렇듯이 한 가지 질문에 대한 답은 또 다른 질문으로 연결된다. 우리 역시 그랬다. 여섯 가지 자유를 배경으로 하고 우리는 몇 가지 관련 질문에 관심을 돌리게 되었다. 힘을 해방시키고, 긍정적 변화를 촉진하고, 지속적인 조직의 생명력과 성공을 조장하는데 있어서 리더십은 어떤 역할을 하는가? 이러한 종류의 리더십이 가장 좋은 상태일 때 갖는 독특하고, 특별하고, 흥미로운 점은 무엇인가?

리더십의 탐구

이러한 질문에 답하고 A 리더십에 대해 이야기를 하고 그것을 가르치

기 위한 기본 틀을 만들기 위해 노력하는 동안 우리는 개별 관찰, 긍정 인
터뷰, 긍정 포커스 그룹의 세 가지 단계를 거쳤다.

개별 관찰

우리는 십여 개의 리더십 팀과 일하면서 그들이 자신들의 조직이나 공동
체에 에이아이를 소개하고 의미 있는 변혁을 위해 에이아이를 이용하도록
도왔다. 그 과정에서 우리는 긍정적 변화를 위한 도구로 에이아이를 선택한
리더들이 공통적으로 4가지 원칙을 따른다는 것을 알아차리기 시작했다.

1. **그들은 일과 생활을 영위하는 데 더 나은 방식을 만들기 위해 조직이나 공동체
   의 다른 구성원들을 기꺼이 활용한다.** 예를 들어 종교 연합 운동의 창립자
   윌리엄 스윙William Swing 주교와 상임 이사 찰스 깁스Charles Gibbs는 다
   섯 번의 연간 세계 기획 서밋summit, 일 년 내내 이어지는 일련의 기획
   회의, 다수의 종교 서밋에 참석하고 적극적으로 참여했다. 모임 때마다
   그들은 신앙과 나라, 연령, 문화가 다른 사람들과의 대화에 열심히 참여
   했다. 마찬가지로 헌터 더글라스 윈도우 패션 부문의 리더들, 특히 대표
   인 릭 펠렛Rick Pellett은 회사의 10년 비전을 만드는 과정에 천여 명의 직
   원 전체는 물론이고 주요 고객과 공급업자, 지역사회의 구성원들을 참여
   시켰다. 마지막으로 미 해군 장성들은 "전 계급의 리더십" 개발에 초점
   을 맞춘 대단히 포용적이고 비 계층적인 모임 내내 계급과 재임 기간이
   다른 해군들과 막힘없이 어울렸다.

2. **그들은 *기꺼이 배우고 변화한다.*** 그들은 이런 것을 다른 사람에게만 권하는 것이 아니다. 예를 들어 뉴트리멘털Nutrimental의 CEO 로드리고 롤리스Rodrigo Loures와 시스터즈 오브 더 굿 쉐퍼드, 헌터 더글러스의 임원들은 모두 조직의 변화를 시작하기 전에 개인적으로 우리의 에이아이 워크숍에 참석했다. 이들 리더 모두가 우리와 함께 케이스 웨스턴 리저브 대학Case Westem Reserve University에서 학습과 개발의 기회가 있을 때마다 계속해서 참여했고 다른 긍정 리더들과 더불어 에이아이를 활용할 수 있는 능력을 키웠다. 더 중요한 사실은 그 과정에서 그들 모두 조직 구성원이나 이해관계자들로부터 배우고 자신의 조직뿐 아니라 스스로를 변화시키는 데에도 대단히 개방적이었다는 것이다.

인력 개발 부문의 전임 부사장 마이크 번즈Mike Burns는 헌터 더글라스 윈도우 패션 부문에서의 그의 리더십을 돌이켜 보면서 그의 여정이 가진 개인적·개별적·사적 의미를 설명했다.

이 일을 주도하면서 사실상 내 삶의 모든 측면이 변화되었습니다. 에이아이는 날마다 나로 하여금 부정적인 장애보다는 긍정적인 가능성을 보아야 한다는 것을 상기시켜 주었습니다. 이를 통해 나는 보다 열정적이고, 보다 고무적인 부모·파트너·친구가 될 수 있는 도구를 얻었습니다.

에이아이는 나에게, 나를 위해서, 그리고 내 주위의 사람들을 위해서도 인생을 더 나은 것으로 만드는 도구를 주었습니다. 그보다 더 좋은 것이 어디 있겠습니까?

　이 회사의 대표인 릭 팔렛 역시 자신과 그의 세계관에서 일어난 근본적인 변화에 대해 설명했다.

　에이아이 서밋은 즉각적으로 나를 변화시키기 시작했습니다. 에이아이 서밋으로 인해 나는 질문을 던지게 되었습니다. 비단 회사에 대한 것만이 아닌 내 인생에 대한 질문이었습니다. 에이아이 서밋은 내게 기회를 주었고 나로 하여금 내가 어디로 향하고 있는지, 그것이 내가 진정으로 살고 싶은 삶인지 생각해보게 했습니다. 에이아이 서밋은 오랫동안 내가 그저 참고 받아들였던 것들을 고치는 행동을 취하도록 만들었습니다.
　나는 이 경험이 전해지는 모든 사람들에게게서 그와 같은 종류의 "각성"이 일어날 수는 없다는 것을 알고 있습니다. 하지만 내 경우에 그것은 혁명이었습니다. 그리고 이른바 미국 내 기업 중 정상에 오르는 단호하고, 결단이 **빠르며**, 손익 계산에 밝은 많은 리더들의 경우 에이아이 서밋은 더 나은 방향을 향한 삶의 변화일 것입니다.

3. ***이들 리더는 진심으로 긍정의 힘을 믿었다.*** 테레사 버트람Theresa Bertram, 당시 캐시드럴 재단Cathedra Foundation 상무이사와 존 오슬레John Oechsle, 전 IHS의 CIO에게는 긍정이 고성과로 가는 직항로였다. 직원의 사기와 참여의 수준이 낮을 때면 그들은 변화를 위해 **긍정** 접근법을 선택한다. 그들은 사람들이 조직에서 성공적이고 유망했던 것이 무엇인가 연구함으로써 자신감과 희망을 얻게 되고 사기와 성과도 높아진다는 것을 이해하고 있었다. 마찬가지로 콜로라도 덴버시의 예산과 재정 관리자였던

마가렛 브라운Margaret Browne은 7천만 달러의 예산 부족 문제를 해결하고 그것을 통해 진정으로 긍정적인 결과를 얻기 위해 에이아이를 선택했다. 이들 사례가 보여주듯이, 긍정의 힘에 대한 믿음은 사회적인 문제만이 아니라 재정적인 문제에서도 효과를 발휘한다.

4. **이들 리더는 사람을 중시하며 종종 사람들이 배우고, 성장하고, 발전하는 것을 돕는 것이 조직의 사명이라고 생각한다.** 캐롤린 밀러Carolyn Miller Community Developemnet Institute, CDI의 상임 이사는 이러한 리더십의 전형이다. 그녀는 코치와 멘토의 입장에서 적극적으로 사람들의 희망과 꿈을 찾아낸 뒤 그들의 꿈과 일치되는 일을 맡도록 지원한다. 개인적인 발전에 대한 그녀의 헌신은 회사의 견고한 교육 예산은 물론 그녀와 동료 리더들이 직원과 함께 참여하는 정기적이고 지속적인 코칭에도 반영되어 있다.

이러한 모범적 리더들을 비롯한 많은 사람들과 일해 본 결과 우리는 사람들과 조직이 의도적으로 긍정적인 프로세스를 통해 배우고, 성장하고, 바뀔 수 있다는 것을 보기 시작했다. 에이아이에 참여한 사람들에게는 '고통이 없으면 얻는 것도 없다.'라는 개인 성장에 대한 낡은 견해는 필요하지 않다. 리더들이 긍정적이고 다감한 방식으로 사람들과 함께 참여할 때 사람들은 힘을 합쳐 조직과 공동체를 변화시키며 그 과정에서 스스로도 변화한다.

사람들은 긍정적인 감정과 아이디어에 둘러싸일 때 변화한다는 견해에 힘을 얻은 우리는 4일간의 집중적인 A 리더십 개발 프로그램Appreciative Leadership Development Program, ALDP을 계획하고 만들었다. 에이아이와 긍정성 분야의 최초의 리더십 개발 프로그램이었다. 여기에는 긍정 인터뷰와 동료 긍정 코칭, 360도 긍정 피드백이 포함된다. 오늘날 이 프로그램은 캐나다, 칠레, 일본, 미국, 4개국의 자격증을 받은 트레이너들에 의해 더 강력해지고 있다.[역주 1]

긍정 인터뷰Appreciative Interview

이 글을 쓰고 있는 시점에서 A 리더십 개발 프로그램 참가자들은 약 100건의 긍정 인터뷰를 실시했다. 프로그램에 참가하기 전 참가자들은 자기에게 귀감이 되는 리더들을 인터뷰한다. 즉 A 리더십 개발 프로그램의 참가자들은 그들이 그 자체로 존경하는 사람 혹은 그 리더십 방식을 존경하는 사람들을 인터뷰하는 것이다. A 리더십 개발 프로그램에 참여하는 동안에는 참가자들끼리 서로를 인터뷰하면서 개인적 리더십 여정에서 나온 이야기를 발견하고 공유한다. 5년 이상 우리는 이러한 인터뷰에서 얻어진 아이디어와 이야기들을 수집하고 그에 대해 성찰했다. 사실 그 중 많은 부분이 이 책 전체에 들어가 있다. 이것들을 모두 합치면 A 리더십의 중심이 되는 다섯 가지 핵심 전략을 확인하고 구별할 수 있게 된다.

1. 질문하기
2. 비춰주기
3. 포용하기
4. 영감 불어넣기
5. 본보기 되기

자신의 인터뷰와 경험을 통해 리더로서 우리에게 공유해 준 의미 있는 인용구를 예로 들어 보겠다.

- "언제나 다음과 같은 중요한 질문을 던져라. 내게 당신 책장에 놓을 책을 챙겨 달라고 부탁하지 말라. 나에게 어떤 책을 읽어야 할지 물어 보아라." [미주 2]
- "우리가 이끌고 있는 사람들을 신뢰하게 되면 그로 인해 사람들은 자신이 가진 최선의 모습으로 임하게 된다." [미주 3]
- "베티처럼 하지 말라. 그녀는 부정적인 롤 모델이다. 내가 배웠던 것은 안 해야 될 것이 무엇인지에 관한 것뿐이었다." [미주 4]
- "사람들에 대해 알아가면서 당신은 그들이 곧 우주 그 자체임을 깨닫게 된다." [미주 5]
- "무엇을 해야 할지 모르겠거든 그것이 분명해질 때까지 더 많은 사람들과 계속해서 이야기하라." [미주 6]

우리는 이와 같이 생성적이고 활력을 주는 이야기와 인용구들을 발견했다. 그들은 다섯 가지 핵심 전략에 대한 우리의 초기 아이디어를 너무나 명확히게 지적히고 강화해주었다. 디구니 우리가 그깃에 귀를 기울이고, 조사하고, 논의하는 동안 대단히 도발적인 아이디어가 계속해서 나타났다. 우리가 A 리더십이라고 부르는 위대한 리더십은 긍정의 힘에 대한 것이다.

긍정의 힘이라는 아이디어가 우리의 주의를 끌었다. 때문에 우리는 그에 대해서 이야기하고 가르치기 시작했다. 그렇게 하면서 우리는 그것이 고하를 막론한 모든 조직과 공동체 리더십에서 사람을 이해시키고 그들을 깊이 감화시키는 것을 발견했다. 사람들 모두 긍정의 힘을 내심 원하고 있는 것처럼 보였다. 하지만 그에 대해서 이야기하고 실천하고 그렇게 되기 위한 명시적인 기본 틀을 가진 사람은 거의 없다. 우리는 다시 한 번 연구가 필요하다는 결론을 내렸다. 우리는 A 리더십의 다섯 가지 핵심 전략의 개념을 실험하고 사람들이 긍정의 힘이라고 말할 때 의미하는 바를 탐구해야 했던 것이다. [미주7]

긍정 포커스 그룹 Appreciative Focus Group

우리는 A 리더십과 긍정의 힘에 대한 10개의 포커스 그룹을 운영했다. 우리의 주된 목표는 사람들이 최고의 상태에 있기 위해, 즉 자신의 잠재력을 깨닫기 위해서 리더십에 대해 원하고 필요로 하는 것이 무엇인지 명확하게 파악하는 것이었다. 우리는 경험이 있는 사람들로부터 그들의 의견을 통해 모범적인 리더십에 대해 듣고 배우고 싶었다.

우리는 참가자들에게 리더십에 대한 최고의 경험, 긍정의 힘에 대한 경험, A 리더십의 다섯 가지 핵심 전략에 대한 질문을 던졌다. 우리는 각각의 참가자들에게 세상의 리더들이 귀 기울였으면 하는 하나의 메시지를 제공해 달라는 요청도 했다. 그들의 아이디어는 간명하면서도 적절했다. 그들이 공유한 십여 가지 메시지가 다음에 나열되어 있고, 그 외에도 책 전체에 걸쳐 다양한 메시지가 등장한다. [미주7]

• 당신이 믿는 대로 살아라.

- 다른 사람이 묻지 않는 질문을 던져라.

- 참여하고, 열정을 가지고, 전심을 다하라.

- 모든 시민을 당신의 시민으로 생각하라.

- 자신을 소중히 하고, 다른 사람을 소중히 하고, 이 지구를 소중히 하라.

- 가능성의 힘을 믿어라.

- 다양성 속에서 조화를 이루는 법을 배워라.

- 낙관적인 입장을 견지하라. 할 수 있다는 태도를 가져라.

- 모든 사람에게 목소리를 낼 기회를 주라. 협력하라.

- 생각하고 전략을 만들고 당신의 계획을 확인할 시간을 가져라.

- 사람들을 사랑하라. 사람을 중심에 두라.

- 비전과 사명을 모든 사람과 함께 공유하라.

　　포커스 그룹 대화는 참여한 모든 사람들에게 에너지를 주고 모든 사람들을 계몽시키는 것이었다. 참가자들과 진행자들 역시 사람들이 원하고 기대하는 리더십이 무엇이며 스스로 보다 나은 리더가 되는 방법은 무엇인지 보다 명확하게 알게 되었다. 다섯 가지 핵심 전략과 그에 따른 수많은 구체적인 실천 방안이 확인되었다. 이들 중 많은 것들이 이후에 소개될 것이다.

A 리더십 소개

　　이 책의 목표는 당신에게 우리의 경험과 연구를 통해 개발된 A 리더십과 긍정의 힘의 개념을 소개하는 것이다. A 리더십이 무엇인지, 그것을 어떻게 실천하는지, 어떻게 그렇게 되는지 이해할 수 있는 기본 틀을 제공하려는 의도를 가지고 있는 것이다. 이것들이 전적으로 우리의 아이디어인 것은 아니다. 그들은 우리를 통해 이 책에서 모아진 아이디어이다. 우리의 친구 라코타Lakota와 가수 하워드 배드 핸드Howard Bad Hand는 뮤지션들이 음악에 대한 영감을 어떻게 '받아들이는지' 말한다. 노래가 가슴과 정신과 귀에 나타나면 그들은 그것을 받아 적어서 사람들에게 노래한다는 것이다. 이 책 역시 그렇다. 우리는 아이디어를 '받아들인다.' 그리고 그것을 사람들을 위해 적은 것이다. 리더십을 가진 사람들, 그것을 갖고자 하는 사람들, 미래의 리더십을 육성·개발하는 사람들을 위해서 말이다. 이 책이 담고 있는 아이디어들은 전 세계의 동료와 고객으로부터 우리가 보고, 듣고, 얻은 것이다. 그리고 이제 그것들이 당신의 것이 되는 것이다.

책의 개관

이 책은 짧은 섹션들로 이루어져 있다. 처음부터 시작해서 끝까지 읽을 수도 있고, 목차를 훑어본 뒤에 흥미로운 부분을 찾아서 거기에서부터 시작할 수도 있다. 어느 편이든 의미 있는 아이디어와 유용한 실천 방안을 찾을 수 있을 것이다.

1장, '이제는 A 리더십이다'에서는 A 리더십이 필요한 맥락을 제시한다. 그 안에서 우리는 오늘날 리더십 환경을 살펴보고 A 리더십에 대한 우리의 정의를 제시한다. 또한 A 리더십의 논리적 성격을 밝히고 그것이 어떻게 긍정적 결과의 파문을 만드는지 설명한다.

이것은 우리의 일시 정지 버튼이다. 책에서 이 버튼을 만나면 성찰의 시간을 가져보길 권한다. 활동이나 질문들은 이러한 '숨고르기'와 함께 할 때 더 흥미로울 수 있다. 당신이 읽고 있는 것들을 이해하고 기억하는 데 도움을 주는 것이다. 읽는 동안 책의 여백에 당신이 생각한 바나 당신이 가진 식견들에 대해서 메모해 놓는 것도 좋은 방법이다. 우리는 당신을 위해서 이 책을 썼다. 이제는 이 책에 담긴 아이디어와 실천 방안을 당신의 것으로 만들 시간이다.

2장, '잠재력을 긍정의 힘으로: 다섯 가지 핵심 전략'은 A 리더십과 긍정의 힘에 대한 우리의 연구 결과들을 간략하게 보여준다. 여기에서는 이야기와 인용문들을 통해 사람들이 긍정의 힘이 있는 리더십을 원한다는 것을 설명하고 잠재력과 힘의 차이를 밝히며 인간과 조직 공동체가 가진 잠재력이 관계적으로 해방되고 긍정의 힘으로 변하는 다양한 방식을 제시한다. 마지막으로 A 리더십의 다섯 가지 핵심 전략인 질문하기, 비춰주기, 포용하기, 영감 불어넣기, 본보기 되기를 소개한다.

3장에서 7장까지는 다섯 가지 핵심 전략을 상세히 설명한다. 한 가지 전략에 대해 하나씩 할애된 장이 각 전략의 정의와 모범 사례, 구체적인 A 리더십 실천 방안을 담고 있다. 이들 각각의 장은 실천 방안의 목록, 계속적인 검토를 위한 책과 웹 사이트의 목록으로 마무리된다.

3장, '질문하기: 긍정적인 질문을 하라'에서는 리더들이 던지는 질문이(좋건 나쁘건) 대단히 큰 영향력을 가진다는 것을 명확하게 밝히고, 긍정적인 힘이 있는 질문을 만들고 던지기 위한 A 리더십의 구체적 실천 방안을 제시한다.

4장, '비춰주기: 사람과 상황에서 최선을 이끌어내라'는 강점에 기반한 A 리더십의 방향을 정립한다. 여기에서는 내재적인 긍정 잠재력을 보는 능력, 즉 긍정 지능의 개념에 기반을 두면서 강점을 발견하고, 성공의 근본 이유를 확인하고, 성과를 높이는 다양한 실천 방안을 제시한다.

5장, '포용하기: 다양한 사람들과 더불어 미래를 창조하라'에서는 미래에 대한 대화와 결정으로 인해 자신의 미래가 영향을 받게 되는 모든 사람들을 포함시키는 것에 대해 이야기한다. 우리는 A 리더십이 이전에는 대화에 목소리를 내지 못했던 사람들을 끌어들이는 것임을 설명하며 한 명에서 수천 명에 이르기까지 다른 사람들을 참여시키기 위한 실천 방안을 제시한다.

6장, '영감 불어넣기: 창의성을 일깨워라'는 창의성, 영감, 희망이 높은 성과를 내고 긍정적인 변화를 이루는 데 필수적임을 보여준다. 여기에서는 희망의 구성 요소인 비전, 장래의 진로, 자원을 이용할 수 있으리라는 확신 등에 대해 설명하고 각각에 대한 구체적 실천 방안을 제시한다.

7장, '본보기되기: 전체의 선을 위한 결정을 하라'는 다섯 가지 핵심 전략에 대한 마지막 장으로, 이 장에서 우리는 리더가 통전성에 다다르는 본보기가 되어야 한다고 말한다. 통전성은 개인적인 수준에서 자신에게 진실하라는 것을 의미하고 조직적인 수준에서는 전체를 위해서 일하는 것을 의미한다. 세계적인 수준에서 통전성은 리더에게 세 가지 핵심 요소, 사람·이윤·지구[역주 2]의 균형을 요구하는 것이다.

8장, 'A 리더십을 발휘하여 긍정적인 차이를 만들라'에서 우리는 각 개인이 자신만의 '긍정의 힘의 영역'을 가지고 있다는 믿음을 강화해 준다. 계속해서 '독자들이 세상에서 보고자 하는 **변화**가 이루어지기 위해'[미주 8]

A 리더십의 실천에 보다 깊숙이 참여하는 과정에서 세상에 긍정의 차이를 만들어가게 될 다섯 가지 구체적인 방법에 대한 설명이 이어진다.

결론에서 우리는 이 책의 주요한 메시지를 요약하고 독자들이 자신의 리더십 스토리를 적음으로써 그 동안 배웠던 것을 종합적으로 다룰 수 있게 하는 마무리 활동을 제시한다. 마지막으로 A 리더십의 미래에 대한 우리의 비전을 공유한다.

이제 당신의 탐험을 시작할 때가 되었다! 이 책은 바로 당신을 위한 책이다. 여기에는 A 리더십과 긍정의 힘에 대한 아이디어가 가득하다. 당신이 읽게 될 것 중에 어떤 것은 새롭고, 어떤 것은 익숙할 것이다. 우리는 당신이 새로운 것을 읽고 숙고해가는 동안에는 그것이 리더로서 당신의 모습을 확장시키고, 당신이 익숙한 것을 읽고 성찰하는 동안에는 그것이 당신을 지지하고 리더로서의 자기 신뢰와 용기를 고양시키게 되기를 바란다. 무엇보다 우리는 당신이 이 책을 통해 당신의 일과 관련된 많은 실천 방안들을 발견하고 그것을 선택해서 당신의 가장 심원한 가치나 목표에 쉽게 적용시킬 수 있게 되기를 바란다.

주석

미주 1 :　Diana Whitney & Amanda Trosten-Bloom, "The Power of Appreciative Inquiry", 2nd ed., San Francisco: Barret-Koehler, 2010, pp. 270-271.

미주 2 :　채플힐 노스 캐롤라이나 대학 교수, RN, FAAN, 박사 도나 헤이븐스Donna Havens가 수행한 인터뷰, 2007년 5월.

미주 3 : 시스터즈 오브 굿 쉐퍼드, 미북중부의 메리 캐롤린 맥퀘이드 Mary Carolyn McQuaid 수녀와의 인터뷰, 2007년 5월.

미주 4 : 기업 관리자(익명)와의 인터뷰에서 발췌되었다.

미주 5 : 시스터즈 오브 굿 쉐퍼드, 미북 중부의 바바라 베슬리 Barbara Beasley 가 공유한 내용이다. 2007년 5월.

미주 6 : 공동체 리더(익명)와의 인터뷰에서 발췌되었다.

미주 7 : 포커스 그룹 참가자들은 우리가 그들의 언급이나 이야기를 공유하는데 관대하게 동의해주었지만, 그들의 이름을 공유하지는 말아달라고 요청했다.

미주 8 : 마하트마 간디 Mahatma Gandhi 가 한 말이라고 생각되는 것은 의역하였다.

역주 1 : ALDP Trainer는 2014년 현재 캐나다, 미국, 칠레, 일본외에 한국, 중국, 싱가포르, 호주, 네델란드, 스웨덴, 남아프리카공화국 등의 국가에서 전체 30여 명이 활동하고 있으며, 한국에서는 본 서의 역자인 이영석, 신좌섭이 활동하고 있다. 구체적인 내용은 홈페이지(positivechange.org)에서 확인할 수 있다.

역주 2 : 원어는 Pepole, Profit, Planet; the triple bottomline으로 사람, 조직, 지구의 번영을 균형있게 추구한다는 뜻이다.

1 장

이제는
A 리더십이다

　　세상은 변했다. 과거에 좋은 효과를 냈던 리더십 접근법들도 21세기의 문제는 해결하지 못하고 있다. 이제는 A 리더십이 그 일을 맡아야 할 때인 것이다. 우리는 새로운 시대로 들어가는 문턱을 넘었다. 사람들은 기존의 리더십 전략과 실천에 급속한 변화를 요구하고 있다. 지구상에서 '산업 시대의 진보progress of the industrial age'나 '전자 시대의 출현dawning of the electronic age'에 영향을 받지 않은 곳은 거의 없다. 뉴욕에서 치앙마이, 산티아고, 라호르에 이르기까지 도시와 시장은 자동차와 컴퓨터, 휴대전화로 가득 차 있으며 거미줄 같은 항공 노선과 위성 궤도, 전자 통신 신호가 우리가 사는 지구를 온통 감싸고 있다.

새로운 글로벌 사회를 위한 새로운 리더십 접근법

　　산업 시대에서 전자 시대로 변화하면서 우리는 우리가 서로 의존하고 있다는 사실과 직면하게 되었다. 우리 모두는 지구에 함께 사는 거주자이기 때문에 우리가 숨 쉬는 공기와 마시는 물, 라이프 스타일의 동력이 되는 에너지, 전 세계 어린이들의 눈에 담긴 고통과 굶주림, 그리고 슬픔을 통해 서로 연결되어 있다. 언제나 우리와 함께 해 왔던, 그리고 언제나 우리와 함께 하게 될 이 사실은 우리의 기술을 빌려 마치 처음인 것처럼 이제야 발견되었다. 바로 우리 모두가 서로 관련되어 있다는 것이다.

상호의존에 대한 이러한 인식은 우리가 리더십으로부터 원하고 기대하는 것을 근본적으로 변화시켰다. 장래의 성공은 우리 서로가 조화를 이루고 나아가 우리가 사는 세상과 융화되도록 돕는 사람들, 즉 우리가 하나의 세계 공동체로 커 나가는 데 기여하는 사람들에게 돌아가게 될 것이다. 세계 비즈니스 아카데미World Business Academy의 대표 리날도 브루토코Rinaldo Brutoco는 이를 단언했다. "지금 세계의 비즈니스 공동체는 이전에는 볼 수 없었던 불가피한 결론에 직면하고 있습니다. 이것은 비즈니스 아카데미Business Academy의 존재 이유이기도 합니다. 바로 기업은 세계 사회 전체에 대한 책임을 기꺼이 감당해야 한다는 것입니다." [미주1]

이러한 도전에 대처하기 위해 21세기 지금의 리더십은 조직과 공동체의 사회적 환경을 규정하는 현재의 4가지 트렌드를 인식하고 이를 따라야 한다.

1. **새로운 세대가 성년에 이르렀다.** 지금의 젊은 세대가 일과 공동체, 리더십으로부터 기대하는 것은 그들 이전의 세대가 요구했던 것과는 다르다. 사람들은 참여를 원하고 자신들의 의견이 반영되기를 원한다. 그들은 자신들에게 영향을 미치는 결정에 관여하기를 원하고 잘한 일에 대해서 칭찬받기를 원한다.

2. **다양성이 표준이다.** 조직과 공동체는 더 이상 동질적이지 않다. 지역적

이든 세계적이든, 작은 도시이든 회사이든 공동체는 다양한 인종적·문화적 배경을 가진 연령과 기호가 다른 사람들로 이루어져 있다. 오늘날 조직 안에 있는 사람들은 여러 가지 언어를 구사하고 다양한 역사를 공유하며 협력적이면서 공정한 리더십을 원한다.

3. **조직은 재창조되고 있다.** 리더십 환경은 더 이상 고정적이거나 예측가능하지 않다. 조직은 산업과 사회의 모든 부문에서 실패를 경험했고 이에 따라 조직은 재구상 또는 재고안되고 있다. 이렇게 생겨난 새로운 조직은 보다 유동적이고 기민하다. 그 안에서는 전체의 니즈를 충족시키기 위해 사람들 스스로 조직을 만들어 가면서 광역적으로 분산된 리더십과 힘이 등장한다.

4. **전체적이고 지속가능한 접근법이 필수적이다.** 오늘 내린 의사 결정이 다음 세대의 운명을 결정한다. 우리 시대에 가장 절박한 사회적·경제적·환경적·정치적 문제는 국제적 성격을 띤다. 이러한 결정은 한 사람이나 한 나라, 하나의 기업이 해결할 수 있는 것이 아니다. 우리가 서로 다르다는 인식은 물론이고, 협력이 과거 어느 때보다 필요하다. 간단히 말해 세상은 A 리더십을 필요로 하는 것이다.

A 리더십이란 무엇인가?

A 리더십은 철학이며 존재의 방식이자 산업계와 사회 분야, 협력이 이루어지는 상황 등에 공통적으로 적용될 수 있는 전략이라 할 수 있다. A 리더십에 대한 정의에는 무한한 가능성이 내포되어 있다. 읽어 내려가며

면서 '그래서 이것이 나와 내가 일하는 방식에 무슨 의미가 있는가?' 라고 자문해 보아라. 동료들이나 팀 구성원들과 함께 이 주제를 놓고 토론해 보라고 권하고 싶다. 다음의 글을 읽어주고 이것이 우리와, 그리고 우리가 함께 일하는 방식에 어떤 의미를 부여하는지 토론 해보라.

> **A 리더십은 창의적인 잠재력을 결집시켜 자신감과 에너지, 열의, 실행의 긍정적인 영향력 등을 포함하는 긍정적 힘으로 전환하는 관계적인 역량을 의미하며, 이러한 긍정적 리더십을 통해 궁극적으로 전 세계에 긍정적인 변화를 창출하고자 한다.**

이 정의에는 A 리더십에 대한 네 가지 아이디어가 담겨 있다. (1) A 리더십은 관계적이다. (2) A 리더십은 긍정적이다. (3) A 리더십은 잠재력을 긍정적인 힘으로 전환시킨다. (4) A 리더십은 파급 효과를 가지고 있다. 이 4가지 아이디어 모두가 습관적·전형적이고 개인주의적인 지배 통제에 근거한 리더십 스타일에서 리더십의 새로운 표준이라 할 수 있는 긍정적·사회 생성적인 리더십으로 패러다임이 전환되었다는 것을 확연히 보여주고 있다.

A 리더십은 관계적인 역량이다

모든 일이, 아니 실은 모든 삶이 관계 속에서 생긴다. '리더'라고 불리는 사람들도 있고 자기보다는 다른 사람들이 리더라고 인식하는 사람들이 있을 수도 있지만 실제 가치 있는 일이 발생하기 위해서는 많은 사람들의 참여가 필요하다. 이는 우리가 경험을 통해 익히 알고 있는 사실이다. 케네스 거겐Kenneth Gergen은 그의 저서 "Relational Being"[미주 2]에서 관계적 역량에 대한 가장 실질적인 지식을 제공한다.

책 속에서 그는 '개인주의적인' 관점에서 '관계적인' 관점으로의 리더십 패러다임 전환에 대해 설명하면서 "좋은 리더에 귀착되는 속성 중에 개인적인 것은 없다. 혼자서는 격려받을 수도, 통찰력을 가질 수도, 겸손할 수도, 융통성을 가질 수도 없다. 이러한 속성들은 다른 사람의 확인과 지지가 반드시 필요한 과정 즉, 타인과의 상호작용 속에서 만들어지는 것이다. 카리스마적인 리더는 자기의 카리스마를 인정하는 사람들 덕분에 카리스마를 행사할 수 있는 것이다. 구성원들의 눈 속에 있는 반짝거림을 제거한다면 '카리스마'는 사라져 버린다. 리더십은 인간 관계 속에 존재한다."고 말했다. [미주 3]

그래서 우리는 리더십에 관해 책을 쓰기로 결정했다. 리더십은 사람들을 모아서 일이 이루어지게 만드는 관계적인 프로세스이자 관행이다. 사람들은 때때로 리더 또는 추종자로서 모인다. 때로는 각자가 다른 강점, 자원, 역량을 가지고 동등한 입장에서 모이기도 한다. 또는 더 나은 비즈니스 모델이나 보다 환경 친화적인 제품, 사회적·경제적으로 보다 실현가능성이 큰 의료 보험 제도와 같은 것을 함께 창조하기 위해 협력하는 다양한 이해관계자로서 모이는 경우도 있다. 형태가 어떻든 인간 관계는 리더십의 정수이며 일을 성사시키는 리더십 역량의 핵심이다. 다음의 짧은 이야기에서 인간 관계의 중요성을 발견할 수 있다.

쿠바의 Human Change Project의 전 책임자인 패트리샤 아레나즈Patricia Arenas는 자신의 프로젝트를 알리고 더 많은 연구를 하기 위해 러시아, 멕시코, 미국, 영국, 덴마크 등 다양한 문화를 가진 여러 나라들을 두루 여행했다. 그녀는 이렇게 말했다. "다른 곳과 마찬가지로, 여기 쿠바에서도 모든 것이 사람과 관계의 문제인 것입니다." 아레나즈와 그녀의 동료는 에이아이를 통해 쿠바에 긍정적 변화가 일어날 가능성이 있는지를 진단하기 위해 다이아나 휘트니Diana Whitney를 포함한 에이아이 연구진을 초빙했다. 이들은 "어떻게 하면 지역 사회와 산업체의 구성원들이 에이아이를 활용하여 인간변화 프로젝트Human Change Project를 전국적으로 지원할 수 있을까?"에 대해 고심하였다.

50명의 쿠바 측 기업 컨설턴트가 이틀간 에이아이 연구진들과 만남을 가졌다. 그들은 에이아이 프로세스를 어디서 어떻게 시도할 것인가를 논의했다.

당시 패트리샤는 이러한 의견을 내 놓았다. "사람들은 이미 잘 되고 있는 것에 기초를 두는 일이 전혀 혁신적이지 않다고 생각합니다. 하지만 그것이야말로 진정 혁신적인 일입니다. 잘 되고 있는 것을 계속 주시하고 연구를 하는 것이야말로 바로 큰 변화입니다. 사람들은 고쳐야 할 필요가 있는 것에 대해 이야기하는 것에만 너무 익숙합니다." 에이아이를 활용한 지 1년 만에 인간변화 프로젝트는 대학의 교육 과정을 쇄신하고, 아바나 해변을 정화함과 아울러 세계적으로 유명한 쿠바의 공중 보건 시스템이 가진 많은 강점을 활용하는 등의 성과를 얻게 되었다.

관계적인 역량으로서의 리더십이라는 아이디어는 남아프리카의 **우분투** *ubuntu*라는 개념에 상응한다. 줄루어와 코사어에서 **우분투**라는 말은 '내가 존재하는 것은 당신이 존재하기 때문이다. 나는 다른 사람을 통해서만 존재한다.' [미주4]라는 뜻으로 번역된다. 이 말은 리더의 아이덴티티, 실제로는 모든 사람의 아이덴티티가 관계relatedness의 중심에 있다는 것을 암시한다. A 리더는 함께 일하고 도와주는 사람들 때문에 '존재'한다. 소방대원들은 누구보다 이 점을 더 잘 알고 있다.

콜로라도 사람들은 심각한 가뭄이 몰고 왔던 2002년의 끔찍한 산불을 지금껏 잊지 않고 있다. 연방 정부와 주 당국은 숲과 도시를 휩쓴 무시무시한 화염을 잡기 위해 수개월을 고군분투했다. 산지의 작은 마을에 있는 주민들과 이들의 친구, 가족이 자원소방대를 구성했다. 이 엄청난 위험과 싸우는데 필요한 보호도구나 장비도 없는 열악한 상태였다.

이를 본 자선 단체가 곧 대표들을 현장에 파견했다. 그들 손에 수표를 들려서 말이다. 자선 단체 대표들의 방문에 사람들은 전혀 예상치 못한 반응을 보였다. 많은 소방대장들이 전액 수령을 거절하고 일부만을 받아들인 뒤, 남은 자금을 도움이 필요한 인근 소방대에 주라고 요청한 것이다.

관계적인 역량은 흔히 말하는 것처럼 일 또는 생활을 좋게 만들기 위해 당장 뛰쳐나가서 있지도 않았던 '인간 관계를 형성하라.'는 것이 아니다. 그보다는 인간 관계가 항상 있어 왔고 처음부터 존재했으며, 우리 주변에서 그것의 존재가 우리에게 스며드는 것처럼 받아들여야 한다는 의미이다. 그 다음으로는 관계를 제대로 인식하고, 그 관계의 패턴을 따르는 것이다. 다시 말하면 이미 일어나고 있는 것과 최상의 관계를 맺고 함께 일하기 위해 그것을 보고 듣고 느끼고 확인하는 것이다.

우리는 오래 전에 벨기에에서 열린 타오스 인스티튜트 회의에서 매우 감동적인 사례를 경험한 바 있다. '다성부' 합창단 카펠라 프라텐시스 Capella Pratensis는 한 역사적인 예배에서 그레고리안 성가를 연주했다. 처음에 우리는 그 합창단의 음악에 매혹되었고 이후에는 연주 과정에 대한 그들의 설명에 마음을 빼앗겼다. 그들은 연주 장소에 일찍 도착해서 이미 존재하는 소리를 듣고 이들이 노래를 할 때는 그 공간이 가지고 있는 소리와의 관계 속에서 거기에 맞추어 노래를 부른다는 것이었다. 당시 우리는 그보다 더 아름다운 소리나 관계적인 과정을 상상할 수 없었다.

개인이나 조직이 가진 핵심적 긍정요소라 불리는 긍정적 관계의 패턴에 맞추고 이러한 관계 안에서 활동할 수 있는 리더십 역량은 모든 긍정적 변화의 출발점이 된다. 특히 새로운 구성원이 팀에 합류하거나, 부서가 새로운 임무나 역할을 받아들이거나, 두 개의 단체나 조직이 합병하거나, 새로운 프로젝트가 시작되는 등 관계의 형태에 변화가 필요한 조직이나 지역사회에는 긍정적 리더십이 더욱 더 필요하다. 모든 경우, A 리더십은 명시적이고 묵시적으로 관계에 영향을 미친다. A 리더십은 다른 사람과 모든 살아 있는 것들, 그리고 세상에 대한 그룹의 영향력을 인식하고 거기에 관심을 갖고 일하고 생활한다.

A 리더십은 긍정적인 세계관을 갖는다

컨설턴트 마지 쉴러Marge Shciller와 비 마 홀래드Bea Mah Holland, 디아나 라일리Deanna Riley는 그들의 책 "Appreciative Leaders: In the Eye of the Beholder"의 마지막 장에서 A 리더십을 '세계관worldview'이라고 표현했다. [미주5] 실제로 A 리더십은 독특하고, 특히 긍정적이며, 생명을 긍정하는 세계관(일련의 신념이자 세상, 사람, 상황을 보는 방식)이다. 따라서 이러한 긍정적 세계관은 정체성과 전략, 관행, 결과를 망라하는 A 리더십의 모든 것이라 할 수 있다.

A 리더들은 모든 사람을 긍정적인 면에서 본다. 그들은 긍정의 눈을 통해 사람들의 가장 좋은 것을 본다. 그들은 존중과 존엄의 마음으로 나이와 성별, 종교, 문화, 심지어 교육이나, 경험과 상관없이 모든 개인을 긍정적으로 대하기 위해 노력한다. 그들은 모든 사람들이 긍정적 힘과 열정적인 소명과 같은 긍정적인 잠재력을 가지고 있으며 그것을 이끌어내고 육성하기 위해 애쓴다고 믿는다.

메리 베스Mary Beth의 이야기를 예로 들어보자. 10년 가까이 인사관리자로 회사에 많은 기여를 해왔던 그녀는 상사에게 자기를 경영 부서로 옮겨줄 것을 요청했다. 그녀는 상사와 협상 끝에 한 가지 계획을 끌어내었다. 그녀가 외부에서 열리는 수업과 워크숍에 참석해 자신에게 부족한 기술들을 익히면 경영 분야에서 지원을 받으면서 가르침을 얻고 성장할 수 있는 새로운 일자리를 상사가 찾아주기로 한 것이었다. 일 년 만에 그녀는 새로운 부서로 옮겨갔고, 약 10년 후 그녀는 회사에서 가장 규모가 크고 수익을 많이 내는 사업 부문의 최고 경영 리더가 되었다. [미주6]

A 리더는 컵에 물이 반이나 차 있다고 생각한다. 그들은 아무리 극단적으로 보이는 상황일지라도 그 안에서 본연의 긍정적 잠재력을 찾고 발견할 수 있는 사람들이다. 그들은 의욕을 고취시키고 희망을 주는 긍정적인 이미지의 가치를 이해한다. 그들은 성공담을 공유하고 가능성을 부각시킴으로써 다른 사람들이 긍정적인 방향으로 나아가게 한다. 무엇이 안 되는지, 무엇이 문제인지, 왜 일이 제대로 되지 않는지를 이야기하기보다는 무엇이 필요하고, 무엇이 가능하고, 무엇을 이룰 수 있는지에 대해 이야기한다. 그들의 긍정적인 세계관은 대개 '할 수 있다.'라는 열의에 넘치는 태도를 취한다.

2008년 뉴햄프셔 예비선거에서 근소한 차로 낙선한 버락 오바마Barack Obama는 혹자들이 역사상 가장 감동적이라고 표현하는 그의 패배 인정 연설에서 이러한 긍정적 세계관을 표명했다.

A 리더들은 의도적으로 긍정적이 되기를 선택한다. 그들은 긍정적인 결과를 얻기 위해 긍정적인 접근법을 사용한다. 성공의 주된 기준은 '그날 그날 선에 헌신하라.'이다. 이는 하루가 끝날 때 A 리더들은 다른 사람들의 가치를 높이고, 사람들과의 관계 속에서 최선의 것을 이끌어내고, 행동의 긍정적인 파문을 일으키기 위해 자기가 무엇을 했는가를 말할 수 있어야 한다는 것이다.

이번 선거 유세 내내 우리는 크게 뒤처져 있었습니다. 우리는 언제나 가야 할 길이 멀다고 생각했죠. 하지만 당신들 중에 참으로 많은 사람들이 변화에 대한 지지를 표명하고 변화를 옹호했습니다. 여러분은 여러분의 목소리와 여러분이 던진 표를 통해 지금 이 순간,

이 선거에서 미국에 무엇인가가 일어나고 있다는 것을 확인시켜 주었습니다. … 우리는 이 나라를 완전히 새로운 방향으로 이끌어 갈 준비가 되었습니다. 우리는 앞으로의 전쟁이 짧지 않을 것임을 잘 알고 있습니다. 하지만 항상 기억해 주십시오. 우리가 가는 길에 어떤 장애가 있더라도, 그 어떤 것도 수백만의 목소리가 변화를 요구하는 길을 막을 수는 없습니다. 현실을 점검할 시간을 가지라는 권유도 많이 받았습니다. 또 이 나라의 국민들에게 거짓된 희망을 주지 말라는 경고도 받아왔습니다. 하지만 적어도 우리 미국에서는 희망을 갖는 것이 잘못된 것일 수 없습니다. 우리가 불가능에 직면했을 때, 우리가 준비되지 않았다거나 시도해서는 안 된다거나 할 수 없다는 이야기를 들었을 때, 여러 세대의 미국인들은 우리의 정신을 요약하는 단순한 신념 하나로 그에 응답했습니다. "그래, 우리는 할 수 있다. 그래, 우리는 할 수 있다. 그래, 우리는 할 수 있다."라고 말입니다. [미주7]

A 리더십은 잠재력을 긍정적인 힘으로 전환시킨다

A 리더십은 단순한 세계관 그 이상이다. A 리더십은 존재의 방식이자, 일을 진행하고 성과를 가져오게 하는 일련의 전략과 실천이다. A 리더십은 모든 사람이 발굴되고 인정되고 실현되어야 할 긍정적 핵심 요소, 선한 양심, 긍정적 잠재성을 가지고 있다고 간주한다. A 리더십은 이러한 잠재력을 감지하고 그것을 긍정적인 힘으로 전환시킨다. A 리더는 거의 예외 없이 누구나 기여할 부분이 있다고 믿어주며, 그들 안에 잠재력을 끄집어내

고 육성하고 성공을 위한 조건을 확보하는 것을 자신의 일로 여긴다.

A 리더는 사람과 상황 속에서 다른 사람이 보지 못하는 잠재력을 보는 경우가 많다. 잠재력을 발견하면 A 리더들은 이에 대해 논의하고 다른 사람을 참여시키고 행동으로 옮긴다. 다음의 이야기가 보여주듯이 A 리더는 대단히 곤란하고 힘든 상황에서도 잠재력을 보고 긍정의 힘을 발휘한다.

20년간 성공한 미용사로 미국에서 일하며 살았던 제미 예누스 Zemi Yenus는 고향 에티오피아 아디스아바바로 돌아왔다. 그녀는 거리에 어린 창녀들이 많은 것을 보자마자 이를 걱정하는 마음을 품게 되었고 그들의 외적인 아름다움이 다른 방식으로 이용된다면 그들의 삶이 어떻게 될 수 있을까 상상하기 시작했다. 그리고 그 상상을 실천으로 옮긴 결과, 아이들이 조금씩 늘어나면서 그녀의 집에 자리 잡은 미용실은 미용 학교로 변했고 150명의 미용 기술자를 배출했다.

학생들은 미용기술을 익히는 것 외에 작은 규모의 사업체를 조직하고 운영하는 방법, 팀으로 일하는 방법, 변화된 모습으로 공동체에 봉사하는 방법을 배웠다. 대부분의 수업은 예전에 거리를 방황하던 아이들이 계획하고 편성했다. 소년과 소녀들은 고정관념과 고루한 성역할을 타파하는 법을 함께 배웠다. 일주일에 한 번 열리는 랩Rap 수업은 학생들과 동창들에게 배움의 가치를 알고 가정 내 학대나 더 많은 돈을 벌 수 있는 거리의 유혹 등의 어려움을 극복하도록 서로를 돕는 기회를 제공했다. 대부분의 랩 수업에는 학생들 특유의 강점과 창의성을 부각시키는 장기 자랑도 포함되었다.

교육 프로그램에 관련된 비용은 대부분 지역의 보조금과 세계 각처에서 보내주는 원조로 조달되었다. 그러나 장기적으로는 미용실 네트워크를 통해 학생들의 교육 및 변화에 필요한 자금을 제공하고, 졸업생들에게 든든한 채용의 길을 열어주려는 것이 이들의 계획이었다. 최근 이 학교를 방문한 한 국제 구호 단체 직원은 이렇게 말했다. "50명의 학생들이 참여한 회의를 이끄는 15세 소녀의 자신감 있는 모습을 보는 것은 대단한 일이었습니다. 그 소녀는 그런 식으로 다음 주에 회의를 주재할 소년이 그녀가 어디에서 회의를 마쳤고 다음번에 그는 어디에서 시작해야 할지 알 수 있게 해주었습니다. 나는 혼자 이렇게 생각했습니다. '모든 일을 저런 식으로 한다면 우리는 어떤 세상을 만나게 될까?'"

제미는 에티오피아에 있는 거리의 아이들을 돕기 위한 NIA 재단의 출범 외에도 자신의 경험을 바탕으로 자폐 어린이들을 위해 에티오피아에 단 하나 밖에 없는 시설을 만들었다.

A 리더십 덕택에 많은 사람들이 자기가 처한 현실의 한계를 극복하고 보다 긍정적인 더 큰 세상으로 나아간다. 진흙 속에서 연꽃이 피어나는 것처럼 말이다. 데이비드 쿠퍼라이더David Cooperrider 교수는 질문을 통해 이런 일이 일어난다고 말한다. "A 리더는 세상에 대한 모든 사람들의 지식과 비전, 모든 강점과 역량, 잠재력을 확장시킨다. 확실한 해법을 통해서가 아니라 확장적이고 발전적인 질문을 통해서 말이다. 자신들이 아닌 다른 사람들의 재능을 깨닫고 이를 계발시키는 것은 다름 아닌 질문을 통해서이

다.”[미주8] 사람들이 커뮤니케이션, 질문, 협력에 몰두하게 하는 것은 사람들 안에 갇혀 있던 잠재력을 해방시키고, 성과를 만들어 내고, 가치 있는 결과를 창조할 수 있도록 한다.

A 리더십은 긍정의 파문을 일으킨다

A 리더들은 말과 행동, 인간 관계를 통해 파문처럼 퍼져나가는 긍정적인 변화의 물결을 일으키며, 대부분 그 종착역은 알 수 없다. 긍정의 물결이 생기는 방식은 다음과 같다. 일터에서 어떤 사람이 당신을 불러 세워서 일을 아주 잘했다고 칭찬한다. 당신의 도움이 아니었다면 납기일에 맞추지 못했을 것이라고 말이다. 이 일로 당신은 기분이 아주 좋아진다. 집에 간 당신은 아들에게 재활용 쓰레기를 버려줘서 고맙다고 말한다. 당신은 원래 그런 말을 자주 하지 않는다. 어차피 그것은 아들의 일이고 그 일을 하기로 정해져 있기 때문이다. 아들은 당신의 칭찬에 고개를 끄덕인다. 다음 날 점심 식사 후, 아이는 친구가 남겨둔 빈 음료 캔을 재활용 쓰레기 수거함에 집어넣는다. 그의 친구 역시 고맙다고 한다. 당신의 아들은 이후 평생 지속될, 환경을 의식하는 습관을 얻고 있는 것이다. 긍정의 파문은 인간 관계를 통해 계속해서 확대되고 배가된다. 의미 있고 때로는 놀라운 방식과 방향으로 말이다.

우리 시대에 가장 특별하고 엄청난 긍정의 파문이 케이스 웨스턴 리저브 대학에서 데이비드 쿠퍼라이더 교수와 그의 동료에 의해 시작되었다. 그들 팀이 1980년대 중반에 에이아이를 제시했을 때만 해도 그들은 그것이 파문을 일으켜 세상을 긍정적인 가능성으로 감쌀 것이라고는 생각지 못했다. 다음은 에이아이가 사회에 던진 주목할 만한 긍정의 파문들이다.

- **대학에서 세상으로**: 1990년 USAID는 세계적으로 활동하는 개발 조직 사이에서 조직적 탁월함과 역량 형성을 촉진하기 위해 케이스 웨스턴 리저브 대학의 GEMGlobal Excellence in Management Program에 자금을 제공했다. 에이아이는 이 과정에서 기초 이론을 제공함과 동시에 실천을 돕는 역할을 했다.

- **수상 우량 기업의 문화 변화**: 헌터 더글라스 윈도우 패션 디비전Hunter Douglas Window Fashions Division, 뉴트리멘탈 SANutrimental SA, 로드웨이 익스프레스Roadway Express, GTE 코퍼레이션GTE corporation, 버라이즌 사의 전신과 같은 기업은 데이비드 쿠퍼라이더 박사와 다이아나 휘트니 박사의 지도로 2년 이상 선도적인 성과를 올린데 대해 ASTDAmerican Society for Training & Development가 수여하는 '최고 조직변화 상Best Organization Change Award'을 받았다. 에이아이는 이들 기업에서 성공적으로 활용되고 있다.

- **공동체 발전**: 이매진 시카고Imagine Chicago는 지역사회 개발에 아주 적합한 프로세스로 에이아이를 시작했다. 이매진 시카고 프로젝트를 모델로 한 프로젝트는 여러 도시, 주, 국가에서 실행되어 큰 성공을 거두었다. 예를 들어, 이매진 달라스Imagine Dallas, 이매진 웨스트 오스레일리아Imagine West Australia, 이매진 칠레Imagine Chile 등이 있다.

- **국제적인 교육**: 에이아이 프로세스에 대한 실무자들의 워크숍과 대학 학위 프로그램이 시작되었다. 케이스 웨스턴 리저브 대학은 여전히 연구

와 대학원 교육의 중심지로 존속하고 있다. 세 번의 국제 에이아이 컨퍼런스가 개최되었고 가장 최근의 컨퍼런스는 2009년 네팔에서 열렸다.

- **출판**: 베스트셀러의 반열에 오른 '긍정조직혁명의 파워(The Power of Appreciative Inquiry)'를 비롯하여 수백 권의 책과 <AI Practitioner Journal>, 수많은 논문이 쓰여졌고 이들은 십여 개의 언어로 번역되어 에이아이의 국제적 범위를 넓히고 있다.

- **언급해야 할 마지막 파문**: 에이아이 활동을 하면서 우리 모두는 동료가 되었다. 많은 사람들과 조직을 만날 수 있었고 그들의 이야기가 이 책을 채우게 되었다. 에이아이는 A 리더십의 기반이 되는 독창적인 세계관을 제공하기도 했다. 우리는 이 모든 것에 감사한다.

주석

미주 1 : Year in Perspective 2002: Responsibility for the Whole (Ojai, CA: World Business Academy, 2002) p. 9에 소개된 President Report Year, 2002 (R.S. Brutoco).

미주 2 : Kenneth J. Gergen, Relational Being: Beyond Self and Community New York: Oxford University Press, 2009, p. 331.

미주 3 : Ibid.

미주 4 : Vuyisile Msila (2008), Faculty of Education, Nelson Mandela Metropolitan University, Ubuntu and School Leadership, Journal of Education, No 44.

미주 5 :　M. Schiller, B. M. Holland, and D. Riley, editors, Appreciative Leaders: In the Eye of the Beholder, Chargrin Falls, OH: Taos Institute Publications, 2001, p. 158.

미주 6 :　Ibid., p 50.

미주 7 :　http://www.washingtonpost.com/wpdyn/content/article/ 2008/ 01/08/AR2008010804032.html, retrieved November 16, 2009.

미주 8 :　Schiller, Holland, and Riley, p. xi

A 리더십

2 장

잠재력을 긍정의 힘으로:
다섯 가지 핵심 전략

전환

그 팀은 대단한 잠재력을 가지고 있다. 당시는 일이 잘되고 있지 않았을 뿐이다. 6명의 이사진은 하나같이 젊고 정력적이고 매우 지적이며 창의적인 사람들이었다. 저마다 이전에 맡았던 일에서 성공한 경력을 가지고 있었다. 그러나 그 부문 리더의 자리는 계속해서 권위주의적인 사람들에게 맡겨졌다. 때문에 이 역량 있는 팀원들은 '침묵만 지키고' 있었다. 이후 그들은 새로운 부사장 돈Don을 맞이하게 되었다. 그는 신중함과 회의주의가 뒤섞인 사람이었다.

그런데 그리 오래지 않아 분위기가 달라지기 시작했다. 돈은 끊임없이 사내를 돌아다니며 일이 어떻게 진행되는지, 그 팀이 성취하려는 일은 무엇이며, 그 이유는 무엇인지에 대해 질문을 던졌다. 그의 관심에는 진심이 담겨 있었다. 그는 공개적인 자리에서 사람들의 공로를 인정해주었고 팀 구성원 상호간의 협력을 장려했다. 매주 리더십 팀 미팅이 열리게 되었다. 이 미팅에서는 기업과 직무에 대한 최신 정보가 교환되는 것은 물론이고 새로운 방침과 도전과제에 대한 개방적인 대화가 이루어졌다. 돈은 따뜻하고 폭넓은 스타일로 그룹 내에서 가장 조심성 있는 사람과도 관계를 맺을 수 있었다.

하지만 몇 주가 지나자 사람들은 다른 사람들의 일에 대해 불평을 하게 되었다. 그들은 돈의 관심을 끌기 위해 경쟁하기 시작했고, 복합적이고 논란이 있는 결정에서는 돈에게 자기편이 되어달라고 요청했다. 처음 요청을 받았을 때는 돈이 이에 응했지만 시간이 지나자 걱정하는 마음을 드러냈다. 어느 날 작은 분쟁을 조정해 달라는 요청을 받게 되자 그는 새로운 접근법을 시도했다. "당신들 두 사람이 이 일을 해결해야겠어요. 당신들은 똑똑하고 경험도 많은데다 두 사람 모두 어떤 조치가 필요한지 알고 있으니까요. 나는 방에서 나갈 테니 이제 두 사람이 해결해 보세요." 돈이 자리를 뜨자 두 이사들 사이에는 무거운 침묵이 흘렀다. 그러나 이내 한 사람이 사과를 했고 다른 사람이 질문을 하나 던졌다. 그 후 그들은 협력하기 시작했다.

6개월도 되지않아 그 팀은 변화되었다. 서로에 대한 신뢰는 전염성을 가지고 있었다. 사람들이 서로를 지원하는 것이 눈에 띄었다. 이 팀이 합심하여 전 직원의 열정과 창의성에 불을 붙이자 그들과 함께 그 부서가 성공을 거두게 되었다. 다른 부서의 많은 사람들이 전입을 원했다. 수익이 급등했다. 1년 만에 사장은 그 팀이 회사에 기여한 공로를 인정하였다. 결국 그 팀에 속했던 구성원들은 각기 흩어져 다른 조직을 이끄는 역할을 맡게 되었다. 하지만 서로 연락을 계속했다. 때로는 도움을 청하고, 그저 안부

를 묻고, 돈 부사장으로부터 얼마나 많은 것을 배웠었는지 회상
하면서 말이다.

A 리더십은 창의적인 잠재력을 결집시켜 그것을 긍정의 힘으로 전환시
킨다. 이러한 일은 사람들 사이의 성찰과 질문, 대화를 통해 일어난다. 잠
재력은 언어와 표현의 형태로 그리고 궁극적으로는 행동의 형태를 띠는 인
간의 담론을 통해 명시되어야만 비로소 실현된다. 인간의 잠재력, 상황의
잠재력, 조직의 잠재력, 공동체의 잠재력(강점과 능력, 역량, 재능)은 '세
상에 이야기하기' 전까지는 내재된 채로 있는 것이다.

음성언어, 문자언어, 은유는 A 리더십의 가장 다재다능한 도구이다. 이
도구들은 사람들 사이에서 의미와 감정, 공감을 유발한다. 또한 이들은 습
관적인 존재 방식을 강화할 수도 있고 전환을 낳을 수도 있다. 음성언어와
문자언어를 통해 습관은 계속 유지되고 현재의 상태는 지속된다. **상사, 선
배, 고용인, 부하, 관료제도**와 같은 단어가 연상시키는 리더십 관행을 생각
해보라.

반면에 **코치, 멘토, 동료, 사업 파트너, 관계적 책임, 자기 조직화 체계**라
는 말을 들으면 어떤 리더십 형태가 떠오르는가? 단어를 묶어서 세트로 만
들어 놓으면 관계, 의미, 수용된 행위의 세계가 담겨있다. 말이 표현되듯
이 말이 담고 있는 세상도 표현되는 것이다.

음성언어와 문자언어는 변화의 도구이기도 하다. 이 변화의 도구들은
환영을 받을 때도 있지만 그렇지 못할 때도 있다! **구글**_Google_이나 **블로
그**_blog_, **위키피디아**_Wikipedia_와 같은 말을 처음 들었을 때를 기억해보라.

처음 이런 말을 들었을 때 당신은 이 이상한 단어의 의미를 어떻게 그

리고 누구를 통해서 알게 되었는가? 그것들이 당신에게 의미 있는 자원이 되도록 만든 것은 누구 혹은 무엇이었는가? 어떤 프로세스를 통해 그 단어들 안에 숨어있는 잠재력을 변화시켜 당신이 원하는 결과를 얻고 긍정적인 차이를 만들어 낼 수 있었는가? 그 과정에서 당신과 기술의 관계는 어떻게 변화되었는가? 당신 자신과 기술에 대한 당신의 이야기가 어떻게 변화되었는가? 이 질문에 대한 당신의 대답은 '새로움이란 다른 사람들과 대화를 나누고 잠재력에 대해 탐구하고 그 의미를 이해하는 일로의 초대'라는 내용을 암시할 가능성이 높다. 변화는 그러한 프로세스 안에서 일어난다.

A 리더십은 음성언어, 문자언어, 은유를 선택하고 이용해서 그들이 가장 바라는 세계를 만든다. 다른 사람과의 대화와 질문을 통해 잠재력을 자극하고, 그것에 이름을 붙이고, 그 의미를 이해하고, 생명력을 불어넣는 것이다.

힘이 세다는 것은 좋은 것

메리암－웹스터Merriam-Webster's 사전이 말하는 힘power에 대한 정의는 '효과적으로 행동 혹은 작용하는 능력이나 역량'[미주1]이다. 힘이 세고 강력하다는 것이 좋은 뜻임을 간접적으로 암시하고 있는 것이다. 당신이 힘을 원하지 않는 때가 있는가? 당신은 효과적으로 행동 혹은 수행하고 싶지 않은 때가 있는가? 효과적이기 위해서는 힘이 있어야 한다. 자기 나름의 방식으로 말이다. 힘이 있고 힘을 느끼는 것은 최적의 성과를 거두는 데 필수적이다.

우리 마음 깊은 곳에 있는 두려움은 우리가 무력하다는 데 대한 것이 아닙니다. 우리의 가장 심원한 두려움의 대상은 우리가 측정할 수 없는 힘을 가지고 있다는 사실입니다. 하지만 우리가 겁내는 것은 어둠이 아니라 빛입니다. 우리는 스스로에게 이렇게 질문해야 합니다. 나는 누구이기에 이렇게 총명하고, 매력적이고, 재능 있고, 멋진가? 여러분이 되지 못할 것이 무엇이겠습니까? 당신은 하나님의 자녀입니다. 여러분이 작은 그릇에서 노는 것은 세상에 도움이 되지 않습니다. 움츠러들어서 다른 사람들이 여러분 주변에서 불안감을 느끼지 못하게 하는 것은 전혀 현명한 일이 아닙니다. 우리는 우리 안에 계신 하나님의 영광을 증명하기 위해 태어났습니다. 우리 중 몇몇 사람들의 이야기가 아닙니다. 우리 모두의 이야기입니다. 우리 자신을 빛나게 하는 것은 다른 사람들도 그와 같이 하도록 허락해주는 것입니다. 우리가 스스로의 두려움으로부터 해방되는 순간 우리의 존재는 다른 사람들을 해방시킵니다. [미주2]

이 시대에 가장 훌륭한 지도자 중 한 사람인 넬슨 만델라Nelson Mandela 는 1994년 취임연설에서 사람들이 자신의 나약함보다는 자신의 힘을 더 두려워한다고 말했다.

그렇다면 사람들은 왜 힘세고 강해지는 것을 두려워하는 것일까? 왜 그들은 최선을 다하지 않는 것일까? 어쩌면 그들은 **힘이 세다는 것이 좋은 것**임을 알지 못하는지도 모른다. 아마도 그들은 그들 주위에서 힘이 센 다른 사람들을 보지 못했거나 다른 사람이 자신의 목소리를 내거나 위험을 감수한 일로 인해 응징당하는 것을 보았는지도 모른다. 또 어쩌면 그들은 자신을 자유롭고 솔직하게 표현하는 법을 배워본 적이 없거나 일터나 집에서 솔직한 표현 때문에 비판을 받았는지도 모른다. 아마도 그들은 자기 자신의 강점이 무엇인지, 다른 사람들의 강점을 어떻게 파악하는지 배우지 못했을 것이다. 그래서 사람들은 근본적으로 힘을 가지는 것에 대해 편안하게 느끼지도 못하고 다른 사람들로부터 지지를 받는다고 느끼지도 못한다. 그들은 힘세고 강해져도 괜찮다는 것을 알지 못한다.

우리가 퍼실리테이터로 참여하고 경영진과 노조가 참여한 수련회retreat에서 전환점이 찾아 왔다. 그 전환은 어떤 조합 간부 한 사람이 회사 직원들에 대해 이렇게 말할 때 발생되었다.

우리의 생산력은 전체의 40-50퍼센트 수준입니다. 우리 직원들은 최선을 다하고 있지 않습니다. 그들은 녹초가 되어서 거북이처럼 움직입니다. 자기 방어를 위해서 자기 껍질 속에 들어앉은 채 말입니다. 나는 우리가 더 많은 직원을 고용할 여유가 없다는 것을 알고 있습니다. 우리가 가진 유일한 옵션은 사람들에게 동기를 유발하고 그들이 편안함을 느끼는 경영 스타일을 만들고 자신의 생각과 아이디어를 스스럼없이 나눌 수 있는 일터를 창조하는 것입니다.

수련회 마지막 날 노조와 경영진이 연합된 팀은 7가지 협력 목표에 헌신하기로 약속했다. 그 목표의 첫 번째는 권한이 부여된 회사 문화를 만드는 것이었다.

긍정의 힘이 있는 리더십은 동전의 양면과 같다. 한 쪽 면은 힘을 가지는 일에 대한 것이다. 즉, 전진하기 위해 최선을 다하고, 당신이 중요하게 생각하는 문제에 대해 소신을 피력하고, 다른 사람들과 함께 모두에게 도움이 되는 세상을 만드는 일이다. 다른 한 면은 다른 사람으로 하여금 힘을 키우게 하는 일에 대한 것이다. 즉, 그들의 강점을 파악하고, 그들의 아이디어를 공유할 기회와 자신감을 갖고, 최선을 다하도록 지지와 배움과 협조를 하는 것이다.

잠깐 이야기를 멈추고 생각해보자. 당신의 조직에서 일하고 있는 사람들이 위험을 피하기 위해 거북이처럼 껍질 속에 들어가 있는가, 아니면 긍정적 힘이 있는 방식으로 자신을 표현하는가? 당신 자신은 또 어떤가? 당신은 당신 일에서 최고의 자리에 있는가? 당신이 힘을 가질 수 있고 힘을 느낄 수 있는 업무 환경은 어떤 것인가? 당신은 그 힘을 어떻게 공유하는가?

사람들은 긍정적 힘을 가진 리더십을 원한다

A 리더십은 협조적인 관행과 공유하는 리더십은 물론 전통적으로 리더와 추종자의 관계로 여겨졌던 것까지 포괄한다. 우리 모두가 리더십의 잠재력을 가지고 있다고 믿는다. 그러나 경험에 따르면 모든 사람들이 리더가 되거나 리더십 팀의 일원이 되기를 원하는 것은 아니다. 어떤 이들은

다른 사람 앞에서 주도권을 발휘하면서 큰 만족감을 느끼고 대단히 생산적인 사람이 되는 반면, 어떤 이들은 선두에 서 있는 다른 사람을 보좌하는 데에서 최대의 역량을 발휘한다. 우리는 이러한 관점에서 연구를 수행했다. 우리는 사람들이 리더십으로부터 원하는 것이 무엇인지 이해하기 위해 노력했다. 그들이 모범적인 리더십이라고 생각하는 것은 무엇이며 그것은 어떻게 잠재력을 전환시켜 개인적, 집단적으로 더 나은 성과를 낳는가를 연구하였다.

우리가 연구를 수행한 포커스 그룹에서 사람들은 긍정의 힘이라는 아이디어에 매우 흥분했다. 그들은 '**긍정적**'이라는 말과 '**힘**'이라는 말이 같이 쓰인다는 사실에 흡족했다. 그들은 곧 긍정의 힘에 대한 경험을 상기했고 그것이 그들에게 의미한 바가 무엇이었는지 자유롭게 이야기를 나누었다. 다음의 논평에서 알 수 있듯이 긍정의 힘에 대한 그들의 아이디어는 일이 이루어지는 방법과 성취된 결과의 특성까지 포함하고 있다. 그들은 긍정의 힘을 이런 식으로 묘사했다.

- 상황의 긍정적인 면에 의지하는 것. 당신이 처한 상황을 최대한 잘 이용하는 것.
- 바람직하고 낙관적인 태도로 일을 잘 해내는 것.
- 긍정적인 강화와 단어들을 사용하는 것은 물론 과거에 긍정적인 결과들을 낳았던 아이디어를 말하는 것.
- 보다 나은 선을 위한 힘이 되는 것, 악이 아닌 선을 위해 권한을 이용하는 것.
- 긍정적인 변화를 창조할 수 있는 것.
- 다른 사람들에게서 긍정적인 것을 찾는 것. 그들을 이해하고, 활동하는

팀의 일원이 되기 위해 그들에게 필요한 것이 무엇인지 밝혀내는 데 시간을 할애하는 것.

- 당신도 리더가 되고자 하는 마음이 생기도록 유도하는 것.
- 긍정적인 최종 결과를 성취하게 하는 것.
- 사람들이 자기 삶에 대한 결정을 직접 내리도록 하는 것.
- 단지 상사라는 이유 때문이 아니라 존경하고 좋아하기 때문에 따르게 하는 것.

사람들은 일과 관련된 삶의 모든 측면에서 긍정적인 힘을 원한다. 그들은 긍정의 힘을 느끼고 싶어 하며, 그 일에 참여하고 싶어 하고, 그 일이 결과를 만들어 내기를 원한다. 이를 종합해 볼 때 인터뷰한 사람들은 긍정의 힘을 4가지 수준으로 묘사했다. 개인적인 수준, 일대일 수준, 팀 수준, 전체 조직의 수준으로 말이다. 긍정의 힘을 **개인적인 역량***personal capacity*으로 묘사한 사람들의 대부분은 그것이 자신의 통제 하에 있으며 그들이 생각하는 방식이나 자신의 일에 대해 말하는 방식과 관련된다고 이야기했다. 그들이 하는 말을 들어보면 긍정적인 결과를 얻을 수 있는 방법 중 하나가 긍정적인 가능성에 집중하기로 선택하는 것임을 알 수 있다.

- 나는 긍정의 힘이 개인적이며 나 자신의 통제 하에 있다고 생각한다.
- 그것은 내가 일에 대해 생각하는 방식이다. 나는 불황에서 벗어나기로 선택했다. 나는 부동산 브로커로서 굉장한 한 해를 보냈다. 사실 나는 이 모든 역경을 해결할 시간이 없었던 것이다. 이것이 긍정의 힘이 내게 의미하는 바이다.

- 그것은 당신이 발산하는 에너지를 말한다. 그것은 당신과 당신의 행동을 둘러싼 에너지가 선명해지는 순간을 말한다. 긍정의 힘에는 어떤 혼란이나 긴장도 없다.

인터뷰에 참여했던 또 다른 사람들은 긍정의 힘을 존중과 참여를 유발하는 **대인관계 역량**_interpersonal capacity_으로 인식하고 평가한다고 말했다. 그들은 사람들이 긍정적인 사람들에 의해 동기를 부여받고 긍정적인 사람들 주위에 머물러 있기 원한다고 말한다. 그들은 긍정의 힘이 서로를 긍정적으로 만든다고 믿는다. 이러한 긍정적인 힘을 양성하게 되면 긍정적인 바이러스가 도처로 퍼지게 된다고 묘사했다.

- 긍정의 힘을 가진 사람을 만나는 것은 신나는 일이다. 사람이 어떤 일에 대해서 열의를 가지게 되면 나 역시 거기에 좀 더 몰두하게 된다. 그것은 일종의 행복이다.
- A 리더는 나를 존중해주는 사람이자 내가 존중하는 사람이다. 그는 영향력을 긍정적으로 사용하는 사람이다. 나는 그에게 도움을 구할 수 있고 그는 나를 하찮게 보지 않는다. 진정한 지혜가 담긴 충고 혹은 상담을 원하는 사람들은 누구나 그를 찾아간다.
- 진정으로 힘이 있는 리더는 자기 주위의 모든 사람들이 자신이 하는 일에 성공하고 있는지를 확인한다. 다른 사람의 성공이 그의 성공인 것이다.

우리가 인터뷰한 많은 사람들은 긍정의 힘이 그룹과 팀에서 어떻게 나타났는지에 대해 이야기해주었다. 그들은 긍정의 힘과 성과를 **공동의 역량**

collective capacity, 즉 협조와 상호 지원의 결과라고 묘사했다.

- 긍정의 힘은 다른 조직들과 함께 일하면서 자원을 잘 활용함으로써 긍정적인 결과를 얻게 한다. 긍정의 힘은 파트너십과 협력을 상징한다. 적임자들이 참여하게 되면 결정을 내릴 수 있고 최고의 선을 지향하여 일을 진전시켜 갈 수 있다. 누구나 힘을 가질 수 있다. 이것은 지금의 비영리 단체들에게 특히 중요한 권리이다.

- 긍정성은 전체 그룹을 전진시키며 판매량을 더 늘리게 한다. 우리는 영업성과를 통해 긍정성의 효과를 실제로 측정할 수 있다. 이러한 원리는 다른 부서에도 통할 것이라고 확신한다.

- 나는 후퇴와 동일한 뜻을 가진 '수련회retreat' 보다는 '선발원정advance' 을 개최하는 것을 좋아한다. 나는 관리자의 임무를 맡았을 때 부서원 전원을 파이크스 산꼭대기로 데리고 올라갔다. 새로운 시각을 얻기 위한 선발 원정을 위해서 말이다. 거기에서 우리가 한 일은 업무 기획이 아니었다. 우리는 한 팀으로서 서로를 어떻게 지원해 줄 것인가에 대해 계획을 세웠다. 그 후로 5년이 흘렀다. 우리 팀은 내가 일해 본 중에 가장 협력적이고 높은 성과를 낸다. 우리는 힘이 있고 강력하다.

마지막으로 긍정의 힘은 **완전한 조직의 특징***a characteristic of the whole organization*으로 묘사되었다. 참가자들은 작업 환경, 일이 이루어지는 방식, 심지어 조직의 문화까지 모든 것이 긍정의 힘의 모델이 될 수 있다고 말했다. 그들은 또한 사람들은 부정적인 것에 더 관심을 쏟는 경향이 있으므로 긍정성을 유지하기 위해서는 더 많은 노력이 필요하다고 언급했다.

- 우리는 긍정성을 우리가 사업을 하는 표준적인 방식으로 취급한다. 긍정성은 성공에 아주 중요한 요인이다. 직원 한 명이 심하게 야단을 듣고 부정적인 사고방식에 빠져 있다고 생각해보라. 그 사람은 걸어 들어오는 새 고객을 상대로 제대로 영업을 하지 못할 것이다. 부정적인 상태에 있는 것은 굴 속에 들어가 있는 것과 같다. 자신을 그 굴 안에서 끌어내야 한다. 우리는 항상 긍정적인 힘을 가지도록 노력해야 한다.

- 우리에게는 긍정적인 힘의 문화가 있다. 긍정적인 힘은 조직의 모든 사람들이 필요로 하고 기대했던 것이며 개발과 유지가 필요한 것이었다. 우리는 사회에 만연한 부정적인 태도를 극복해야 했다. 리더로서 우리는 조직 구성원들에게 그들이 잘 하고 있는 일이 무엇이며 그것을 어떻게 하고 있는지에 대한 확신을 끊임없이 심어준다. 그들이 잘한 일이 있으면 그것이 작은 일이라 할지라도 인정해주고 이들의 경험을 점진적으로 발전시켜나간다. 오래지 않아 이것이 그들이 가진 일에 대한 경험이 된다.

- 그것은 커뮤니케이션의 흐름과 밀접한 관련이 있다. 당신이 시스템 안에 긍정성을 불어 넣지 않으면 부정성이 스스로 자리를 잡게 될 것이다. 정보가 부족한 경우, 사람들은 모르는 것에 대해 두려워하기 시작한다. 일터에서는 긍정성에 대한 훈련이 이루어져야 한다. 일터 밖, 사회 혹은 미디어에는 대부분의 일들이 부정적이기 때문이다.

우리 인터뷰에서 얻은 최종적이고 중요한 지식은 긍정의 힘이 비판에 대한 항생제나 위험 감수의 원천적인 힘으로 묘사된다는 점이다. 긍정의 힘을 가진 사람들이나 그룹은 스스로의 사고와 아이디어에 기반을 두고 있으며, 비난에 대한 두려움이 덜하고, 다른 사람들이 생각하고 느끼는 것을 듣고 배우는 데 보다 개방적이며, 위험을 감수하는 경향이 더 강한것으로 묘사된다.

메시지는 명확하다. 긍정의 힘을 발견하고 키우며 다른 사람들의 성과를 끌어올리기 위해서는 긍정적 힘이 있는 리더십이 필요한 것이다.

창의적인 잠재력의 놀라운 원천

창의적인 잠재력은 때로 상당히 명백하게 드러난다. 이력서를 훑어보고, 지원자를 인터뷰하고, 팀 구성원을 선정할 때 당신이 찾는 것은 바로 창의적인 잠재력이다. 당신이 사람들에게 성공 스토리를 이야기해 달라거나 가장 훌륭한 사례에 대해 이야기 해 달라고 요청할 때 듣게 되는 것이 그것이다. 창의적인 잠재력은 당신이 마음에서 우러난 이야기를 하거나, 당신의 혁신적인 의도를 소리 높여 말하거나, 긍정적인 변화에 대한 당신의 의지를 표현할 때 나타나는 것이다.

그렇지만 창의적인 잠재력은 조용히 발견되기를 기다리고 있는 경우가 더 많다. 사람들에게 자신의 강점을 발견하도록 한 후 그들이 발견한 것을 이용해서 자신의 이상적인 미래 이미지를 만드는 것을 돕다보면 놀라게 되는 경우가 종종 생긴다. 엔지니어와 경영자, 의사, 기업 간부, 사회복지사 등과 같은 부류의 사람들 중에서 아직 발견되지 않은 공상가와 장기적인 계획자, 치어리더, 화가, 음악가, 시인을 찾아내게 되는 것이다. 이러한 재능과 강점들이 발견되어서 최대한으로 발휘되기를 기다리고 있었다. 워크숍에 참가했던 한 사람은 그것을 이런 식으로 요약했다.

> A 리더십은 광산에서 보석을 캐내는 것과 비슷합니다. 보석이 있
> 다는 것은 알지만 어디에 있는지는 모르고 있는 것이죠. 당신은
> 그것을 캐내야 합니다. A 리더십은 내가 사람에 대해 이전에 생
> 각했던 모든 것을 변화시켰습니다. 나는 "보이는 것이 전부다."
> 라고 말하며 살아왔습니다. 지금의 나는 더 열심히 귀를 기울이
> 며 질문을 하고 현재 명백하게 나타나지 않은 보석을 찾아야 한
> 다는 점을 알고 있습니다. 나는 사람에 대한 더 많은 확신을 가
> 지고 그들을 보고 그들의 소리에 귀 기울입니다.

우리는 이것을 '긍정의 눈appreciative eyes'을 통해 본다라고 말한다. 긍
정의 눈으로 보는 법을 연습하면 당신 역시 당신이 발견한 무한한 관계적
잠재력에 놀라게 될 것이다. 〈표 2-1〉은 8가지 '채광 부지', 아직 표현되
지 않은 긍정적인 잠재력에 대한 탐색을 시작할 수 있는 장소를 제시한다.

긍정 잠재력의 8가지 원천 하나 하나는 호기심과 열정과 존중하는 마
음을 가지고 다른 사람들을 보고, 그들에게 귀 기울이고, 그들과 상호작용
을 할 것을 요구한다. 많은 긍정 잠재력이 원천이 당신이 용기를 필요로
한다. 다른 사람들과 함께하고, 호의적이지 않은 아이디어를 고려하고, 그
과정에서 스스로가 영향을 받고 변화하도록 해야 하는 것이다.

창의적인 잠재력을 해방시키는 것은 생성적인 여정이다. 그것은 혁신
과 인간 조직이 가지는 신비스러운 불확실성을 받아들이는 일이다. 그 과
정에서 함께 배우며 만들어가는 협력적인 창의성으로의 초대이다. 이는 5

긍정적 잠재력의 8가지 놀라운 원천

1. 강점 Strengths	성공은 성공을 낳는다. 강점, 능력, 고성과 패턴을 검토하라.
2. 과거의 성공 Past Success	역사는 긍정적 잠재력의 원천이다. 과거의 성공 스토리를 공유하라.
3. 냉소 Cynicism	모든 냉소적인 표현 뒤에는 실현되기를 원하는 꿈이 있다. 꿈에 대해 질문하라. 그것에 귀를 기울이고 그것을 반영하라.
4. 강렬한 감정 Big Emotions	자신의 감정을 검증함으로써 통해 감정이 해방되고 아이디어에 대한 장애물이 제거된다. 마음을 열고 들어주고 수긍해주며 감정을 실어서 표현하라.
5. 날이 선 아이디어 Edgy Ideas	혁신은 첨단의 날 위에 있다. 혁신은 절대 표준이 될 수 없다. 성공할 것 같지 않고 관심을 받지 못하는 아이디어를 찾고 그것을 재미있는 방식으로 생각해보라.
6. 연계성 Connectivity	새로운 관계는 새로운 기회를 만든다. 새로운 사람들에게 찾아가서 그들을 알아가도록 하라. 그리고 또 다시 새로운 사람에게 다가가라.
7. 반대 Opposition	화합이란 상이한 것들 사이의 조화이다. 당신과 뜻이 맞지 않는 사람들을 찾아라. 모든 이들이 공감할 수 있는 새로운 아이디어의 "혼합"을 추구하라.
8. 참신성 Novelty	참신성은 배움의 근원이다. 정기적으로 새로운 것과 새로운 방식을 시도하고 당신에게 새롭게 느껴지는 아이디어에 대해 성찰하라.

가지 핵심 전략과 수많은 긍정적 실천을 통해서 이루어지는 A 리더십의
방식이다.

A 리더십의 다섯 가지 핵심 전략

A 리더십과 긍정의 힘에 대한 우리의 연구, 임원코치로서 경영진을 코칭한
우리의 경험, 에이아이를 활용한 대규모 변혁을 촉진한 우리와 동료들의
성공, 이 모두가 다섯 가지 관계적인 실천 분야로 요약된다. 이것이 우리
가 **A 리더십의 다섯 가지 핵심 전략**이라고 부르는 것으로 〈표 2-2〉에 제시
되어 있다. 각각의 전략은 A 리더십이 잠재력을 증폭시키는데 효과적이며
긍정적인 성과를 높이는데 사용된 수단이다.

　　사람들은 다양한 니즈를 갖고 있다. 몇 가지 예를 들면, 소속되어 있다

〈표 2-2〉

A 리더십의 다섯 가지 핵심 전략	
질문하기	긍정의 힘이 담긴 질문을 던져라.
비춰주기	사람들과 상황 속에서 최선을 이끌어내라.
포용하기	사람들과 어울려 미래를 함께 만들어나가라.
영감 불어넣기 [역주 1]	창의적인 정신을 일깨워라.
본보기 되기	전체의 선을 위한 선택을 하라.

는 느낌을 얻기 위해서, 그들이 기여해야 하는 일이 가치 있다고 느끼기 위해서, 조직이나 공동체가 지향하는 방향을 알기 위해서, 탁월성을 요구하고 이를 신뢰할 수 있음을 확신하기 위해서, 그들이 보다 나은 선에 기여하고 있다는 것을 알기 위해서 등이 있다. 다섯 가지 핵심 전략 하나하나가 성과를 높이기 위한 이러한 사람들의 니즈에 부합된다.

- **질문하기는 당신이 사람들을 소중하게 여기며 그들이 기여한 공로를 인정한다는 점을 그들에게 알려준다.** 사람들에게 그들의 생각과 느낌, 즉 그들의 성공 스토리와 미래에 대한 생각을 말해달라고 요청한 뒤 그들이 하는 말에 진심으로 귀를 기울인다면, 그것은 그들에게 "나는 당신과 당신의 생각을 높이 평가하고 있어요."라고 말하는 것과 같다.

- **비춰주기는 사람들이 어떻게 최선의 기여를 할 수 있는지 이해하도록 돕는다.** 이렇게 함으로써 사람들이 자신과 다른 사람의 강점에 대해 배우도록 도와준다. 그들은 자신들의 강점을 활용해서 스스로를 표현하고 위험을 감수하며 다른 사람을 지원하도록 자신감을 주고 격려할 수 있다.

- **포용하기는 사람들에게 자신이 그룹의 일원이라는 느낌을 준다.** 포용하는 것은 협력과 함께 공동창조co-creation할 수 있는 가능성을 열어가는 것이다. 포용함으로써 사람들로 하여금 자신들이 무엇인가의 일부라는 느낌을 가질 수 있는 분위기를 조성한다. 무엇인가의 일부라는 느낌, 즉 소속감을 갖게 되면 그들은 그것에 관심을 가지고 좋아하게 된다.

- **영감 불어넣기는 사람들에게 방향 감각을 갖게 한다.** 미래상과 앞으로 향하는 길을 만듦으로써 당신은 사람들에게 희망을 주고 에너지를 증폭시킨다. 이는 혁신과 지속적인 고성과를 내는 기초가 된다.

- **본보기 되기를 통해 보다 나은 선을 위해 다른 사람들에게 최선을 다해야 할 책임감을 느끼며 다른 사람들 역시 최선을 다하리라는 신뢰를 가질 수 있다.** 리더인 당신이 통전성을 보이면 사람들은 당신을 통해 전체와 연결될 수 있다는 믿음을 갖게 된다. 당신이 보이는 솔선수범은 다른 사람이 따라야 할 기준이 된다.

〈그림 2-1〉에서 보는 바와 같이 이 다섯 가지 핵심 전략은 당신이 창의적인 잠재력을 결집시키고 그것을 긍정의 힘으로 전환시켜 자신감과 에너지, 열정, 성과에 있어서의 긍정적인 파문을 일으킬 수 있게 되며, 이를 통해 세상에 긍정적인 변화를 만들 수 있게 된다.

〈그림 2-1〉은 긍정의 힘과 긍정적 결과 사이의 관계를 보여준다.

우리의 경험에 따르면 성공적인 A 리더십을 위해서는 다섯 가지 핵심 전략 모두에 대한 훈련이 필요하다. 이 다섯 가지 전략을 모두 사용할 때

〈그림 2-1〉

A 리더십의 다섯 가지 핵심 전략

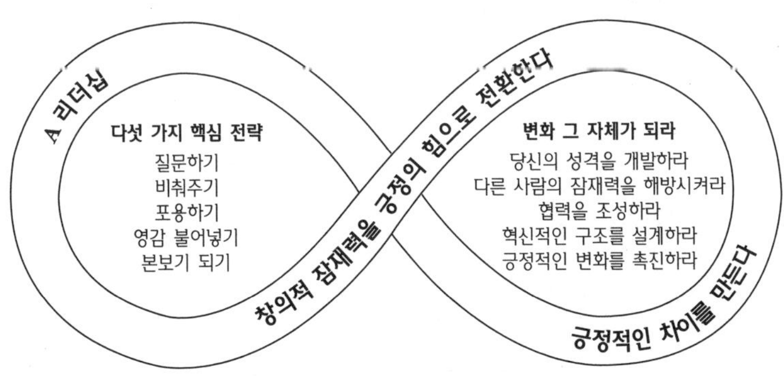

당신은 업무의 성공 요인을 파악할 수 있고, 높은 성과를 내기 위한 환경을 조성할 수 있으며, 번영하는 조직을 만들 수 있게 된다. 다음 장들은 다섯 가지 핵심 전략에 대한 이야기, 사례, 그리고 단계별 지침까지 수록하고 있다. 기쁜 소식이라면 이 다섯 가지 핵심전략을 수행하기 위한 다양한 다수의 관행과 도구, 방법이 있다는 것이다.

주석

미주 1 : http://www.merriam-webster.com/ 2009년 11월 18일 검색.

미주 2 : Marianne Williamson, A Return to Love: Reflections on the Principles of "A Course in Miracles" New York: Harper-Collins, 1992.

역주 1 : 이 말에는 크게 '창의력 개발'과 '동기부여'의 두 가지 의미가 담겨있다. 다시 말해, 누군가가 영감을 받는다고 함은 외부의 사람이나 사건에 자극받아 창의적인 발상을 떠올리는 것을 뜻하기도 하고, 어떤 행동의 의욕을 고취하는 것을 뜻하기도 한다. 문맥에 따라 우리말 표현이 어색하지 않게 '자극'으로 옮기기도 했다.

A 리더십

3 장

질문하기:
긍정적인 질문을 하라

우리를 연결시켜주는 질문

지역 보건 조직의 인적 자원부문 부사장이 공항에 도착했다. 그녀는 의료 서비스에 대한 지역사회 전체 규모의 회의에서 개회 연설을 할 예정이었다. 그녀는 자신이 방문하는 공동체의 구성원들이 스스로를 하나의 공동체로 보지 않으며 도시 사람과 농부, 토착 부족민이 어떤 의료 서비스가 가장 필요한지, 그리고 그 이유가 무엇인지에 대해 서로 아주 다른 견해를 가지고 있다는 이야기를 들었다. 그녀는 그들이 화합하는 데 어떤 도움을 줄 수 있을지 고민했다.

그녀는 지역 토착 부족의 지도자를 만나 환대를 받았다. 그는 그녀를 시내로 데리고 가면서 자연적으로 이루어진 아름다운 랜드마크들을 보여주었고 그것들의 의미에 대해 설명해주었다. 지역의 강을 가로지르는 다리에 가까워지면서 부사장이 말했다. "당신들을 연결해주는 저 강에 대해서도 이야기를 좀 해주세요." 그가 대답했다. "우리를 갈라놓고 있는 강 말씀이겠죠." 그녀가 알지 못하는 사이에 그 공동체의 핵심적인 이야기를 건드렸다는 것을 깨달은 후 그녀가 말했다. "아니오. 저는 당신들을 연결하고 있는 강을 말하는 겁니다." 그는 말이 없었다.

다음 날 아침 연설해야 할 회의장에 들어선 부사장은 어제의 그 지도자가 자기를 기다리고 있는 것을 발견했다. 그는 회의를 시작하기 전에 사람들에게 몇 마디를 해도 괜찮겠냐고 물었다. 그녀는 물론 좋다고 대답했다. 하지만 그가 존경받는 지도자라는 사실을 아는 그녀는 그가 뭐라고 얘기할지 다소 긴장하고 있었다.

그는 그녀와 시내로 오는 차 안에서 나누었던 대화로 이야기를 시작했다. 그리고 그는 "그녀는 나에게 대단히 현명한 질문을 던졌습니다. 내 사고 방식에 굳어진 나는 그녀의 질문에 대답하고 싶지 않았죠. 그녀가 던진 질문 때문에 나는 많은 일에 대해서 다르게 생각해 보는 시간을 가졌습니다. 지난 밤 나는 그녀가 옳다는 것을 깨달았습니다. 우리 모두는 다르게 생각할 필요가 있습니다. 우리 모두가 우리를 연결해 주는 강에 대해서 이야기를 나누어야 할 필요가 있습니다. 나는 그토록 지혜로운 질문을 해 준 그녀에게 감사의 인사를 전함과 동시에 우리 지역 사회를 방문해 준 것을 진심으로 환영합니다."

에이아이 질문은 즉각적인 활용이 가능한 긍정적 힘의 근원이다. 당신이 할 일은 질문을 던지는 것뿐이다. 그렇게 하면 엄청난 정보와 아이디어, 지식이 펼쳐진다. 긍정적인 질문은 최선의 관행과 성공 스토리, 창의성 등이 묻혀 있는 보물 창고를 찾아내는 열쇠이다. 그들은 수용, 인정, 일에 대한 만족감, 자신감, 용기와 같이 뛰어난 성과를 내는 데 필수적인 긍정적인 감정을 유발한다. 긍정적인 질문은 A 리더십의 가장 강력한 도구 중 하나다. 긍정적인 질문은 사람들에게 권한을 부여하고 그들로 하여금 위험을 감수하도록 유도하고, 가치 있는 성과를 내도록 하는 설득력 있는 매개체이다. 긍정적인 질문은 학습과 변화와 혁신을 자극한다.

배움은 호기심을 갖고, 질문하고, 관찰하고, 연구하는 데에서 생겨난다. 고객을 정말 행복하게 만드는 것은 무엇일까? 왜 사람들은 여기에서 일하는 것을 원할까? 어떤 종류의 관계가 지속적일까? 훌륭한 팀은 어떻게 시작될까? 리더로서 나의 강점은 무엇일까? 어떻게 하면 비용 대비 효율이 가장 높은 결과를 얻을 수 있을까? 우리가 던지는 질문에 의해 지식이 생성되고 기술이 축적된다. 어떻게 하면 상담을 판매 계약으로 연결시킬까? 유통센터 구성에 가장 효과적인 고객 중심 방식은 무엇일까? 대규모 회의를 성공적으로 개최하려면 어떻게 해야 할까?

A 리더들은 긍정적인 질문을 하는 것을 습관화함으로써 사람들과 일이 최고의 상태에 있을 때 어떻게 움직이는지를 배운다. 그들의 긍정적인 질문은 호기심, 배움, 차이에 대한 존중, 깊이 있는 관계, 보다 나은 방향으로의 변화라는 긍정적인 도미노 효과로 이어진다. 질문이 힘을 발휘하기 위해서는 틀을 깨고 기존의 상태에 도전하는 동시에 사람들을 가치 있는 성과와 높은 수준의 의식으로 인도할 수 있는 질문을 던지는 능력과 또 이러한 질문을 기꺼이 던지려는 자세를 가져야 한다. 질문에는 일상적인 실천이 필요하다. 질문은 더 많이 던지고 말은 적게 해야 하며, 실패의 근본 원인이 아닌 성공의 근본 원인을 연구하고, 사람들을 판단하거나 질타하는 대신 그들이 왜 그런 일을 하는지 궁금해 해야 하는 것이다. A 리더는 의도적으로 지금 어떤 것이 잘 되어 가고 있는지에 대해 관심을 가지고 묻고

인정하려고 노력하며 또 그렇게 함으로써 그들이 일터와 삶에서 원하는 좋은 일들이 생겨난다는 것을 믿는다.

질문은 더 많이 던지고 말은 적게 하라

더 많이 이야기하고 적게 들어야 한다면,
우리에게는 두 개의 입과 한 개의 귀가 있었을 것이다.
– 마크 트웨인Mark Twain

사람들은 그들이 아는 최고의 리더들, 즉 그들이 기꺼이 따르는 리더는 질문을 던지고 다른 사람들이 하려는 말에 진심으로 귀를 기울인다고 한결같이 입을 모은다. 주택 개조 현장에 두 개의 도급업자의 팀이 있다고 생각해 보라. 한 팀은 현장에 도착해서 프로젝트 리더가 나타나기를 기다린다. 리더가 도착하면 그들은 모여들고 리더는 모두에게 무슨 일을 해야 하는지 이야기한다. 리더가 현장을 떠나고 그들은 고객이 들어서는 안 될 말을 서로 중얼거리며 작업을 시작한다. 예상치 못한 일이 발생하면 그들은 직업을 중지하고 프로젝트 리더에게 전화를 한 뒤 그가 되돌아와서 어떻게 할지 결정할 때까지 기다린다. 일은 주인의식이나 자부심 없이 완료된다. 고객은 이 팀이 하는 일에 큰 기대를 갖지 않으며 이들과 다시 일을 해야 할 필요가 없기를 바란다.

그와는 대조적인 두 번째 팀은 팀원들이 함께 현장에 도착한다. 그들은 기름을 절약하고 동지애를 쌓기 위해 함께 차를 타고 온다. 프로젝트 리더는 그 날 혹은 일주일 후까지 어떤 일이 완성되어야 하는지 보여주고 팀원들에게 질문을 던진다. "이 일을 어떻게 준비하면 될까요? 어디서부터 시작할까요?" 그와 팀원들은 작업 분배와 일의 순서, 작업장에서 이루어지는 다른 모든 일에 대한 관계를 의논하면서 서로의 말을 경청한다. 회의 시작 10분 만에 그들은 계획을 가지고 일에 착수한다. 팀원들은 하루 종일 일을 하는 내내 서로 간에 그리고 고객에게 "우리가 이것 외에 더 해야 할 일이 있나요?"라고 묻는다. 만약 더 해야 할 일이 있다면 즉시 그 일을 한다. 고객은 그들과 일에 대해 쉽게 논의할 수 있다는 점을 높이 평가하고 이 팀이 한 일에 대해 확신을 가진다.

이 이야기가 보여주듯이 사람들은 무슨 일을 해야 할지 지시를 받는 것보다는 의견을 요청을 받을 때 자신이 일에 참여하고 있고 자신에게 권한이 부여되어 있다고 느낀다. 우리는 이를 '질문 대 말' 비율이라 부른다. A 리더들은 말하기 보다 질문을 더 많이 한다. 여기에 '질문 대 말' 비율을 늘릴 수 있는 다섯 가지 방법을 소개한다.

1. 조직 구성원들에게 지난 달 일터에서 보낸 최고의 하루에 대해 이야기 해달라고 청함으로써 직원 회의를 긍정적으로 시작하라.
2. 팀 구성원에게 팀이 최상의 상태였던 때가 언제인지 말해달라고 청함으로써 팀의 강점을 확인하라. 그들에게 자신들을 훌륭한 팀으로 만드는 것이 무엇인지 질문하라.
3. '성공의 근본 원인'에 대해 질문함으로써 긍정적인 프로젝트 보고를 시작하라. 그것을 성공적인 프로젝트로 만드는 과정에서 일어났던 모든 일에 대해 들려달라고 청하라.

4. 사람들에게 무엇이 사람을 훌륭한 리더, 따를 가치가 있는 리더로 만드는
   지 말해달라고 요청함으로써 더 나은 리더가 되는 법을 배우도록 하라.

5. 사람들에게 주말 동안이나 쉬는 날에 그들을 행복하게 만드는 것이 무
   엇인지 질문함으로써 강력한 인간 관계를 형성하라.

　　질문을 하고 당신의 질문 비율을 올리는 것이 적당치 않은 때란 없다. 우
리에게는 유난히 질문을 하는 데 능숙한 동료가 있다. 그의 질문 대 말의 비
율은 10대 1 정도이다. 그는 질문에 대한 대답조차 질문으로 한다. 질문이
제시되면 그는 "그거 좋은 질문이네요. 대답을 해 드릴게요. 하지만 그 전에
당신은 어떻게 생각하는지 궁금하군요."와 같은 식으로 말한다. 그가 발견한
것은 사람들이 던지는 질문 중 90퍼센트는 그 질문에 대한 답도 갖고 있으며
그들은 이러한 답을 다른 사람들과 나누고 싶어 한다는 점이다. 그리고 기회
만 주어지면 사람들은 자기가 한 질문에 대한 대답을 쉽게 스스로 이끌어낸
다. 그는 이것이 10대 자녀들에게도 효과가 있다고 말한다! 한 번 시도해보라.

　　당신의 '질문 대 말' 비율은 얼마인가? 사람들에게 무엇을 해
야 한다고 말하거나 충고를 해 주는 것보다 최소한 3배의 질
문을 던지고 있는가? 당신의 '질문 대 말 비율'을 올리기 위해
이번 주에 할 일 두 가지를 적어 보아라.

질문은 예정(豫定)적이다.

　　우리가 던지는 질문은 예정적이다. 우리는 질문하는 것에 대해 알게

된다. 또한 질문을 통해 우리가 선하고 진실하고 실질적이라고 여기는 것을 더 많이 창조할 수 있다. A 리더들은 그들이 던지는 질문을 통해서 그들이 무엇에 대해 대화하고 학습하고 행동에 옮길 것인가를 결정한다. "우리가 어떻게 그 계약을 놓칠 수 있었지?"와 같은 투로 항상 묻는 리더를 상상해보라. 반면에 "어떻게 해서 우리가 그 제품의 생산 비용을 줄일 수 있었지?"라고 묻는 다른 리더를 상상해 보라. 각 질문은 우리가 생각해 보아야 할 주제를 담고 있다. 한 사람은 어떻게 계약을 놓쳤는지에 대한 생각을 유도하고, 다른 한 사람은 어떻게 비용을 낮추는지에 대한 생각을 유도한다. 조직 안에서 당신이 이야기를 나누고 싶은 사람은 어느 쪽인가?

당신에게 이런 일이 어떤 방식으로 전개되는지 보여주기로 하겠다. 당신이 직장에서의 스트레스를 줄이는 데 큰 관심을 가지고 있다고 상상해보자. 그 계획의 일환으로 당신은 컨설턴트를 고용한다. 컨설턴트는 사고와 스트레스의 원인에 대해 당신의 팀을 인터뷰함으로써 상황을 파악한다. 인터뷰 동안 팀원들은 일터에서 지나치게 스트레스를 받아 그들의 성과에 방해 요소로 작용했거나 심지어 그들의 건강에 부정적인 영향을 미친 때에 대한 이야기를 요청 받았다. 가장 스트레스가 많았던 상황을 떠올리며 그것을 묘사하는 그들의 목소리는 떨렸고 심장 박동은 빨라졌으며 그들은 스트레스를 느꼈다. 스트레스에 대한 컨설턴트의 질문은 사람들의 과거 기억, 이야기 그리고 감정에 부정적인 영향을 끼쳤다. 하지만 거기에서 그친 것이 아니었다. 인터뷰 뒤에 팀원들은 서로 비공식적인 대화를 가졌다. 그들은 서로 "당신 인터뷰는 어땠어요?"라고 물었다. 그들은 다시 한 번 일터에서 겪은 스트레스에 대한 이야기를 되풀이하고 신체적인 긴장을 경험한다. 이때쯤이면 그들은 직장에 스트레스가 많다는 사실에 완벽하게 동의하게 되고 인터뷰 과정까지도 스트레스로 느낀다.

이 경우 당신의 연구 주제인 '직장 내 스트레스'는 사람들이 기억하는 것, 느끼는 방식, 서로 간에 대화의 주제에 영향을 주었다. 이것이 소위 **조직의 내적 대화** *inner dialogue of the organization* 라는 것이다. 이번에는 당신이 '신나는 생산성joyful productivity'에 대해 관심이 있고 그것을 연구하기로 했다고 가정하자. 그 주제로 인해 사람들이 떠올리는 기억과 이야기와 오랜 여운과 사람들 간에 형성될 유대감을 상상해보라.

A 리더들은 질문의 주제를 신중하게 그리고 전략적으로 선택한다. 그들이 던지는 질문이 그 답을 결정할 만큼 예정적이라는 것을 인식하면서 대화를 통해 조직 내의 공식적·비공식적 의사소통을 위한 의제를 설정하기 위해 질문한다. 일상 속에서 그들이 선택하는 주제와 그들이 던지는 질문은 조직의 구성원으로 하여금 최선의 실행과 강점, 성공에 주목하고 그에 대해 이야기를 나누고 배우며 그에 따라 행동하게 만든다.

기억하라. 당신이 질문하는 것이 사람들이 배우는 것이고 사람들이 배우는 것이 그들이 아는 것이며 그들이 아는 것이 그들이 할 수 있는 것이다. 강력한 질문은 강력한 성과로 이어진다.

질문을 중시하라

앞에서 살펴본 바와 같이 에이아이에서 사용하는 질문은 유도된 질문이다. 에이아이 질문은 중립적이지 않다. 에이아이는 당신 자신이나 다른 사람들이 배웠으면 하고 바라는 것 그리고 잘하기를 원하는 것에 의도적으로 초점을 맞춘다. 그러한 질문들은 학습과 성과 관리를 위한 도구이다. 당신의 에이아이 질문을 통해 당신 주위 사람들을 성과와 학습으로 연결 하는 가장 단순하고 생산적인 방법은 그 질문을 당신의 핵심 리더십 가치에 기반을 두는 것이다. 예를 들어, 아만다는 **사람들의 학습을 돕는 일**에서 큰 만족감을 얻으며 그 일을 진정으로 가치 있게 생각한다. 이러한 리더십의 핵심 가치는 그녀가 교사나 코치가 될 때 강점을 발휘할 수 있으리라는 것을 시사한다. 그녀는 혼자서도 효율적으로 일할 수 있기는 하지만 다른 사람이 역량을 키우는 것을 도울 때 훨씬 더 큰 만족감을 느낀다.

랄프는 핵심 리더십 가치가 어떻게 강점의 적용을 위한 발판을 참조하는지 보여주는 또 다른 예이다. 그의 핵심 리더십 가치에는 행동 지향적 성향이 포함되어 있다. 행동이 필요한 상황일 경우 그의 강점이 발휘된다. 그는 앞으로 해야 할 일들을 먼저 정한 후 시안과 서류와 워크숍 자료를 작성한다. 그는 다양한 범위의 사람들에게 정보를 요청하고 일을 해내갈 사람들을 모은다. 그는 **일을 실행하는 데** 만족을 느끼고 그러한 일에 가치를 둔다. 또한 그렇게 하는 것에 재능을 가지고 있다. 사람들은 그를 따른다. 그가 바라는 성공이 무엇인지를 알기 때문이다. 그가 가치를 두는 것은 결과인 것이다!

리더로서 현재 추진하고 있는 일이 있다면 무엇인가? 3-4가지를 말해보라. 당신에게 가장 중요한 것은 무엇인가? 당신의 핵심 리더십 가치를 발견하기 위해 직장에서 있었던 과거의 몇 주 혹은 몇 달을 회상해보고 다음의 질문에 대답하라.

- 일에서 당신에게 가장 큰 만족감을 주는 것은 무엇인가?

- 당신의 일에 대해 기분이 좋아지는 때는 언제인가?

- 당신의 리더십의 결과로 다른 사람들이 무엇을 할 수 있는가?

- 리더로서 당신 자신에 대해 가장 높이 평가하는 부분은 무엇인가?

- 사람들이 왜 당신을 리더로서 존중하는가?

이제 당신의 대답을 검토해보고 당신의 마음속에 깊이 새겨져 있는 3-4 가지 가치를 확인해 보라. 그것들은 당신이 리더로서 가장 가치를 두는 일의 본질과 속성, 그리고 성격이다. 그것은 당신이 리더로서 지지하고 참여하는 일이며, 다른 사람이 당신을 따르는 이유이고, 직장에서 당신을 만족시키는 일임과 동시에 당신이 자신의 강점을 충분히 적용할 수 있게 하는 것이다.

자신의 핵심 리더십 가치를 발견했다면 당신은 그것을 탁월성을 위한 당신의 기대치로 활용할 수 있다. 그것은 일이 잘 되었는지를 파악하는 판단의 척도가 될 수도 있다. 우리와 이야기를 나눈 사람들이 따르고 싶어 하는 효율적인 리더들은 자신들이 기대하는 바를 명확하게 전달하고 이러한 기대를 충족시키는 사람들을 일관되게 인정해준다고 되풀이해서 말했다. Λ 리더들은 그들이 가치를 함께 일하는 사람들의 생각과 행동을 지휘하는 질문에 담아 기대하는 바를 전달하고 방향을 제시한다.

한 도매점의 매니저는 그가 팀에게 던지는 질문에 자신의 핵심 가치를 어떻게 반영하는지 우리에게 말해주었다.

도매점의 매출은 아주 좋았었지요. 하지만 다음 주에는 평소보다 3배가 많은 물건을 배송해야 했습니다. 결정을 내리고 팀원들에게 무엇을 해야 할지 말해주는 대신 나는 팀원들을 소집해서 상황을 설명하고 그들에게 이렇게 질문했습니다. "이 상황에 대처할 수 있는 창의적인 아이디어가 있습니까?" 대답은 창의적인 동시에 실용적이었습니다. "저는 다음 주에 7일 모두 일하겠습니다.", "우리 모두 일요일에 일을 하고 저녁을 함께 할 수도 있을 겁니다.", "이삿짐 회사를 고용하는 건 어떻겠습니까?", "주중에 10대인 우리 아이들 중 몇몇이 일을 도와줄 수 있을지도 모릅니다." 나는 사람들의 창의성과 헌신에 감탄했습니다! 그들의 대답을 통해서 나는 그들이 얼마나 가정적인가도 알 수 있었습니다.

그녀는 우리에게 자신의 이야기를 해주면서 말했다. "효과가 좋았죠. 당신이 구하는 것에 대해서 질문을 하면 정말 그것을 얻을 수 있습니다." 다음 주가 무난히 지나갔을 뿐 아니라 이 일은 팀의 효율을 한층 더 높여주었다. 서로 돕는 일을 즐기는 가운데 자신의 일을 해내는 창의적인 방법 모색을 일상의 일로 삼을 정도로 말이다. 일이 잘 진행된데 대해서 팀이 받은 보상은 무엇이었을까? 그들에게는 또 다른 질문에 대한 논의를 할 기회와 더불어 실행을 위한 예산이 주어졌다. 그 질문은 '우리의 성공을 축하하는 것에 가족들을 참여시키는 창의적인 방법은 무엇일까?' 하는 것이었다. 이 이야기가 보여주듯이 A 리더들은 가치가 담긴 질문을 던짐으로써 그들에게 중요한 것이 무엇인지 표현하고 사람들의 생각과 대화, 성과를 인도한다.

에이아이 관점에서는 당신의 핵심 리더십 가치가 최고의 질문 주제이다. 만약 당신이 비용 절감에 가치를 둔다면 사람들에게 당신 그리고 구성원들 간에 비용을 절감했던 시기에 대해 이야기를 해보라고 요청하라. 어떻게 그렇게 했으며, 왜 그렇게 했는지, 그리고 그렇게 한 것이 어떤 느낌을 주었는지 질문하라. 협력에 가치를 둔다면 사람들에게 전례 없는 협력이 있었던 시기, 사람들과 공동으로 일하는 그들의 역량에 놀랐던 때에 대해 물어보라. 고객 서비스에 있어서 환대를 중요시 한다면 그것에 대해 질문하라. 환대라는 개념이 문화에 따라 어떻게 다르게 인식되는지 이해하도록 노력하라. 핵심 리더십 가치에 기반을 둔 질문을 많이 던질수록 다른 사람들은 당신이 리더로서 표방하는 바가 무엇인지 보다 명확하게 알게 될 것이고, 당신과 다른 사람들은 그러한 가치를 삶에 끌어들이는 방법을 더 많이 배우게 될 것이다.

기억하라. 당신의 가치를 전달하는 가장 좋은 방법은 그것을 질문에 집어넣는 것이다. A 리더십의 슬로건은 '더 많이 질문하고 더 적게 말하라.'이다.

전환하기: 플립Flip

최고의 리더는 다른 사람들이 묻지 않는 질문을 한다.

A 리더는 부정적인 문제를 긍정적인 질문으로 전환하는데 대단히 능숙

하다. 달리 말하면 그들은 플립Flip의 방법을 알고 있는 것이다. 에이아이의 긍정성의 원칙은 우리가 던지는 질문이 긍정적일수록 변화가 긍정적이고 지속적이라고 말한다. [미주1] 변화가 필요할 때 사람들은 그러한 니즈를 문제점, 그들이 원치 않는 어떤 것, 바람직하지 않은 결과를 낳는 어떤 것이라고 묘사하는 경우가 대단히 많다. 오랜 시간 만족스럽지 못한 상황에 빠져 있다고 느끼는 경우 사람들은 그 상황에 대해 불평만 거듭한다. 하지만 A 리더들은 대첸커리Thatchenkery와 매츠커Metzker가 '긍정 지능Appreciative Intelligence'이라고 부르는 것을 가지고 있다. A 리더들은 긍정적 잠재력을 볼 수 있으며 긍정적 질문을 통해 이에 생기를 불어넣는다. [미주2] 다음의 사례는 플립이 어떻게 실행되는지 보여준다.

다이아나는 국제 전문가 협회의 이사장과 화상회의 중이었다. 그녀는 의장이 문제점을 계속 나열하는 것을 듣고 있었다. 직원들이 서로에게나 회원들에게 비판적이고 협력이 저조하며, 아무도 더 노력하려 하지 않고, 모두가 멤버십 비용에 대해 불평하고, 이사들은 위원회를 위해 자발적으로 봉사하거나 뉴스레터를 위한 기사를 쓰는 일에 참여하려 하지 않는다. 다이아나는 그 습관적인 장광설을 조심스럽게 가로막았다.

다이아나:　제가 당신의 의견을 어떻게 들었는지 말씀드리고 질문을 하나 드려도 될까요?

피터:　그럽시다.

다이아나:　회장님은 대단히 실망하고 계시고 사람들이 제기한 문제점들 때문에 중압감을 느끼고 계신 것처럼 보입니다.

피터:　그렇소.

다이아나: 회장님이 정말로 원하는 것이 무엇인지 알고 싶군요. 지금까지 회장님은 원치 않는 것, 그러니까 모든 문제에 대해 상세히 설명하셨죠. 그렇다면 저는 회장님이 협회와 그 회원, 이사회, 직원에게 원하는 것이 무엇인지 궁금합니다.

피터: 그거야 아주 쉽지. 나는 적극적으로 참여하는 회원들이 많이 있었으면 하오.

다이아나: 명확하면서도 신나는 미래상이군요. 그렇다면 '몰입적 멤버십 Engaged Membership'에 대한 질문을 시작해 보실 것을 제안합니다. 이사회 구성원들과 직원, 협회원들에게 협회의 회원으로서 혹은 다른 조직, 팀, 공동체의 일원으로서 왕성하게 몰입되었을 때의 이야기를 들려달라고 청해보십시오. 그와 같이 몰입된 태도를 갖도록 그들을 이끈 것은 누구 혹은 무엇이었는지 질문해보세요. '그들은 무슨 일을 했으며 어떤 기여를 했는가? 리더들이 그들의 참여를 격려하고 지원했는가? 그것이 어떻게 느껴졌는가? 그들과 다른 사람들에게 어떤 혜택이 있었는가? 그들은 협회 내에서 몰입적 멤버십을 강화하기 위한 어떤 아이디어를 가지고 있는가?'와 같은 질문을 말입니다.

피터: 그거 아주 다른 접근법이군.

다이아나: 그렇습니다. 문제를 뒤집어서 회장님이 진정으로 원하는 것이 무엇인지 묻게 되면 두 가지 일이 생깁니다. 우선 사람들은 회장님이 리더로서 표명하는 바가 무엇인지 배우게 됩니다. 그들은 회장님이 자신들에게 무엇을 기대하는지 알게 되죠. 회장님의 경우, 그것은 '몰입적 멤버십'이겠지요. 두 번째, 회장님은

원하시는 것을 더 많이 얻게 됩니다. 사람들은 자신들에게 어떤 일이 기대되고, 무엇을 원하는지를 알게 되면 그에 맞는 행동을 하게 마련입니다.

다이아나가 보여주었듯이 플립은 비판적인 논평, 실망스러운 사안들과 문제들을 긍정적인 질문으로 전환시킨다. 그 과정은 아주 간단하다.

1. 사람들이 불평이나 문제를 제기할 때 주의 깊게 경청한다. 당신이 그것을 이해하도록 그리고 상대방이 듣고 있다는 느낌을 받도록 하기 위해 들은 내용을 반복해서 말한다.
2. "당신이 정말 원하는 것은 무엇입니까? 이야기를 통해 일이 진행되는 방식에 만족하지 못하고 있다는 것을 알게 되었습니다. 그렇다면 당신이 원하는 것이 무엇인지 말씀해주시겠습니까?"라고 질문한다.
3. 당신이 들은 것을 반영한다. 바로 플립을 행하는 것이다. 상대가 진정으로 원하는 것을 2-3 단어로 된 문장으로 묘사한다. 이것이 바로 긍정 주제가 된다.

성공적인 플립의 열쇠는 질문이다. '당신이 진정으로 원하는 것은 무엇입니까?' 이러한 질문을 다른 사람에게만 던지는 것이 아니라 스스로에게도 던져볼 것을 권한다. 이를 많이 실천할수록 당신과 다른 사람들은 자신이 진정으로 원하는 것이 무엇인지 보다 명확하게 알게 될 것이다. 또한 자신이 원하는 것을 담은 이미지 속에서 일과 개인적인 삶을 배우고 변화시키고 창조해나가는 일이 점점 쉬워질 것이다.

당신은 '물론 멋진 일이야. 하지만 그저 불평만 늘어놓는 냉소적인 사람은 어쩌지?'라는 생각을 할지 모른다. 어떤 그룹에나 이런 사람이 적어도 한 명은 있을 것이다. 컨설턴트인 피터 랭Peter Lange은 자신의 고객 등에게 '모든 냉소적인 말 뒤에는 표현되기를 원하는 꿈이 있다'고 일깨워준다.

그는 사람들이 냉소적이거나 비판적인 태도를 가질 때는 현재의 상황을 이상, 즉 그들이 보거나 듣거나 상상했던 것과 비교하고 있는 것이라고 설명한다. 냉소적이거나 비판적인 진술에 대응하는 가장 좋은 방법은 우선 상황이 이상보다 못하다는 것을 인정한 뒤에 이상에 대해 설명해달라고 요청하는 것이라고 그는 말한다. 더 이상 좋을 수 없는 상태란 어떤 것인지를 묻는 것이다. 본질적으로 피터가 말하고 있는 것은 현재를 인정하고 긍정적인 대안으로서의 이상에 대해 질문함으로써 플립을 시도하라는 것이다.

일을 하다보면 소위 **습관적인 문제**babitual problems에 부딪히곤 한다. 모든 조직에는 동일한 단어와 은유를 통해 반복적으로 논의되는 습관적인 문제가 있다. 대부분의 경우 이러한 문제에 대해 이야기하고 연구하는 데 엄청난 시간과 에너지가 소모된다. 또한 이러한 문제는 조직의 사고, 커뮤니케이션, 작업 방시에 깊숙이 내재되어 있다. 그러한 문제는 이제 플립을 만날 때가 되었다고 볼 수 있다.

이러한 습관적 문제들 중 몇 가지를 긍정적인 대안(긍정 주제)과 함께 〈표 3-1〉에 나열했다. 이것을 이용해서 플립을 연습해보자.

<표 3-1>

플립	
고질적인 문제	긍정 주제
직원의 이직	직원의 근속, 매력적인 근무 환경
낮은 시험 점수	성공적인 학습, 좋은 공부 습관
시간 부족	거절이 해법일 때, 무리 없이 상황에 맞추어서 일하는 것
작업 집단의 사일로[역주1]식 사고	생산적인 협력, 상하를 포괄하는 팀워크
기술 약화	도움이 되는 기술, 디자이너로서의 사용자

그룹으로 하여금 문제를 이야기하는 것으로부터 탈피해서 긍정적인 대안 쪽으로 관심을 돌리게 하면 플립은 쉽게 이루어진다. 일단 그들이 생각과 질문을 습관적인 문제에서 긍정 주제로 전환하면 다음의 사례에서 볼 수 있는 것처럼 긍정적인 변화가 눈에 띄는 수많은 방식으로 이루어진다.

- 멕시코의 한 제조업체는 여성들이 주로 일선에서 일하면서도 영향력은 거의 행사하지 못하는 문화를 가지고 있었다. 이 회사는 직장 내 성적 차별에서 긍정적인 양성 상호간의 관계로 관심을 돌렸다. 이러한 변화 덕택에 회사는 1997년 Catalyst Foundation이 선정하는 여성이 일하기에 가장 좋은 회사가 되었다. [미주3]

- 한 대규모 병원 시스템이 간호진 충원과 업무과다 문제로 많은 어려움을 겪고 있었다. 그들이 간호진의 이직 원인에서 직장에 남는 이유로 연구 주제를 전환하자, 일 년 후 놀라운 통계치가 나왔다. 간호사의 존

속률이 13퍼센트 상승했고 결원은 30퍼센트 감소했으며 병원을 일하기 좋은 곳으로 평가한 간호사가 16퍼센트 증가했고 보도기관Press Ganey Survey이 측정한 간호에 대한 환자들의 만족도는 20퍼센트 상승했던 것이다. [미주4]

- 세계적인 규모의 한 첨단 기술 회사는 급속하게 증가하는 경쟁 환경 때문에 어려움을 겪고 있었다. 그들이 줄어드는 시장 점유율에서 지속적인 선두적 지위를 확보하는 문화를 만드는 것으로 관심을 뒤집자, 직원들의 업무에 열의가 생기고 동기 부여도 증가되었다. 회사의 수입은 3년 만에 2천 6백만 달러에서 3천만 달러로 증가했다. 경쟁이 계속 가열되는 가운데에서도 말이다.

- 7천만 달러에 달하는 예산 부족 압박에 직면한 한 지방 정부는 어려운 상황에서 번창하는 기관이 되기 위해 필요한 것이 무엇인지 탐구하는 쪽으로 관심을 돌렸다. 그 과정에서 그들은 논란이 되었던 비용 절감을 위한 전략적 활동에 대해 지지하는 직원의 수가 많아졌고 새로운 은퇴 인센티브 프로그램을 개발했으며 서비스와 시설을 강화할 수 있는 근본적인 아이디어를 창출해냈다.

이제 당신이 플립을 실천해 볼 차례이다. 몇 분쯤 시간을 투자하라. 〈표 3-2〉에 당신 조직이나 공동체의 습관적인 문제 중 일부를 기록하고 전환시켜 보라.

우선, 첫 번째 칸에는 2~3가지의 습관적인 문제를 기입하라. 습관적인 문제란 당신의 조직이나 공동체가 반복해서 이야기하는 어려움, 이슈, 장애물 등을 말한다.

둘째, 스스로에게 질문을 던져라. "우리가 조직이나 지역 사회에 진정으로 더 원하는 것은 무엇인가?" 이러한 성찰의 결과를 두 번째 칸에 기록하라.

세 번째, "우리가 최선을 다하고 있을 때 다른 사람들과 차별되는 진정한 우리의 모습이 무엇인가?"라고 자문하라. 여기서 얻은 생각을 세 번째 칸에 기록하라.

마지막으로 이러한 성찰의 과정에서 미래의 질문이나 행동의 가능성을 가진 긍정 주제로 적합한 것이 눈에 띄면 그것에 동그라미를 하라. 이렇게 함으로써 당신은 조직이나 지역 사회가 원하는 인재상과 최고 상태일 때의 당신 모습이 유사한 것임을 알게 될 것이다. 이것은 대단히 고무적인 발견이다!

〈표 3-2〉

습관적인 문제에서 긍정 주제로 뒤집는 플립

1. 습관적인 문제	긍정 주제	
	2. 당신이 진정으로 원하는 것은 무엇인가?	3. 최선을 다할 때 우리의 모습은 어떠한가?

플립은 당신이 했듯이 개인적인 활동일 수도 있고 개인, 팀, 부서 단위로 행하는 활동일 수도 있다. 조직의 실체는 많은 사람들 간의 대화를 통해 생겨난다. 따라서 우리는 당신에게 팀이나 부서를 포괄하는 그룹을 모아 그들을 플립의 과정으로 인도해가라고 권하고 싶다. 사람들은 긍정적이고 전략적인 프로세스에 참여해 달라는 요청을 받았다는 것을 감사히 여길 것이다. 그리고 당신들은 함께 새로운 조직과 지역사회의 실체를 일구어나가는 여정을 시작하게 될 것이다.

에이아이 질문의 해부

A 리더들은 긍정적인 질문을 만들고 던지는 것에 능통한 사람들이다. 좋은 질문을 던지는 능력은 좋은 질문을 공들여 만드는 능력에 달려 있다. 긍정적인 질문의 질은 이 책의 도처에서 등장하는 많은 사례를 통해 실증된다. 이 질문들은 무조건적으로 긍정적이다. 에이아이는 아이디어를 나열한 목록이 아닌 이야기를 이끌어낸다. 그들은 개방적인 동시에 성공의 구체적인 원인을 자세히 탐구한다. 더 중요한 것은 에이아이 질문이 질문을 받는 사람들의 시각에서 그 주제를 진정으로 이해해달라는 간곡한 요청을 담고 있다는 점이다. 그것도 질문을 받은 사람들의 시각으로 보는 주제를 말이다.

〈표 3-3〉은 바람직한 에이아이 질문의 세 가지 요소를 설명한다. 이 요소들과 더불어 의료 분야에서 얻어낸 사례들이 함께 제시된다. 이것을 모델로 해서 자신만의 에이아이 질문을 만들어 보라.

에이아이 질문의 세 가지 요소 하나하나가 다 중요하다.

- **긍정 주제**는 전체 분위기를 결정한다. 긍정 주제는 '우리가 반드시 배워야 하고 행동으로 이어가야 할 것'을 말한다. 긍정 주제는 당신의 핵심 리더십 가치를 표현한다.

- **도입부**는 우리가 그 주제에 대해 경험해 봤다는 확신을 전달하는 과정이다. 도입부는 우리의 경험을 이끌어내도록 유도한다. 인터뷰대상자에 대한 검증을 내포하고 있다. 도입부는 인터뷰 대상자가 마음을 열고 이야기를 할 수 있도록 진심어린 권유를 함으로써 인터뷰의 분위기를 조성한다.

- **일련의 탐구**는 성공의 원인을 깊이 파고들도록 안내한다. 이러한 일련의 탐구 결과를 종합해보면 스토리의 구체적인 내용, 즉 누가 무엇을 했으며 어떻게 성공을 일구었는지 등에 대한 통찰력을 얻을 수 있게 된다.

〈표 3-3〉

좋은 에이아이 질문의 세 가지 요소

제1요소. 가치에 기반을 둔 긍정 주제:

당신이 무엇에 가치를 두며 당신의 팀이나 조직에 무엇을 더 원하는지 보여주는 2~4개의 단어로 이루어진 구절. 당신이 연구하고, 배우고, 보다 완전하게 행동에 옮기려 하는 중요한 아이디어 혹은 이슈를 기술한다.

　　사례: 협업을 통한 환자 중심 치료

제2요소. 유대감 형성을 위한 도입부:

주제가 어떤 의미를 가지고 있으며 그것이 왜 중요한지를 설명하는 3~4개의 문장으로 이루어진 문단. 에이아이는 조직이나 공동체가 최선의 상태에 있을 때 긍정 주제가 구현되고 구성원들이 이러한 주제를 경험하게 된다고 가정한다. 도입부는 질문이 선정된 주제에 초점을 맞추고 있고, 그 긍정 주제에 관한 최고의 경험담을 이야기 해 줄 것을 요청한다.

사례: 환자 진료의 질을 높이기 위해서는 치료를 제공하는 다양한 사람들 간의 협력이 필수적이다. 최선의 상태에 있을 때 우리는 모두 환자 중심 치료에 집중한다. 이는 우리가 환자와 그들의 가족과 이야기를 하고 귀를 기울이는 시간을 가질 수 있도록 서로를 지원한다는 의미이다. 우리는 그들이 정보에 입각한 결론을 내리는 데 필요한 정보와 옵션을 제공한다. 무엇보다 우리는 환자를 염려하고 배려한다.

제3요소. 권한을 부여하는 일련의 탐구:

최고의 경험에 대한 이야기의 구체적인 내용과 그 성공의 원인에 대해 탐구하는 질문. 이러한 질문들은 이 경험에는 누가 관련되어 있으며 그들이 한 어떤 일이 그 경험을 최고로 만들었는지를 묻는다. 다양한 참가자들에게 그 혜택에 대해 물을 수도 있다. 이러한 질문은 행동과 감정에 대해 묻는 경우가 많다.

사례:

- 상황은 어떠했는가?
- 관련된 다른 사람은 누구인가? 그들은 협력적인 환자 중심 치료를 확보하기 위해 어떤 일을 했는가?
- 당신의 역할은 무엇이었는가? 그리고 당신은 어떻게 협력을 촉진했는가?
- 당신은 어떤 느낌을 받았는가?
- 이러한 협력을 통해 환자는 어떤 혜택을 받았는가?
- 이 경험이 우리에게 주는 교훈은 무엇인가? 즉, 환자의 웰빙을 위한 협력을 지속하기 위해 우리는 어떻게 해야 하는가?

에이아이 질문의 이 세 요소가 모여 인터뷰의 초점을 확립하고, 인터뷰 대상자와 인터뷰를 실시하는 사람 간에 유대감을 형성하며, 결과 지향적인 성공 패턴을 파악하도록 도와준다. 에이아이 질문을 작성하는 방법에 대해서 더 자세히 알고 싶다면 '긍정조직혁명의 파워(The Power of Appreciative Inquiry)'를 읽어보라고 권하고 싶다. 이 책은 조직이나 공동체라는 배경에 에이아이를 적용시키는 일련의 실용적이고 유용한 도구들과 함께 에이아이의 실제 프로세스에 대해 명확한 아이디어를 제공한다.

질문: 몰입과 위험 감수, 결과로 가는 지름길

질문은 참가자들의 몰입을 촉진하고 미래에 대한 책임감을 고취시키는 데 있어서 가장 직접적이고 간단하며 빠른 방법이다. 질문을 던지는 것은 몰입의 행동이다. 사람들의 아이디어와 의견에 귀를 기울이는 것은 사람들의 가치를 확인하는 참되고 유일한 권한 강화, 즉 자기 권한 강화를 부여한다. 리더들은 사람들의 강점과 잠재적인 기여 가능성을 발견하고 확인하면서 이에 대한 신뢰를 보여주고 자기 책임 의식을 고취시킨다. 자신의 아이디어나 의견을 공유해달라는 청을 받으면 사람들은 거기에 관여하게 되고 열성적으로 행동을 취하게 된다. 사람들은 생각과 아이디어를 제공해달라는 요청을 많이 받게 될수록 행동과 결과에 점차 더 많은 기여를 하게 된다. 질문이나 요청이 행동으로 이어지는 것이다. 긍정적인 힘을 가진 질문을 이용하여 조직을 이끌어 나가는 것이 참여를 가속시키고 팀과 부서와 전체 조직에 활력을 불어넣음으로써 긍정적인 차이를 만드는 방법이다.

임원 코치로서 일하는 동안 우리는 종종 조직 내 몰입과 책임감의 부재에 대한 불만을 듣게 된다. 기업의 중역들은 직원 몰입 조사에 많은 돈을 투자한다. 이를 통해 그들은 이미 알고 있던 것을 확인할 뿐이다. 직원들이 조직의 목표, 전략, 리더십에 몰입하지도 헌신하지도 않는다는 사실을 말이다. 이들 중역들에게 몰입을 촉진하기 위해서 어떤 시도를 해보았는지를 물어보았을 때 우리는 그들이 몰입을 실천하기보다는 설파하고 있었다는 것을 발견하게 되었다.

성인들의 경우 무슨 일을 하라고 말하는 것은 동기 부여의 효과를 전혀 갖지 못한다. 사람들에게 스스로의 권한을 강화하고 주인의식과 책임감을 가지라고 말하는 것은 아무런 소용이 없다. 사실 이런 식의 방법은 오히려 반대의 효과를 내는 경우가 많다. 우리가 인터뷰했던 사람들은 자신들이 자발적으로 선택한 리더들이 '말한 것을 실천하는' 사람들이라고 되풀이해 말했다. 그들은 자신이 설교하는 것을 행동에 옮기지 않는 사람은 그 직책이 어떠하든 진정한 리더가 아니라고 말했다.

이것은 전혀 새로울 것이 없는 이야기이다. 사람들은 '말한 것을 실천하는' 리더를 원한다. 그렇다면 이것이 질문과 어떤 관계가 있을까? 사람들을 참여시키고 책임감을 정립하는 가장 빠르고 확실한 방법은 그들에게 자신의 생각과 느낌과 아이디어를 나누어달라고 청하는 것이다. A 리더들은 질문을 이용해서 사람들의 마음과 정신을 끌어들이고 그들의 혁신적인 아이디어를 유도하고 거기에 귀를 기울이며 그들 스스로의 직감을 신뢰하고 더 나은 미래를 위해 위험을 감수하게 하도록 자신감을 불어 넣어 준다.

다음의 이야기가 보여주듯이 질문과 참여, 위험 감수, 긍정적인 결과는 직접직인 괸련을 맺고 있다.

이 학장은 다음 이야기를 우리에게 들려주면서 이러한 고문의 스타일을 차분한 영향력이라고 표현했다. 자신에게 신뢰감을 가지고 옳다고 생각한 것을 위해 위험을 감수하도록 격려하는 강력한 종류의 리더십이었다고 말이다. 결과는 어떠했을까? 이 신임 학장은 자신의 말을 지켰다. 그녀는 예산을 삭감하지 않았다. 그리고 그녀가 학장이 된 첫 해에 대학의 재정은

　　내가 단과 대학의 학장 자리에 앉게 되었을 때의 일입니다. 대학의 재정은 적자 상태였죠. 그 자리를 수락한 직후 나는 예산을 일 페니Pennu도 삭감하지 않겠다고 선언했습니다. 이 발표를 들은 두 사람의 고문은 바로 나에게 회의를 하자고 했어요. 첫 번째 사람은 미팅의 시작부터 끝까지 예산 삭감이 유일한 옵션이라는 말만 되풀이했습니다. 그는 예산 삭감이 필요한 명확한 이유를 댔습니다. 그렇게 하는 것이 교수진과 직원의 사기를 꺾을 것임을 알지만 그것이 유일한 방법이라고 강조했죠. 그는 나에게 미래에 대한 희망을 주거나 내가 그 자리를 맡은 것을 기쁘게 생각할 만한 어떤 이야기도 하지 않았습니다. 그리고 내가 어떻게 생각하는지 전혀 묻지 않았습니다.

　　그런데 다행히도 다음 날의 미팅은 완전히 다른 경험이었습니다. 그 미팅은 진심어린 질문으로 시작해서 진심어린 질문으로 끝이 났죠. 그 두 번째 고문은 예산을 삭감하지 않겠다는 나의 결단에 대해 호기심을 가지고 있으며 그에 대해 알고 싶다는 말로 이야기를 시작했습니다. 그녀는 차분했고 말을 많이 하지 않았습니다. 하지만 그녀는 질문을 많이 던졌습니다. 그리고 내 말을 경청했죠. "대학의 어떤 면 때문에 우리가 예산 삭감 없이도 돈을 아낄 수 있다고 생각하게 되신 거죠? 그렇게 큰 위험을 감당해서 성과를 얻은 경험이 있었나요? 그렇다면 그 상황에 대해 제게 말씀해 주시겠어요? 교수진과 직원을 당신의 비용 절감 운동에 어떻게 참여시킬 생각이세요? 자금 조달을 위한 계획을 세웠나요? 기금 모금을 돕는 데 어떤 사람을 참여시킬 계획이신가요? 취임한 첫 해에 당신이 가장 바라는 일은 무엇인가요? 당신에게 필요한 지원은 어떤 것인가요? 제가 어떻게 해야 당신께 많은 도움이 될 수 있나요?" 그녀의 질문은 긍정적이었다. 그 질문들은 나로 하여금 논리적 맥락을 형성시키고 그 전에 비해 더 깊은 생각을 하게 만들었다.

적자에서 벗어나 손익 평형을 이루었다. 가장 중요한 것은 질문하기라는 긍정의 힘을 경험함으로써 그녀가 A 리더십을 배웠다는 점이다.

질문은 리더십의 귀중한 원천이며 조직의 모든 수준에도 적용할 수 있다. 질문은 사람들이 아이디어를 통해 미래 지향적인 방안을 만들고 위험을 감수하며 행동하는 것을 돕는 데 사용된다. 또한 질문은 전체 팀과 부서, 조직을 일의 새로운 방식에 참여하도록 하는 지름길로 이용될 수 있다.

긍정적으로: 언제, 어디서, 누가, 무엇을, 어떻게 질문

A 리더들은 우리에게 익숙한 언제, 어디서, 누가, 무엇을, 어떻게 질문을 긍정적인 형태로 바꾸어 사용한다. 그들이 던지는 질문은 철저하게 긍정적인 서술과 이야기를 추구한다. 긍정 리더는 플립을 통해 문제에 대한 질문을 성공과 기회, 잠재력에 대한 질문으로 뒤집는다. 이 경우 왜 어떤 일이 일어났는지 묻는 질문은 그 일이 왜 성공적이었나를 밝히려는 것에 초점을 두고 있다. 이러한 경우에 그들은 **왜**를 재빨리 '언제, 어디서, 누가, 무엇을, 어떻게 그것이 성공적이었나.'라는 물음으로 전환시킨다. 〈표 3-4〉는 **언제, 어디서, 누가, 무엇을, 어떻게**에 대한 부정적인 질문과 긍정적인 질문을 보여준다. 구조는 같지만 이 두 질문은 아주 다른 질문들이다. 우선 왼쪽 칸에 있는 부정적인 질문을 읽어보라. 부정적인 질문을 읽을 때 어떤 생각이 드는가? 어떤 느낌을 받는가? 그러한 질문이 당신에게 익숙한가? 이제 오른쪽에 있는 긍정적인 질문을 읽어보라. 긍정적인 질문을 읽을 때는 어떤 생각이 들고 무엇을 상기하게 되는가? 그러한 질문에 대해 어떤 느낌이 드는가?

A 리더들은 항상 긍정적인 가능성에 집중하면서 언제, 어디서, 누가, 무엇을, 어떻게 질문을 이용해 강점과 희망과 꿈을 노출시킨다. 그들은 질문을 던짐으로써 여기에 참여해야 할 사람이 누구이며 바람직한 결과를 확보하기 위해서는 어디로 어떻게 나아가야 하는지를 분명하게 해준다. 다음의 사례를 보자.

- 당신이 최고의 상태였을 *때*는 언제인가?
- 당신이 가장 좋은 성과를 올리고 있었을 때의 최고의 경험, 즉 *당신의 긍정 주제*에 대해 이야기해보라.

〈표 3-4〉

언제, 어디서, 누가, 무엇을, 어떻게 질문의 긍정과 부정적 형태		
	부정적인 질문	긍정적인 질문
누가	누가 이러한 상황을 만들었는가?	성공에 참여한 다른 사람이 있었는가? 사람들이 어떻게 기여했는가?
무엇을	무엇이 잘못되어서 이러한 문제가 발생했는가?	긍정적인 영향을 끼치기 위해 우리가 할 수 있는 것은 무엇인가?
어디서	당신 전략의 가장 큰 결함은 어디에 있었는가?	우리의 강점을 이용할 수 있는 기회는 어디에 있는가?
언제	언제 이런 일이 일어났는가?	우리가 최상의 상태였을 때는 언제였는가?
어떻게	어떻게 이런 일이 일어나도록 내버려 두었는가?	우리 모두가 원하는 결과를 얻기 위해 어떻게 협력할 수 있는가?

- 당신이 자신의 일에 만족감을 느끼고 자랑스럽게 여긴 **때**는 언제였는지 말해보라.
- 당신이 일에 가장 열심히 참여하고, 활기 있게 일하고, 정력적으로 활동한 **때**의 시기나 상황, 직위에 대해 말해보라.

위와 같은 **때** 혹은 언제형 질문은 강점에 대한 이야기를 유도할 수 있는 좋은 원천이 된다. 어떤 사람이 높은 성과를 낼 수 있는 패턴에 대해 알고 싶다면 **때**에 대한 질문을 던져라. 상대의 대답을 경청하고 그의 강점과 높은 성과를 낼 수 있는 패턴을 이끌어내라.

- 우리가 앞으로 성공하기 위해서는 다른 **누구**의 참여가 필요하겠는가?
- 우리가 만들어가는 미래에 이해관계를 가진 다른 사람은 **누구**인가?
- 우리가 계획하고 있는 것에 영향을 받게 될 것이기 때문에 이 계획에 참여해야 할 사람은 **누구**인가?
- 우리가 배워야 할 사람은 **누구**인가?
- 당신의 강점을 가장 잘 보완해 줄 수 있는 강점을 가진 사람은 **누구**인가?

위에서 본 **누구**형 질문은 일과 관련된 효과적인 관계를 맺는데 필수적인 기반이 된다. 그러한 질문은 장래가 걸려 있는 모든 사람들이 대화와 의사결정에 참여하게 하는 중요한 원천이다. 사람들의 헌신을 얻고 싶다면 의사결정을 하고 그것을 실행에 옮기는 데 참여해야 할 사람이 누구인가를 묻도록 하라.

- **조직, 당신의 경력, 미래, 우리 팀, 당신의 새로운 책 등**에 대해 당신이 가진 가장 열렬한 기대와 희망은 무엇인가?
- **당신의 일터, 지역사회, 회사, 부서나 팀, 가족, 관계 등**의 건강과 활력을 증진시키기 위한 세 가지 소원이 있다면 그것은 **무엇**이겠는가?
- 당신이 책임자라면 **무엇**을 하겠는가?

무엇형의 질문은 미래를 향한 창문이다. 이러한 질문은 가능성을 낳고, 옵션을 탐색하고, 잠재력을 발굴하는 효과적인 방법이다. 창의성을 자극하고 혁신을 위한 기회를 드러내려면 무엇이 가능한지, 무엇이 일어날 수 있는지, 어떤 것이 더 나아질 수 있는지, 무엇이 가장 당신의 마음을 끄는 대담한 희망이자 꿈인지 질문하라.

- 우리의 희망과 꿈을 실현할 가장 좋은 기회는 *어디*에 있는가?
- 보다 나은 결과를 위해 우리의 강점을 활용할 수 있는 곳은 *어디*인가?
- 우리는 *어디*에서 시작해야 할까?

*어디*형 질문은 수맥이나 광맥을 찾아내는 데 사용하는 점 지팡이 Divining rod와 같다. 그들은 행동이 필요한 구체적인 영역이 어디 있는지를 확인함으로써 총체적인 아이디어에 생명을 불어넣는다. 행동에 집중하고 싶다면 가장 큰 가능성이 있는 곳이 어디이며, 협력을 향한 통로는 어디에 있고, 지속적인 영향력을 확보하기 위해서는 어디에서 시작해야 하는지와 같은 질문을 던져라.

- 우리는 *어떻게* 나아가야 할까?
- 당신이 가장 원대한 희망과 꿈을 실현하는 것을 내가 *어떻게* 도울 수 있을까?
- 내가 지금 당신을 *어떻게* 지원할 수 있을까?

위와 같은 *어떻게*형 질문은 함께 전진할 수 있는 길을 열어준다. 이러한 질문은 프로세스 질문이다. 이러한 질문들은 누가 언제까지 무엇을 할 것인지 알려주며 필요한 활동, 지원과 자원에 대한 정보를 제공한다. 사람들이 다음 단계에 대해 준비되어 있기를 원한다면 어떻게 할 것인지 방법에 대해 질문하고 논의하고 결정하도록 하라. 목표를 이루기 위해서 우리는 어떻게 체계를 세워야 할까? 다른 사람들을 어떻게 참여시켜야 할까? 우리의 의도를 어떻게 소통시킬 수 있을까? 우리의 성공을 어떻게 측정하고 평가해야 할까?

질문 일지를 적어보는 것도 좋다. 당신이 던진 질문과 받은 대답을 기록하라. 긍정적인 힘을 가진 질문을 꾸준히 던지면서 상대에게서 관찰되는 변화를 기록해 볼 수도 있겠다. 일지를 30일 정도 적은 후에 직장과 집에서 자신이 맺고 있는 관계에 대해서 보고 느낀 변화를 기록하라. 당신이 가장 마음에 들어 하는 강력한 질문을 기록해 두라.

긍정 질문은 언제나 수없이 많이 있다. 그것들은 절대 고갈되지 않는 든든한 자원이다. 질문을 하나 던져보고 그것이 마음에 든다면 다시 사용해 보라. 그 과정에서 몇 가지 질문을 찾아 정기적으로 사용하게 될 것이다. 혹은 새로운 상황이 나타날 때마다 새로운 질문을 만드는 창의적인 프로세스를 찾게 될 수도 있다.

팀 질문과 팀 성과

팀은 사람과 마찬가지로 학습하는 방향대로 배우고 성장하며 움직인다. 이 때문에 질문이 팀의 발전을 위한 강력한 전략이 될 수 있는 것이다. 팀의 발전 단계는 팀에게 필요한 질문에 의해 정의된다. 팀 구성원을 모으고 단계별로 적절한 다음의 질문을 던짐으로써 팀의 성과와 발전을 촉진할 수 있다.

초기

사람들이 모여서 팀을 형성했을 때 그들은 우선 서로에 대해 호기심을 가지고 팀이 되어가는 과정에서 한 그룹으로서 서로를 탐색함으로써 알아가기를 원한다. 이 단계에서 유용한 질문은 다음과 같다.

- 개별적으로 그리고 집단적으로 우리는 **누구**인가?
- 개별적으로 그리고 집단적으로 우리가 가지는 강점과 가치, 역량은 **무엇**인가?
- 개별적으로 그리고 집단적으로 우리에게 활력을 주는 것은 **무엇**인가?

이러한 질문을 다루면서 그룹은 단순한 개인의 모임에서 공통의 정체성과 목소리를 가진 팀, 즉 '우리'가 되어간다.

목표와 역할을 확인한다

사람들이 서로를 알아가고 팀 정체성을 형성시켜가면서 누가 무엇을 왜 하는가의 문제가 부각된다. 이러한 팀 발전의 단계에서 유용한 질문은 다음과 같다.

- 우리의 임무, 목표, 혹은 사안이 *왜* 당신에게 중요한가?
- 우리의 성공에 대한 당신의 비전은 *무엇*인가?
- 최선을 다하도록 당신을 고무시키는 것은 우리 일의 *어떤* 면인가?
- 자신이 *얼마나* 기여하고 있다고 생각하는가?

이러한 질문이 성공적으로 논의되면 팀 구성원은 팀의 목적, 목표, 역할을 명확하게 파악하게 된다. 즉 누가 무엇을 누구와 함께 언제까지 하게 될지 알게 되는 것이다.

서로 다른 사람들과 일하는 법을 배운다

팀이라면 반드시 차이를 존중하는 법을 배우는 단계를 거치게 되어 있다. 구성원들의 생각과 일하는 법이 얼마나 다른지 완벽하게 이해하고 시작하는 팀은 거의 없다. 이러한 차이는 팀 생활 속에서 드러나기 때문에 다음과 같은 질문을 통해 서로의 차이점을 잘 활용할 수 있어야 한다.

- 우리가 팀으로서 일하는 방법 중에 당신이 가장 가치 있다고 평가하고 존중하는 것은 *무엇*인가?
- 팀 내의 다른 어떤 사람도 할 수 없고 당신만이 우리 팀을 위해 할 수 있는 일은 *무엇*인가?
- 과거에는 *어떻게* 의견의 차이를 성공적으로 해결하였는가?
- 팀이 의견의 차이를 극복하고 일하는 법을 배우는 것과 관련해서 경험하거나 들은 최선의 실천법이 있다면 그것은 *어떤* 것인가?

이러한 질문이나 기타 그 의도가 비슷한 질문을 처리하면서 신뢰와 존중, 희망이 부각된다. 팀이 정말로 일에 착수할 준비를 갖추게 되는 것이다!

뛰어난 성과를 촉진한다

이제 관계가 형성되었고 목표와 역할이 명확해졌으며 차이가 존중되고 있다. 달리 말하면 뛰어난 성과를 내기 위한 팀의 기반이 정리된 것이다. 하지만 이 시점에도 질문이 필요하다. 다음의 질문에 대해 생각해 보라.

- 당신에게서 최선을 이끌어낸 팀에 대해 말해보라. 그 팀에서는 *어떻게*

그러한 일이 가능했는가?

- 우리가 높은 성과를 올리는 고성과 팀으로서의 우리는 당신에게 *어떤* 이미지인가?
- 당신이 알고 있는 뛰어난 성과를 올리는 팀에 기반하여 볼 때 **어떤 원칙**이 뛰어난 성과를 올리는 팀을 이끄는가?
- 우리는 우리의 성공을 *어떻게* 평가해야 할까?

성공으로부터 성장한다

모든 팀에는 잠시 숨을 돌리고 팀 구성원들이 함께 일하는 방식과 다른 사람들과 함께 일하는 방식에 대해 생각해보는 시간이 있게 마련이다. 불행히도 너무나 많은 팀이 문제나 장애, 실패에 직면했을 때에만 이러한 시간을 가진다. A 리더는 고성과 팀이 성공으로부터 성장해 나가는 방법으로 질문을 사용하게끔 이끈다. 이 시기에 유용한 질문은 다음과 같다.

- 프로세스 혹은 프로젝트에서 당신에게 가장 최고의 순간은 **무엇**이었나?
- 당신이 이렇게 성공저인 시도를 하고 노려하게 만든 것은 **누구 혹은 무엇**이었고 *어떻게* 그렇게 되었나?
- 우리의 지속적인 성공을 확보하기 위해 우리가 이 상황에서 배울 수 있는 것은 **무엇**이겠는가?
- 당신이 우리에게 상을 주게 된다면 그 상은 **무엇**에 대해 주어질 것이며 *어떤* 상이 되겠는가?

　　팀이 자신들의 성공과 최고의 실천으로부터 배우는 시간을 가질 때 팀 구성원들은 인정받고 있다는 느낌을 받으며 팀은 지식과 지혜를 한층 더 집약하게 된다. 팀 구성원들은 성찰과 결단을 새롭게 하는 기회를 갖는데, 이는 그들이 팀의 다음 프로젝트에 자신감 있게 헌신하도록 하는 데 도움이 된다.

　　질문을 통해 서로 긴밀한 협조 관계를 맺음으로써 팀 구성원들은 신뢰와 존중과 자신감의 기반을 만든다. 그들은 불확실한 미래와 맞서는 데 필요한 관계적인 역량과 복원력을 개발한다. 예를 들어 제조업체가 어떤 정보 시스템에서 다른 시스템으로 이동하는 것을 돕는 일을 하기 위해 팀이 형성되었다고 생각해보자. 팀 구성원들 대부분은 작업의 규모와 중요성을 인식하면서 걱정스럽게 그 일에 접근했다. 자신이 그 일에 적합한 사람이라고 생각하는 사람은 거의 없었다. 그들의 첫 번째 회의는 질문으로 시작된다. 사람들은 짝을 이루어서 자신들이 참여했거나 이야기를 들었던 사례들, 즉 중요한 변화를 창출한 전략적 개발로 예외적인 성공을 거두었던 사례들에 대해 탐구한다. 그들은 긍정적인 변화에 이바지 할 수 있는 서로가 가진 특유의 강점과 기술, 재능에 대해 질문한다. 그리고 마지막으로 그들은 조직에 대한 서로의 기대와 꿈에 대해 알아 나간다. 이러한 전략적 활동을 통해 긍정적인 미래를 위해 길을 닦을 수 있는 모든 방법들을 말이다.

　　만약 위의 과정을 겪기 전과 겪은 후의 그들 모습을 인터뷰해서 비디오로 남긴다면 그들은 이전과 완전히 다른 팀처럼 보일 것이다. 질문은 정보를 제공함으로써 그들이 무엇을 해야 할지 알게 할 뿐 아니라 그들이 그 일을 하는 것에 적합한 사람이라는 자신감과 확신을 갖게 해준다. 이러한 질문에 뒤이어 그들이 만든 계획은 경험, 지혜, 영감을 기반으로 한다. 이 모든 과정의 궁극적인 결과는 정해진 시간과 예산의 범위 내에서 시스템이 이행되는 것이다.

질문을 통해 가교를 놓다

조직이나 지역사회가 어떤 식으로 분열되어 있든 질문을 이용하면 그들 간의 가교를 만드는 것이 가능해진다. 역할과 수준, 연령, 성별, 문화가 다르고 다른 부서에서 온 사람들이 서로를 인터뷰하면서 자연스럽게 관계가 형성되고 협력관계를 구축한다. 질문은 사일로Silo를 파괴하는 미사일과 같다. 협력이 필요하지만 그렇게 하고 있지 않는 사람들에게는 함께 하는 방법, 서로에 대해 배우는 방법을 제시해주는 것이다. 그렇게 함으로써 그들은 협력이 가진 잠재적인 혜택을 보고 거기에 잃을 것보다는 얻을 것이 많다는 것을 깨닫게 된다.

우리는 전 부서에 걸친 규모로 전략 기획 프로세스를 준비하는 과정에서 헌터 더글라스 윈도우 패션 부문의 4개 사업 부서와 관련된 자매 사업 부서에 대해 조사하리는 과제를 주었다. 이 과제는 할당된 조직의 성공과 그 근본 원인에 대해 질문을 던지는 것이다. 그들은 전략 기획 미팅을 통해 자신들이 배운 것을 공유하고 자신에게 할당된 부서에 선물을 주기로 예정되어 있었다. 미팅 전 3주 동안 사업부서 간에 인터뷰가 이루어졌고 이야기와 자료가 분석되었으며 프레젠테이션이 준비되었다. 이 미팅은 각 사업의 프레젠테이션으로 시작되었다. 프레젠테이션에는 자매 사업 부서에 대한 다음의 내용이 담겨있었다.

- 지난 3개년 간 그들이 이룬 가장 큰 성과
- 그들이 부서의 전체적인 성공에 어떻게 기여했는가?
- 다른 사람들이 그들의 자매 사업부서의 일부가 된 것을 자랑스러워하게 만든 것은 무엇인가?
- 다른 사람들이 그들로부터 배운 것은 무엇인가?
- 그들 사업이 미래에 대해 가진 가장 커다란 잠재력

이러한 **성공에 초점을 맞춘 보고**가 있은 후 시상식이 있었다. 각 사업부서는 시상을 하면서 어째서 그런 상을 받을 자격이 있는지 설명했다. 이것은 조직 상호간의 협력과 부서별 경계를 넘나드는 학습을 촉진하는 재미있는 방법인 동시에 조직 전략 기획의 기초로 쓰일 수 있는 조사 보고서를 만드는 방법이었다. 활기차게 시작한 이 회의는 그 부문에서 전례가 없는 대단히 창의적인 기획으로 이어졌다. 이미 성공적인 사업이었지만 이를 통해 시간이 지나도 사업성과를 급진적으로 강화시키는 새로운 마케팅 전략과 제품 아이디어가 산출되었다.

부서, 기능, 조직 안에서 전혀 어울릴 것 같지 않은 사람들끼리 짝을 이루어 에이아이 질문을 함으로써 관계가 정립되고 협력이 촉진되는 모습을 발견하게 된다. 우리는 에이아이를 이용해서 인수통합을 지원하고, 종파를 초월한 세계적 조직을 구상하고, 계획하고, 이끌어왔으며 노조·경영진 파트너십을 강화해 왔다. 사람과 그룹, 조직 간에 가교의 형성이 필요하다고 느낄 때는 질문을 시도해 보라. 분열을 초월하는 긍정 질문을 고안하고 양립될 수 없어 보이는 쌍으로 하여금 서로를 인터뷰하게 하라. 소원했던 사람들이 그들 안에서 공통성을 발견하는 것을 보면 놀라게 될 것이다. 거기에서 일어나는 자발적인 관계의 회복에 놀라게 되는 것은 물론 협력이 얼마나 쉽게 이루어지는가에도 놀라게 될 것이다.

질문의 문화를 만들다

A 리더십은 온전한 의견 개진과 높은 참여의 질문 문화를 촉진한다. 회의는 긍정적인 질문으로 시작한다. 성공의 근본적 이유에 대한 분석이 통상 이루어지는 일이 될 것이고, 모든 이해관계자들이 전략적 중요성을 가진 에이아이 프로세스에 정기적으로 참여하도록 요청받는다. 시장 최초 진출, 환경 보호 제품 개발, 지속가능한 제조 관행, 의료 개혁, 협력을 통한 이익과 같은 긍정 주제가 선택된다. 그리고 일단 주제가 선정되면 수백, 심지어는 수천 명의 사람들이 에이아이 4-D 프로세스에 참여한다.

- 발굴하기Discovery: 구성원들은 강점과 핵심 역량을 확인하고 '조직의 핵심적 긍정요소'를 고시한다.
- 꿈꾸기Dream: 구성원들은 공동으로 미래를 향한 긍정적인 가능성을 상상하고, 공통의 비전을 분명히 한 뒤, 집중할 전략적 기회를 선정한다.
- 디자인하기Design: 구성원들은 각각의 기회에 대한 선언문을 만들고 그것을 성취하는데 필요한 프로세스와 구조를 설계한다.
- 실현하기Destiny: 구성원들은 앞으로 진전하는 협력적인 방안을 조사하

고 공통으로 지향하는 바를 실현하기 위해 자신들의 강점과 자원을 내
놓는데 개인적으로 헌신한다.

A 리더들은 전략적 중요성을 가지는 주제에 대해 조직 전체가 탐구에
참여하도록 리드함으로써 배움과 혁신을 추진한다. A 리더들은 이해관계
자 모두를 포용하고 인도함으로써 지식과 일의 방식, 지향하는 목표가 모
든 사람에게 의미를 갖도록 한다.

역량의 강화: 더 나은 발전을 위한 자원

〈표 3-5〉

질문: 주요 실천 관행 요약

	핵심 실천 방안
개인적	• 질문 대 말 비율을 높인다. • 플립을 연습한다.
일대일	• 가치기반 질문을 던진다.
팀이나 그룹	• 팀 단위의 탐구에 참여한다. • 성공지향적인 조사 보고서를 준비한다.
전체 조직이나 지역 사회	• 질문의 문화를 만든다.

참고 문헌

- "Appreciative Team Building", Diana Whitney, Amanda Trosten-Bloom, Jay Cherney, Ron Fry, New York, London, Shanghai, iUniverse, 2004.
- "Change Your Questions, Change Your Life", Marilee G. Adams, San Francisco: Berrett-Koehler, 2004.
- "Encyclopedia of Positive Questions", Diana Whitney, David L. Cooperider, Amanda Trosten-Bloom, Brian S. Kaplin, Ohio, Brunswick: Crown Custom Publishing, 2005.
- "The Power of Appreciative Inquiry", 2nd Ed, Diana Whitney, Amanda Trosten-Bloom, San Francisco: Berrett-Koehler, 2010.

추천 사이트

- Appreciative Inquiry Commons

  http://appreciativeinquiry.case.edu

  에이아이 커먼스는 세계적인 포털로 케이스 웨스턴 리저브 대학의 웨더헤드 경영 대학원이 운영하고 있다. 에이아이와 관련된 학문적 자원, 실용적인 도구, 점차 증가하고 있는 긍정적 변화에 대한 훈련을 공유하는 역할을 담당한다.

- Corporation for Positive Change

  www.positivechange.org

긍정 변화 코퍼레이션은 세계 전역의 기업, 정부, 비영리 조직의 변화
와 혁신을 위해 에이아이를 이용하는 최고의 컨설팅 기업이다. 저자의
회사 웹사이트이다.

• Inquiry Institute

www.inquiryinstitute.com

인콰이어리 인스티튜트는 사람들이 '질문의 사고방식을 강화' 함으로써
직업적 · 개인적인 삶에서 성공을 촉진하는데 도움을 준다.

주석

미주 1 :　Diana Whitney & Amanda Trosten-Bloom, The Power of
　　　　Appreciative Inquiry, 2nd ed., San Francisco: Barret-
　　　　Koehler, 2010, pp. 66-67.

미주 2 :　Tojo Thatchenkery & Carol Metzker, "Appreciative
　　　　Intelligence: Seeing the Mighty Oak in the Acorn", San
　　　　Francisco: Barret-Koehler, 2006, p. 5.

미주 3 :　Ron Fry & Frank Barrett, Retinking What Gives Life to
　　　　Positive Change, Appreciative Inquiry and Organizational
　　　　Transformation: Reports from the Field, edited by Ron Fry,
　　　　Frank Barrett, Jane Seiling & Diana Whitney, Westport, CT:
　　　　Quorum, 2002, pp. 263-278.

미주 4 :　Susan O. Wood, Creating a Positive Future for Nursing

Using Appreciative Inquiry, AI Practitioner, February 2004, pp. 13-18.

역주 1 : 사일로silo는 곡식을 저장하는 창고를 뜻하며, 사일로식 사고란 부서간 이기주의를 의미한다. 즉 자기부서의 먹거리만 챙기고 다른 부서의 일은 신경쓰지 않는 사고를 뜻한다.

A 리더십

4 장

비춰주기:
사람과 상황에서
최선을 이끌어내라

10분의 조명^{역주 1}

유명 제약 회사 연구개발 부서의 책임자가 매년 열리는 회사의 리더십 회의에 참석한 400명의 사람들에게 환영인사를 할 예정이었다. 나는 그녀가 10분간 걸친 연설을 한 후에 기조 연설자로 소개될 예정이었다. 그녀를 잘 알지 못하는 나는 그녀가 10분 내내 문제를 지적하고 결점을 상기시킨 후 뛰어난 재능을 가진 이 사람들에게 리더십 개발이 필요한 모든 이유를 늘어놓지 않을까 염려했다. 지금껏 너무나 많은 관리자들이 그러한 방식으로 리더십 개발에 대한 그들의 주장을 펴는 것을 보아왔다.

그러나 걱정했던 것과 정반대로 행동하는 그녀를 보고 나는 몹시 놀랐다. 긍정적인 놀라움이 얼마나 컸던지 나는 연설 내내 그녀의 연설을 '10분의 비춰주기'의 사례라고 말했다. 10분 동안 과연 그녀는 어떤 말과 행동을 했을까? 그녀는 그 회의 장소에 있는 사람 중 최소한 20퍼센트에 해당하는 사람들의 이름을 호명하면서 감사의 뜻을 전했다. 그녀는 그들의 행동과 감수한 모험, 그리고 그들이 일궈낸 성과를 구체적으로 설명했다.

그녀는 상당한 잠재력을 가진 과학적 혁신에 대해 상세히 설명한 후 그 전략을 세우고 그것을 집행위원회에 제시하고, 승인을 받고, 자금을 조달한 사람들의 이름을 다시 거명했다. 그녀는 과학자이자 리더로서 자신이 성장해 온 과정에 대해 이야기하고 어떻게 이 두 가지를 병행할 수 있었는지를 이야기했다. 그녀는 자신의 멘토와 코치, 동료들의 이름을 밝히고 그들에게 감사의 말을 전했다. 이 짧은 10분 동안 그녀는 거의 백 명의 사람들의 강점을 비춰주고 그들의 스토리를 명확하고 매력적인 모델로 제시함으로써 다른 사람들이 교훈을 얻을 수 있도록 했다. 그녀는 비춰주기를 실천한 것이다.

사람들의 강점, 능력, 니즈, 요구, 희망, 꿈은 도처에 널려 있지만 그것이 긍정적인 힘의 원천이라는 점은 자주 간과된다. 강점은 깊은 우물과 같이 인정받지 못하고 충분히 활용되지 못하는 상태에서 개발되기만을 기다리고 있다. A 리더십은 비춰주기를 통해 이러한 강점을 작용하게 하고 개발되지 않은 강점을 긍정적인 결과로 변화시키도록 촉진한다.

성공은 성공을 낳는다. 강점, 뛰어난 성과, 그리고 최선의 실행에 관한 이야기는 추진력을 낳고 지속적이고 높은 성과로 이어진다. 사람들은 어떻게 그런 일이 가능했는지 이해하기 위해 리더십에 귀를 기울이고 기대한다. 아침에 일어나서 '나는 오늘 정말 많은 실수를 저지르고 싶어.'라고 생각하는 사람은 없을 것이다. 대부분의 사람들은 '성공하려면 이 시점에서 내가 무엇을 해야 할까?'라는 질문을 한다. 그들은 리더의 행동을 보고 이들이 말하는 이야기를 경청함으로써 그 질문에 대한 대답을 찾는다.

리더십은 강점과 고성과 패턴, 성공의 근본 원인을 밝혀 낼 수도 있지만 때로는 사람들을 어둠 속에서 내게 기대되는 바가 무언지 궁금해 하도록 남겨둘 수도 있다. 다시 말해, 리더가 구성원들로 하여금 강점, 희망, 뛰어난 성과에 대한 이야기를 서로 나눌 수 있는 기회를 제공하지 못하면, 사람들은 성공하기 위해서 무슨 일을 해야 하는지 명확히 알지 못한 채로 머물게 된다. 반대로 리더들이 훌륭한 결과에 대한 이야기를 찾아내서 전달하는 것은 "당신도 인정받는 승리자가 되고 싶다면 이쯤에서 이런 식으로 일을 해야 한다."라고 말하는 것과 같은 효과가 있다.

비춰주기의 기술은 효과가 없는 것이 무엇인지보다는, 효과가 있는 것이 무엇인지 보는 능력과 의지, 사람들의 강점을 발견하는 관심과 역량, 모든 사람과 상황에서 긍정적인 잠재력을 감지하는 능력을 필요로 한다. 비춰주기는 태양과 같다. 빛을 발하면 사람들은 훈훈해지는 것을 느낀다. 그리고 기운을 내서 최선을 다하고자 노력한다. 〈표 4-1〉이 보여주듯이 비춰주기는 사람과 상황에서 최선을 보고, 찾고, 공유하고, 공조하는 비춤은 다음 4가지 단계를 거친다.

〈표 4-1〉

비춰주기의 4가지 절차

1. 사람과 상황, 조직에서 최상의 것을 찾는다

A 리더들은 모든 사람과 상황으로부터 특유의 기술과 능력, 강점, 긍정적인 잠재력을 발견하기 위해 적극적으로 노력한다. 그들은 강점과 선호하는 작업 스타일, 고성과 패턴을 찾아내기 위해 질문을 던지고 평가를 행한다. 사람들을 탐구에 참여시켜서 긍정적인 잠재력과 사람들이 가진 장래에 대한 희망과 꿈을 발견하게 한다. A 리더들은 항상 최고를 찾고 추구함으로써 강력한 힘을 지닌 긍정적 존재로 인정되며 이로 인해 다른 사람들은 자연스럽게 그들을 따르게 된다.

당신은 사람들이 성공하는 이유를 이해하려고 노력하는가? 당신은 사람들의 독특한 기술과 능력, 희망과 꿈에 대해 호기심을 가지고 있는가? 당신은 강점 탐지가인가?

2. 사람들이 최상의 상태에 있을 때 어떤 일이 생기는지를 살펴 본다

A 리더들은 눈과 귀를 열고 성공하는 것에 관심을 둔다. 그들은 사람들과 상품, 서비스 프로세스가 성공하는 구체적인 이유를 파악하는 것을 특히 좋아한다. 그들은 언제나 일에 있어 최선의 방법을 찾아다닌다. 그들은 강점과 최선의 실행을 표준화 시키는 일, 혁신을 장려하는 일에 앞장선다. 그들은 트렌드를 미리 내다 볼 수 있는 사람들을 신뢰하며 무엇이 성공할지에 대한 그들의 직관과 지혜를 신뢰한다.

당신은 일상적으로 성공 스토리에 귀를 기울이고 그 스토리를 분석하여 최선의 실행이 무엇인지 파악하는가? 자신이나 다른 사람들의 직관을 신뢰하는가? 성공의 근본 원인에 대한 대화를 촉진하는가?

3. 학습과 표준화에 있어서 최선의 실행에 대한 이야기를 공유한다

A 리더들은 성공 스토리를 말한다. 그들은 최선의 실행을 널리 소개하고 이 일에 참여한 사람들의 공로를 인정한다. 그들은 각 사람이 어떤 기여를 했는지 공개하고 그 성과를 가능한 구체적으로 설명한다. 이 설명을 통해 다른 사람들은 자기들도 성공하기 위해서 무엇을 할지를 알게 된다. 그들은 말이 세상을 만든다는 사실을 알고 있기 때문에 단어와 이야기를 신중하게 선택한다. A 리더들은 성공에 대한 이야기를 함으로써 성공에 대한 기대치를 설정한다.

당신은 성공 스토리를 수집하고 그것들을 기회가 있을 때마다 이야기하는가? 당신은 뛰어난 성과를 올리는 사람을 인정하고 그에게 감사의 인사를 전하는가? 당신은 모든 사람에게 최선의 실행에 대한 이야기에서 교훈을 얻고 그것을 기반으로 프로세스를 표준화하라고 격려하는가?

4. 발전과 협력적 우위를 위해 사람들의 강점을 조화롭게 결집한다

A 리더들은 개개인이 갖고 있는 고유의 기술과 재능을 개발함으로써 강점을 최적화한다. 그리고 사람들에게 자기가 잘하는 것을 할 기회를 부여함으로써 각자이 강점을 활용하고 보완되는 강점을 가진 다른 사람들과 협력할 수 있게 한다. 그들은 서로의 강점이 서로 결합되어 협력적 우위와 바람직한 결과를 낳을 수 있다는 점을 알고 있기 때문에 다양한 그룹의 사람들을 참여시켜서 약점이 드러나지 않도록 한다.

당신은 강점을 활용하고 다른 사람들도 그렇게 하도록 지원하는가? 팀을 구성하고 일을 맡길 때 구성원들의 강점을 분석하고 조율하는가? 강점을 최적화시키기 위해 다양한 그룹의 사람들을 참여시키는가?

비판에서 조명으로: 인재를 확보하고 성과를 얻는 방법

사람들에게 그들이 소중한 존재라는 것을 알게 해주면
그들도 당신을 소중하게 여기고 더욱 더 많은 일을 하고 싶어 할 것이다.

오늘날 많은 조직에서 이루어지는 상호작용과 관계성의 패턴이 나타내는 특징은 비판적이라는 것이다. 이렇게 거침없이 비판적으로 말하는 사람들은 다른 사람들에게, 즉 상급자 및 동료에게 비판적이고 종종 개인적인 자존심을 손상시키는 응답을 하도록 자극할 위험이 있다. 그 결과 직원들에게는 혁신, 성실성, 높은 성과를 낳게 될 위험 감수의 자신감과 의지가 완전히 파괴된다.

해리스의 이야기를 생각해보자. 그는 조지타운 대학과 스탠포드 경영대학원, 옥스퍼드를 졸업한 30대 남자였다. 박사학위를 받고 고작 몇 주 후 자신의 기술을 활용하고 자기 성장과 발전을 계속 자극하는 일을 맡는다는 약속 하에 그는 세계적인 컨설팅 기업에서 일하기로 결정했다. 입사한 지 한 달 안에 그는 일주일짜리 리서치 방법에 대한 훈련 프로그램을 이수해야 했다. 이것은 신입 사원이라면 반드시 이수해야 하는 프로그램이었다. 새로 고용된 직원들의 대다수가 대학을 갓 졸업한 사람들이었다. 해리스는 그가 말을 하거나 도전적인 질문을 던질 때마다 강사가 자기를 폄하하는 것 같은 느낌을 받았다. 해리스는 이 프로그램이 자기에게 맞는지에 대해 회의를 가지면서 자기 상사를 찾아갔지만 "이기적이고 건방지다."라는 이야기만 들었을 뿐이었다. 3개월 동안 지속적으로 비판을 받은 끝에 그는 회사를 떠났고 자기가 무엇을 잘못했는지를 알기 위해 카운슬

링을 받게 되었다. 관리자의 비판 때문에 컨설팅 회사는 귀중한 자원을 잃었고 학대에 가까운 비판적 관리 스타일을 강화하는 셈이 되었다. 또한 이로써 한 명의 젊고 총명한 인재가 학습과 기여를 통해 성장하는 대신 자기 회의의 길로 빠져들게 되었다.

다음에 이어지는 수잔의 이야기에서 볼 수 있듯이 사람들의 아이디어와 능력과 열정을 발견하고 가치 있게 생각하는 비춰주기는 사람들에게 해리스의 사례와는 아주 다른 영향을 미친다. 30대의 수잔은 하버드 케네디 경영대학원의 회계학 석사로 국내는 물론 국제적인 커뮤니케이션 전략 분야에서 10년간의 업무 경험과 큰 잠재력을 가지고 있었다. 그녀는 국제 비정부기구NGO에 지원했다. 인터뷰를 하는 동안 그녀는 국제 NGO의 임원이 되고자 했던 오랜 희망에 대해 설명했다. 당시 수잔이 지원한 NGO의 임원인 인사 책임자는 자신의 경험을 다각화하려는 수잔의 열망에 귀를 기울여 주었다. 그 책임자는 사람과 프로젝트, 성과와 직무를 관리하는 그녀의 타고난 재능을 알아보고 수잔이 개발 업무를 배우는 것이 유용하겠다는 결론을 내려 수잔에게 개발 매니저 자리를 제안했다. 그녀는 매우 빠른 속도로 업무를 배워나갔다. 취직한 지 석 달 만에 수잔은 세 명의 직원을 채용했고 연간 기금 마련 행사를 관리했으며 세계 전역의 직원들과 긍정적인 관계를 수립했다. 수잔의 인사책임자는 띄어난 관리 기술을 가졌다는 것 외에는 국제 비정부기구에 대해 이렇다 할 지식이 없는 사람을 고용하는 모험을 했지만 그 결정은 많은 사람들을 이롭게 했다. 잠재력을 보고 그 가치를 인정한 인사책임자의 혜안이 매우 훌륭한 결과를 가져오게 되었고 젊은 인재와 조직 모두에 만족감을 안겨준 것이다.

자신과의 긍정적 대화: 비춰주기를 위한 어휘

긍정의 힘은 우리가 자신에게 말하는 방식에서 시작된다. 즉 우리가 스스로에 대해서 그리고 우리 주위의 세상에 대해서 말하고 느끼는 바에서 시작되는 것이다. 자신과의 대화가 긍정적일수록 다른 사람의 강점과 성공을 보기가 쉬워진다. 비춰주기의 실천은 우리 자신의 강점과 만족, 성공을 인식하고 우리 자신과 다른 사람들에게 그것에 대해 이야기하는 데에서 시작한다.

우리는 자신과 이야기를 나눈다. 좀 이상하게 들리겠지만 이것은 사실이다. 대부분의 사람들은 목욕을 하거나 샤워를 하면서, 운전을 하거나 버스, 비행기, 기차를 타고 있는 동안 혹은 자연에 있을 때 숲을 걷거나 물가에 앉아서 혼잣말을 한다고 인정한다. 심리학자 윌리엄 제임스는 우리 모두에게 의식의 흐름, 즉 우리 자신과 우리의 관계, 우리의 삶, 우리의 일에 대한 생각과 느낌을 말하는 내적 대화가 있다고 말했다. 자기와의 대화는 자연스러운 것이다. 하지만 당신의 자기 대화는 얼마나 강점 지향적인가? 얼마나 성공 지향적인가? *건전한가*?

당신의 내적 자신감은 세상에서 당신이 어떻게 처신해야 하느냐를 결정한다. 그리고 당신의 내적 어휘는 당신이 다른 사람들과 이야기할 때 동일하게 이용된다. 자신과의 대화는 당신 자신의 건강과 웰빙, 성과에 영향을 주는 요소일 뿐 아니라 다른 사람들을 보고 이야기할 때 투영된다. '끼리끼리 알아본다.'라는 말을 생각해 보라. 맞는 말이다. 〈그림 4-1〉이 보여주듯이 당신 자신에게 하는 대화는 당신이 다른 사람에게서 무엇을 보고 말할 수 있는가에 대한 한계 혹은 범위를 결정하기 때문에 자기 대화는 다른 사람의 일이나 업무에 영향력을 행사하는 능력을 결정하는 중요한 요인이다.

〈그림 4-1〉

리더들의 자기 대화는 성과에 영향을 준다.

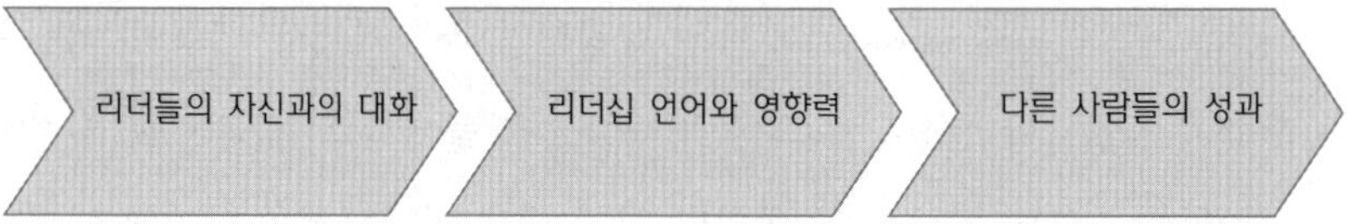

리더들의 자신과의 대화 ▶ 리더십 언어와 영향력 ▶ 다른 사람들의 성과

리더는 다른 사람의 성과에 대한 역할 모델, 길잡이, 퍼실리테이터로서 언제나 그 말과 행동이 주목을 받는다. 사람들이 '자신의 말대로 실천하는' 리더를 원한다고 말할 때 그들은 스스로를 살피며 언행이 일치하는 리더를 요구하고 있는 것이다.

리더십의 자기 대화는 밖으로 반영되어 리더의 불안, 역량, 희망 및 꿈을 다른 사람에게 비춰주게 된다. 마음에 들지 않는 어떤 것을 다른 사람에게서 보게 된다면 우선 자신 안에서부터 그것을 바꾸기 위한 시도를 해야 한다는 것이다. 당신의 팀, 조직, 지역 사회를 변화시키려면 스스로가 변화의 타겟이 되어야 한다. 반대로 다른 사람에게서 당신이 가치 있게 여기고 존중하고 감탄하는 어떤 것을 발견하게 되면 그것을 자신의 것으로 만들어라. 그것에 적응하고 또 발전시켜라. 그렇게 되면 당신이 다른 사람에게서 존경하고 흠모하는 점을 자기 것으로 만들게 될 것이다. 당신이 변화하면 당신 주위의 세상도 변하게 된다. 혹 세상이 변하지 않는다 해도 문제될 것은 없다! 그럼에도 불구하고 당신은 더 나은 사람, 더 나은 리더가 될 테니 말이다.

긍정 체크인 : 그룹 비춰주기

긍정 체크인Appreciative check-in은 긍정적인 분위기에서 대화와 미팅을 시작할 수 있는 방법이다. 회의에 참석한 사람들에게 의제 검토를 시작하기 전에 지난 하루 이틀 동안 좋았던 일에 대해 간단하게 이야기해 달라고 청하라. 그 이야기는 개인적인 것일 수도 있고 업무와 관련된 것일 수도 있으며 그들이 자랑스럽게 생각하는 것이며 그리고/또는 다른 사람들이 그 이야기를 듣고 뭔가 배울 수 있는 것이면 좋겠다고 말하라.

긍정 체크인에 익숙하지 않은 사람들이라면 자신의 경험을 드러내는 것을 망설일 수 있다. 하지만 다른 사람이 나누는 짧은 성공 스토리를 듣고 반복적으로 이야기를 권유받게 되면 자기도 그렇게 할 수 있는 준비가 될 것이다. 우리는 최근에 대형 의료 기관과 회의를 했다. 회의 참석자들에게 지난주에 있었던 성공담이나 기뻐하거나 축하할 사건에 대해 이야기해달라고 요청했다.

우리는 팀원이 출산한 이야기와 우리가 에이아이에 대해 배우면서 '그렇구나.' 하는 깨달음을 얻은 순간에 대한 이야기, 지역사회를 위한 정원을 만들고 기뻐했던 이야기 등을 나누고 맨 마지막으로 수술실에서 새로운 이니셔티브를 시작했다는 이야기를 들었다. 이 모든 긍정적인 소식들은 듣기 좋은 것이었고, 이런 이야기들을 통해 개방적이고 공유하는 분위기를 만들었으며 팀 구성원들은 서로에 대해 알게 되었다.

긍정 체크인은 문제에 대한 이야기를 긍정적인 이야기로 전환시키며 중요한 업무 사안을 놓고 긍정적이고 강력한 대화가 오갈 수 있도록 분위기를 조성한다. 수년 동안 코니는 그 주에 문서 기록 오류가 몇 건 일어났는지를 묻는 것으로 간부회의를 시작했다. 그녀는 이것이 팀이 처리해야할 가장 중요한 사안이라고 생각했기 때문에 그 문제를 시작으로 회의를 시작했던 것이다. 그 결과 회의는 매번 '신랄한 분위기'로 시작되었고 사람들은 사실상 대화를 두려워했다. 에이아이에 대해 배우고 난 후 코니는 회의를 시작하는 방법을 바꾸었다. 그녀는 긍정 체크인으로 회의를 시작했고 이를 통해 그녀는 직원들에게 어떤 일이 생기고 있는지를 알게 되었다. 그 후 그녀는 문서기록에 대한 질문으로 서서히 이동했다. 하지만 질문은 이전과 완전히 다른 것이었다. 긍정 체크인 뒤에 그녀는 이렇게 물었다. "지난주에는 얼마나 많은 문서 기록 사고를 막았나요? 그리고 어떻게 그렇게 할 수 있었나요?" 그녀의 팀은 서로의 이야기를 듣고 배움으로써 활기를 찾았다. 3개월 만에 '세이브', 즉 문서 기록 오류를 방지한 사례 수는 증가한 반면 오류는 눈에 띄게 줄어들었다.

어렵게 생각지 말고 한번 시도해보라. 다음 대화나 회의를 이런 식의 질문으로 시작해보라. "지난 번 우리가 만난 후 잘 추진되었던 일이 있었다면 그에 대한 이야기를 함께 나누어 봅시다." 직원 및 동료가 가진 최상의 것을 부각시킬 때 어떤 일이 일어나는지 지켜보라.

유머 : 또 하나의 바이탈 사인

유머와 재치는 사람들에게서 최상의 것을 이끌어내고 스트레스를 완화하는 방법으로 오랫동안 인정받아 왔다. 크리스 로버트 교수와 박사 학위 과정에 있는 완 얀의 연구에 따르면 유머는 사람들과 일터에 여러 가지 긍정적 영향을 준다. 그들은 "유머를 사용하는 능력과 만들어 내는 능력은 지능 및 창의성과 관련되어 있다. 이 두 가지는 직장에서 매우 중시하는 가치이다. … 유머는 직장에서 유대감을 형성하고 직원들 간의 커뮤니케이션의 질에 상당한 영향을 미친다. 유머를 알아듣는 능력, 다른 사람들을 웃게 만드는 능력은 신체에 생리적인 영향을 주어 사람들 간의 유대감을 강화시킨다." [미주1] 라고 말하였다.

우리가 인터뷰한 사람들은 유머가 어려운 상황을 덜 부담스럽게 느끼게 만들고, 긴장된 상황을 설레는 상황으로 바꾸며, 자기들의 일을 더 재미있는 것으로 생각하게 만들었던 일화를 들려주었다. 어떤 사람은 임원회의실에서 들리는 웃음소리만으로도 직원들의 사기가 크게 영향을 받는다고 말했다.

나는 파업 중인 회사에서 일하고 있었습니다. 우리 모두가 대단히 예민한 상태였죠. 당시 우리 CEO는 우리 일자리와 회사의 장래에 대한 결정을 하기 위해 회사의 임원들과 회의를 하고 있었습니다. 임원회의실 밖에서 우리는 그의 웃음소리를 들을 수 있었습니다. 그는 모든 책임을 어깨에 짊어지고 있으면서도 유머를 잃지 않고 웃을 수 있는 사람이었던 것입니다. 사람들은 그의 웃음소리를 듣고 안도의 한 숨을 쉬었습니다. 일이 잘 되어 갈 것임을 느낄 수 있었죠.

긴장된 상황에서도 웃을 수 있는 이 CEO의 능력이 알게 모르게 그와 함께 일하는 사람들의 마음을 편하게 해 주었다. 책임을 맡은 사람이나 권위를 가진 사람이 유머를 보여주면 이것은 특별한 의미를 갖는다. 사람들은 리더들이 어떻게 반응하는가를 보고 상황을 판단한다. 리더들의 반응이 직원들이 지닌 어려움을 더 심화시킬 수도 있고 완화시킬 수도 있는 것이다.

A 리더십은 유머를 사용해서 주어진 상황 가운데 최상의 것을 이끌어내고 그렇게 하는 가운데 사람들에게서 최상의 것을 유도해낸다. 자기 자신에 대한 농담을 할 수 있는 리더는 아이디어, 정보, 커뮤니케이션의 흐름이 자유로운 개방적이고 편안한 환경을 조성한다.

사람들은 불가피한 작은 실수를 웃어넘김으로써 정말로 중요한 문제로 옮겨갈 수 있는 에너지를 얻는다. 메리는 부통령 부부를 위한 커피 리셉션을 준비했다. 사회의 여러 저명인사들이 참석한 자리였다. 주빈인 부통령 부인이 커피에 크림을 부으려는데 크림이 컵 속에 굳어 있었다. 그녀는 크게 당황한 메리를 보면서 이렇게 말했다. "괜찮아요. 산도 빼고 좋죠." 이 말을 들은 주변 사람들이 모두 웃었고 이로써 메리는 마음을 놓을 수 있었다. 마음 편한 상호작용이 활발한 직장에서는 동료애와 긴밀한 협조가 촉진된다. 이러한 동료애와 협력은 일 잘하는 팀을 만드는 데 꼭 필요한 요소들이다. '일할 때도 열심히, 놀 때도 열심히.'라는 모토를 충실히 받아들이는 어떤 팀 구성원들은 함께 일하는 시간이 길어질 경우 그 시간을 즐겁게 보내고 서로와 함께하는 것을 즐기는 것이 낫지 않겠냐고 우리에게 말했다.
"결국 우리는 가족들보다 많은 시간을 직장에서 함께 하니까요!" 알리사는
그녀의 부서가 회사 내에서 높은 성과를 올리는 고성과 팀으로 인정받고 그
구성원들은 '도움을 청할 수 있는' 사람들이라는 명성을 얻게 된 방법이 무
엇인지 설명해 주었다. 그녀는 그것이 그들의 집단적인 유머 감각과 재미를
지향하는 태도 때문이라고 말했다.

우리는 매일 게임을 했습니다. 내가 화이트보드에 딥 퍼플Deep
Purple, 블랙 사바스Black Sabbath와 같은 락 밴드 이름을 각각의 이름
에 포함된 색깔펜으로 적습니다. 빌딩 전체에서 사람들이 게임을 하
러 옵니다. 이 게임을 할 때는 누구나 평등합니다. 이로써 각 부서의
사람들이 쉽게 사귈 수 있었고 회사의 모든 사람들이 우리를 알게 되
었죠. 그 결과 사람들은 우리가 내리는 결정을 믿게 되었고 우리가
일을 효과적으로 해낼 것이라고 신뢰하게 되었습니다.

긍정적이고 적절한 유머는 사람들과의 상황에서 최선의 것을 이끌어내
는 대단히 효과적인 A 리더십의 실행이 될 수 있다.

사실 러브레이스 헬스 시스템Lovelace Health System의 간호사들은 아픈
사람들을 돌보는 어려운 업무 가운데서 그들에게 힘을 주는 실천 사례 목
록의 첫 번째 항목으로 유머를 올려놓았다. 농담 한마디로 아픈 아이나 입
원한 성인 환자의 얼굴에 미소를 띠우게 할 수 있다는 것을 알아본 그들은

'유머: 또 하나의 바이탈 사인Humor: The Other Vital Sign'에 대한 에이아이를 했다. 그들은 모든 과의 간호사들을 인터뷰하여 유머로 분위기를 가볍게 하고 환자와 그 가족들에게 질 높은 치료를 제공했던 때에 대한 이야기를 공유했다. 직장에서의 유머에 대한 이야기를 하고 듣는 과정에서 그들은 활기를 얻었고 자신들이 해야 할 일을 새로운 마음으로 다시 시작하게 되었다. [미주 2]

직장에서 유머를 사용할 때는 "비가 오지 않으면 무지개도 뜨지 않는다.", "부드럽게 말하고 자신을 낮추어라.", "진실을 말하면 기억할 것이 줄어든다."는 하와이 규칙을 이용할 것을 권한다.

강점 탐지 : 비춰주기를 날마다 실천하라

다른 사람들이 원하고 관심을 가지는 것이 무엇이며 그들이 할 수 있는 일이 무엇인지 쉽게 알아보는 사람들이 있다는 것을 알고 있는가? 다른 사람들이 말하는 것을 경청하고, 말을 할 때 그 사람들의 표현을 보고, 동시에 강점과 희망과 꿈을 이끌어낼 수 있는 능력을 가지고 있는 사람들을 말이다. 그들은 강점 탐지가이다. 강점 탐지는 학습을 통해 습득할 수 있는 재능이다.

다음 페이지에 소개된 린의 이야기에서 보는 바와 같이 강점 탐지자는 남의 이야기를 잘 듣는 사람이다. 그들은 꼭 들을 필요가 없는 이야기도 기꺼이 경청하는 능력을 가지고 있다. 그들은 문제와 딜레마, 사건과 말썽의 혼란 속에서도 긍정적인 잠재력을 들을 수 있다. 그들은 사람들과 상황 속에서 강점을 찾기 때문에 쉽게 그것들을 찾을 수 있는 것이다.

강점 탐지를 시작하는 좋은 방법이 하나 있다. 누군가에게 자긍심을 가지게 하는 것에 대해 말해 달라고 청해보라. 그 사람의 이야기를 듣고, 그녀가 말할 때의 표현을 보고, 그 이야기에서 당신이 들은 강점을 기록한 뒤 당신이 들은 것을 공유하라. 상대의 강점과 성공에 대해 말하고 그 가치를 인정하도록 한다. 다음의 예를 읽고 대화가 어떻게 이야기에서 강점으로 흘러가는지에 주목하라.

밥: 주말에는 어떻게 지내셨어요?

게리: 아주 잘 지냈어요.

밥: 무엇을 하셨길래 주말이 그렇게 즐거우셨어요?

게리: 차를 고쳤거든요.

밥: 어떻게 차를 고치셨어요?

게리: 자동차 석고와 도색제를 사와서 친구와 함께 차에 있는 흠집을 다 손보았죠. 조수석 쪽 키를 빼내고 거기를 석고로 채운 뒤에 도색까지 했어요. 자동 도어락이 있는데 필요가 없거든요. 새로 나온 차들은 아예 키홀이 없죠. 얼마나 멋진지 보셔야 해요. 완전히 새 차가 됐다니까요!

밥: 그런 아이디어는 어디에서 얻으셨어요?

게리: 차체 수리 업체에서 견적을 받은 뒤에 차량용 석고와 도색제가 염가판매되는 것을 보았어요. 친구에게 물었더니 그가 도와주겠다고 했고 아버지께서 필요한 공구를 가지고 계셨어요. 간단해 보인 데다기 우리가 하면 훨씬 싸게 할 수 있다는 생각을 했죠.

밥: 빨리 보고 싶어요. 정말 재미있게 하신 데다 결과도 좋았나 봐요!

게리: 네, 맞아요.

밥: 아주 창의적이고 일을 하는 데 필요한 자원을 파악하는 데 능하시군요. 가장 저렴한 비용으로 일을 하는 방법을 알아내는 데 재주가 있다는 것도 알게 되었네요.

게리: (만면에 미소를 띠며) 아, 그런가요?

밥: 그리고 일을 잘 할 수 있는 자신의 능력을 신뢰하고 계시죠.

게리: 네, 그리고 제 친구가 큰 도움이 되었어요. 이제 일하러 가야겠어요. 나중에 또 얘기해요.

    강점 탐지는 위의 사례와 같이 격식을 차리지 않는 평상시의 대화에는 물론이고 입사 지원자와의 인터뷰처럼 공식적인 자리에서도 가능하다. 이야기를 청하고 거기에 귀를 기울이고 그것을 통해 강점을 비춰줌으로써 상대가 하고 싶어 하는 일이 무엇이며, 할 수 있는 일이 무엇인지 쉽게 알 수 있다. 그 후, 그 사람의 강점이 일자리와 잘 맞는지 고려해보는 것이다.

    강점 탐지는 일을 맡기고, 강점을 활용하고, 강한 팀을 만드는 데 필요한 정보를 준다. 또한 강점 탐지를 통해 비춰주기라는 선물을 다른 사람에게 선사할 수도 있다. 강점을 보고, 듣고, 묘사함으로써 당신은 사람들의 가치를 인정하고 그들에게 스스로에 대한 자신감을 심어주며 자신을 보는 새롭고 더 나은 방법을 제시한다. 당신은 보다 강하고 보다 능력 있는 자기 정체성의 기반을 구축하거나 그것을 강화시킨다. A 리더십은 잠재력을 긍정의 힘으로 전환시키고 지속가능한 뛰어난 성과로 가는 길을 제시해준다.

    강점 탐지는 자신의 강점과 보다 잘 어울리는 다른 일자리로 옮기는 데 도움이 된다. 메리는 사회에 진출한지 얼마 되지 않았을 때 대규모 컴퓨터 회사의 영업 이사로부터 이러한 교훈을 배웠다. 그는 메리에게 전화를 걸어 자신의 사무실로 와줄 수 있겠느냐고 물었다. 그 이사는 면접을 보러 가는 자기 직원에게 차를 빌려주어서 그녀의 사무실로 오기가 힘들다는 것이었다. 그의 사무실에 도착한 그녀는 그 사연을 모두 들을 수 있었다. 그는 젊고 총명한 엔지니어를 직원으로 두고 있는데 그 직원은 영업 업무에서 벗어나고 싶어 했다. 고객의 사이트에 엔지니어 구인 정보가 올라온 것을 본 그는 바로 강력한 추천서를 써서 그 직원을 그 자리에 지원하도록 보냈다. 그는 직원이 자신의 팀에서 행복하지 못한 것보다는 다른 곳에서 행복할 수 있다면 그편이 낫다고 생각하는 사람이었다. 그는 그 젊은이의 강점이 영업 부문보다는 고객의 회사에 훨씬 잘 맞다는 것을 알았을 뿐 아니라 이 젊은 직원이 언젠가는 자신의 소중한 고객이 될 수 있다는 확신을 가지고 있었다.

이 교훈은 우리가 수행한 포커스 그룹 연구를 통해 강화되었다. 사람들은 그들이 아는 최고의 리더는 각자의 기술과 능력, 강점을 일과 조화시키는데 도움을 주는 사람이라고 입을 모았다. A 리더십은 사람들의 강점을 일에 활용할 수 있도록 촉진한다.

우리 물류 창고 관리자 중 한 사람이 엔지니어링 학위를 따기 위해 대학에 다니고 있었다. 그는 똑똑했고 인간 관계가 좋은 사람이었다. 우리는 그에게 '캘리퍼 프로파일CALIPER PROFILE'이라는 검사를 해보기로 결정했다. 결과는 충격적이었다. 테스트에 따르면 그는 뛰어난 엔지니어가 될 수 있는 잠재력을 가지고 있었다. 우리는 그가 학위 과정을 마치도록 격려했고, 그 결과 그는 쉽게 학위를 딸 수 있었다. 졸업을 하자 그는 록히드 마틴Lockheed Martin에 일자리를 얻었다. 현재 그는 그 회사의 임원이 되었다. 좋은 리더십은 사람들이 자신의 강점을 찾고 그것을 발휘할 최선의 장소가 어디인지 결정하는 일에 도움을 준다. 그것이 당신의 조직을 떠나는 것을 의미하더라도 말이다.

신뢰에 대한 말

어떤 개인을 '신뢰할 수 있다.'라고 말하는 경우 우리는 그들이 정직하고, 믿을 수 있고, 한결 같으며, 어쩌면 존경스럽기까지 하다고 표현하는 것이다. 하지만 **신뢰하다**라는 단어는 동사이며 따라서 단순히 우리가 느끼는 어떤 것이 아닌 우리가 **하는** 어떤 것이다. 상대의 행동에 대한 단순한 반응 그 이상의 의식적인 행동이라는 것이다.

우리는 **신뢰**를 있는 그대로에 대한 수용과 확신이라고 정의한다. 상황에 관계없이 우리는 언제나 사람들의 방식 그대로를 신뢰한다. 이러한 종류의 신뢰를 하나의 관행이라고 상상해보라. 그리고 자신이 **원하는**대로 되어주기를 기대하고 그렇지 않으면 실망하는 관행에 대해 생각해보라! 현실 세계에서는 후자의 관행이 좀 더 일반적이다. 이러한 관행을 있는 그대로를 신뢰하는 관행과 비교해 보라. 우리가 정의하는 신뢰란 판단이 배제된 초연한 입장에서 열린 마음과 눈으로 관찰을 하는 것이다. 그리고 이것은 우리가 상대의 기본적인 미덕과 우수성을 비춰주는 데 도움을 준다.

작가이자 교육자인 제니퍼 팍스Jennifer Fox는 부모와 자녀 사이에 이러한 종류의 신뢰가 필요하다고 말한다. 그녀는 이러한 신뢰가 자녀로 하여금 자신의 강점을 발견 및 개발하고 활용하도록 하는 강력한 수단이라고 말한다. 여기서 말하는 신뢰란 바로 우리가 강점 탐지라고 말했던 것이다. 팍스는 부모들에게 자녀가 하길 좋아하는 것을 파악하라고 권한다. 즉 심지어 부모가 바라는 것에도 불구하고 자녀가 행할 것임을 신뢰할 수 있는 무언가를 말한다. ^{미주 3}

이러한 프로세스를 지침으로 조이스는 자신의 10대 딸에 대해 곰곰이 생각해 보았다. 마음이 썩 내키지는 않았지만 그녀는 엘레나가 인터넷 서핑을 하고, 친구들에게 문자 메시지를 보내고, 옷을 사는 일을 얼마나 좋아하는지 적었다. 하지만 곰곰이 생각해 본 끝에 조이스는 딸이 보이는 행동 패턴에 대한 생각을 바꾸었다. 실제로 그 패턴들은 엘레나가 중요하다고 생각하는 성향을 암시하고 있었다. 엘레나는 호기심이 많고 따뜻해서 사람들과 관계 맺기를 좋아하며 재능과 미적 감각이 뛰어나고 기술을 편안하게 다루고 받아들이며 새로운 것에 매력을 느끼는 소녀였다. 자신의 통찰력에 대해 확신을 가지게 된 그녀는 있는 그대로의 엘레나를 인정하고 그 가치를 높게 평가하는 '사랑의 편지'를 썼다. 이러한 전환은 모녀간의 유대를 강화시켰다. 두 사람 사이에 대화가 시작되었고 그러한 대화는 엘레나가 진학할 대학을 선정하는 동안에도 이어졌다.

이러한 신뢰의 관행은 일터에서도 긍정적인 결과를 낸다. 인사 관리자가 된 아트는 세 명의 팀 구성원을 인계받았다. 그 중 한 사람은 지나치게 관료적인 것 같았다. 그녀는 끊임없이 규칙을 언급하면서 충고, 훈련, 퍼실리테이션을 요청했던 많은 조직 구성원들과 소원해졌다. 여러 주에 걸친 코칭도 소용이 없었다. 그녀는 점점 더 방어적이고 완고한 태도를 보였다.

아트가 마음의 문을 열고 글레나를 신뢰하게 되자 비로소 일이 달라지기 시작했다. 아트는 신중하게 규칙을 따르는 그녀의 태도가 방향이 잘못된 강점이었음을 깨닫게 되면서 그녀가 이전에 어떤 교육을 받았는지, 그녀의 관심사는 무엇인지에 대해 질문을 하기 시작했다. 한 달 만에 그녀는 급여 담당 부서로 전임하게 되었다. 이것은 두 사람이 상호 합의 하에 결정한 사항이었다. 새 부서에서 그녀는 자기가 알고 있던 인사 시스템에 대한 지식을 활용하여 조직과 구성원 모두에게 도움이 되는 지속적이고 공정한 시스템 개발에 기여했다. 일 년 만에 그녀는 그 부서의 책임자로 승진했다.

사람을 있는 그대로 신뢰하다보면 리더는 마음의 평정을 찾을 수 있게 된다. 그와 동시에 다른 사람들에게는 신선하고 긍정적인 눈을 통해 자신을 보도록 길을 열어주는 개방적이고 수용적인 환경을 조성하게 된다.

다른 사람들로부터 최선을 이끌어내는 A 코칭

최고의 리더는 사람들이 배우고 성장하도록 돕는다.

비춰주기는 A 리더십의 일상적인 관행이며, 채용이나 성과 관리, 특히 코칭과 같은 인사 프로세스에 포함시킬 수 있다. 사람들은 목표를 이룰 수 없다고 느끼거나 그들이 하기로 한 일을 할 수 있다는 믿음이 생기지 않을 때 코치를 찾곤 한다. 자신의 능력이 무엇인지 잘 인식하지 못할 때, 자신이 누구이며 어떻게 성공할 수 있는지를 강력하게 일깨워주는 사람이 필요하다. 사람들은 삶의 다음 단계로 넘어가면서 그것에 대해 알아보고 그곳에 이르기 위한 계획을 세우는 데 도움을 받기 위해 코칭을 시작하기도 한다. 어떤 경우이든 강점을 일깨우는 일은 앞으로 자신이 하고 싶은 것이 무엇인지 발견하고 자신에게 그것을 해 낼 능력이 있다는 것을 인지하는 데 도움을 준다. 코칭은 강력한 비춰주기 프로세스인 것이다.

A 코칭의 목적은 강점과 성공의 패턴, 생성적인 잠재력을 발견, 통합, 증대함으로써 상대가 가진 최선을 이끌어내는 것이다. A 코칭은 〈표 4-2〉

에 요약된 3단계 프로세스를 거친다. A 코칭은 이야기에서 강점 파악으로 진행된다는 면에서 여러 면으로 강점 탐지와 유사하다.

〈표 4-2〉

A 코칭의 3단계

1단계. 관찰과 인터뷰를 통해 이야기를 수집한다

코칭 대상자를 관찰하고, 그 사람과 함께 일하는 사람들을 인터뷰하고, 그 사람을 직접 인터뷰하는 시간을 갖는다. 당신이 보고 듣는 것을 반드시 기록해 두어야 한다. 이전의 경력에서부터 현재까지 성공에 대한 다양한 이야기를 수집하라. 각 상황의 상세한 사항에 대해서 그리고 그 상황의 성공에 코칭 대상자가 기여한 바에 대해서 자세히 묻도록 하라.

성공의 패턴이 드러나기 시작하면 넉넉한 정보와 충분한 분량의 이야기를 수집한 것으로 볼 수 있다.

2단계. 이야기와 관찰 내용을 분석해 성공의 패턴을 밝혀낸다

당신이 들은 모든 이야기와 당신이 관찰한 모든 것을 검토한다. 이 자료들을 분석해서 성공의 패턴을 확인한다. 이 사람은 성공적인 프로젝트를 어떻게 시작하는가? 성공적인 결론으로 나아가는 과정에서 이 사람은 어떤 사고 프로세스를 가지는가? 이 사람의 성공에 관련된 사람이 있다면 그 사람은 누구이고 어떤 역할을 했는가? 이 사람이 반복적으로 보여주는 기술, 능력, 재능, 강점은 무엇인가? 문제가 생기면 이 사람은 어떤 일을 하는가? 이 사람은 차이를 어떻게 받아들이고 처리하는가? 이 사람은 프로젝트가 완성되었다는 것을 어떻게 아는가? 이 사람이 거둔 성공은 어떤 것인가?

당신이 확인한 성공의 패턴을 공유하기 위한 준비를 갖추도록 하라. 자료를 보면서 떠오르는 한두 가지 도발적인 질문을 적어두어라. 코칭 대상자가 당신의 발견이 암시하는 바를 생각하는 동안 그 대상자를 어떻게 도와 줄지에 대해 계획을 세워두라.

A 코칭의 3단계

3단계. 성공의 패턴을 공유하고, 경청하고, 지원한다

당신이 밝혀낸 성공의 패턴을 코칭 대상자에게 말해주기 위해 약속을 정한다. 코칭 대상자에게 성공 패턴을 분석했고 그것을 공유하려 한다고 말한다. 이 과정에서 대상자가 코치와 대화를 하거나 분석한 것을 성찰하는 순서가 있다는 점을 알려 주라. 이 세션에는 최소 한 시간이 소요된다.

A 코칭 세션을 실시한다: 당신이 밝혀낸 성공의 패턴을 공유하고 당신이 만든 도발적인 질문을 던져라. 가장 중요한 것은 경청하고, 지원하고, 관심을 가지고, 확인하는 것이다.

A 코칭은 코치가 빛을 비춤으로써 코칭을 받는 상대를 긍정적인 방향으로 이끌어가는 관계적 프로세스이다. A 코칭에는 자기 자신을 억제하고 코칭하는 상대에게 최선을 다하는 능력이 필요하다. 또한 상대가 스스로 자신의 잠재력을 보고 그 가치를 인정할 수 있게 하는 방식으로 사람에게 내재된 긍정적 잠재력을 파악하고 공유하는 능력도 필요하다.

다음의 조언이 당신의 A 코칭 세션을 강화해 줄 수 있을 것이다.

- 상대에 대한 체크인으로 코칭을 시작하라. "지금 당신의 기분은 어떻습니까? 시작하기 전에 저에게 하고 싶은 이야기가 있습니까?"라는 질문을 던져라.

- 당신이 코칭하는 상대에게 그 세션에 대해 바라는 구체적인 목표가 있는지 묻는다. "오늘 세션의 목적은 무엇입니까? 이 코칭 세션에서 얻고

자 하는 것은 무엇입니까?"

- 당신이 경청했다는 것을 보여주기 위해 나온 이야기를 다시 들려준다. 당신이 목표를 달성하게 도와줄 것임을 상대에게 간단히 설명한다.

- 코칭 세션에 걸리는 시간이 어느 정도이며 그 시간을 어떻게 이용할 것인지 명확하게 설명한다.

- 당신이 알게 된 것을 공유할 때는 '나 언어I language'를 사용한다. 예를 들어 "나는 당신이 … 라는 것을 알게 되었어요."나 "당신 이야기로 미루어 볼 때 나는 … 라고 생각합니다."라는 말을 사용한다.

- 당신이 코칭하고 있는 상대에게 당신이 하고 있는 말을 이해하는지 혹은 질문은 없는지 자주 물어 보도록 하다. 상대가 대답을 하고 반응을 보이도록 해준다.

- 상대의 언급을 확인하고 지지한다.

- 상대에게 세션에서 얻은 것이 무엇인지를 말하게 한 후 마무리한다.

A 코칭은 시간이 걸리는 프로세스이다. A 코칭을 긍정 체크인, 강점 탐지와 함께 매일 병행한다면 깊은 대화와 '수행의 진화performance evoluation'로 이어지는 유용한 프로세스가 될 것이다.

A 코칭의 혜택

우리는 관리자, 리더, 경영자들을 돕는 컨설팅의 한 방법으로 A 코칭을 사용한다. 새로운 직책을 맡았을 때 '처음 100일' 동안의 진로를 계획하는 일에 A 코칭을 오랫동안 사용해온 사람들이 있다. 또 어떤 이들은 자신의 A 리더십 역량을 강화하기 위해 이용하기도 한다. 업무의 목표를 재정립하고 개인적인 변혁을 지원하기 위해 A 코칭에 참여하는 사람들도 있다. 어떤 경우이든 비춰주기의 힘이 리더와 팀 그리고 조직에 긍정적인 차이를 만들어낸다.

사람들이 우리에게 설명한 A 코칭의 혜택에는 다음과 같은 것들이 있다.

* A 코칭은 내가 가진 여러 가지 강점을 새로운 방식으로 나의 일과 연결시켜 주었다.
* A 코칭은 내가 설정한 장기적인 목표를 위해 나의 강점을 어떻게 활용해야 하는지 보여주었다.
* A 코칭은 나 자신에 대해 알고 있었지만 분명하게 표현하지 못했던 것을 위한 언어를 갖게 해주었다.
* 나 자신과 나의 강점을 설명하는 새로운 강력한 단어들을 가지게 되었다.
* 다른 사람의 강점에 대해 호기심을 가지게 되었다.
* 나를 있는 그대로 인정하고 또 느낄 수 있게 해 주었다.
* A 코칭은 내가 어떻게 일을 처리해야 하는지, 내가 최선을 다해 일할 수 있는 방법은 무엇인지 보여주었다.
* 나는 나의 리더십 목표를 사람들에게 알릴 수 있는 단어를 배웠다.
* A 코칭은 나를 인정해 주었고 자신감을 얻게 해주었다.
* 내가 최상의 상태에서 일했을 때 어떠했는지 알았기 때문에 더 많은 모험을 할 수 있었다.
* A 코칭은 최상의 나의 모습을 집중 조명했다.

- 나는 나의 강점과 내 업무 간에 직접적인 연관성이 있다는 것을 깨달았다.

- 나는 더 나은 팀원이 되었다.

- A 코칭은 성공할 수 있는 방식으로 삶의 문제를 재구성할 수 있게 해주었다.

- A 코칭은 사람을 자유롭게 한다. 내가 미뤄뒀던 일들을 하도록 해방시켜 주었다.

사람들이 A 코칭에 참여하는 이유가 여러 가지라는 점을 생각하면서 A 코칭으로부터 당신이 어떤 혜택을 받을 수 있는지에 대해 숙고해 보라. 당신은 자신의 강점을 발견하고자 하는가? 일이나 삶에서의 전환기에 있는가? 당신의 A 리더십 역량을 강화시키기를 원하는가?

당신 팀의 구성원들이 A 코칭으로부터 혜택을 받을 수 있는 방법에 대해 생각해 보라. 당신이 그들의 A 코치가 될 때가 온 것은 아닌가? 당신은 언제 시작할 생각인가?

강점을 사업 성과와 연결시키다

코칭의 많은 혜택들이 보여주듯이 강점 비춰주기와 사업 성공 사이에는 직접적인 관계가 있다. A 리더들은 사람들의 강점을 조정하고 사업 계획과 부서의 목표, 전체적인 조직의 비전을 설정하는 일을 맡는다. 미쉘 카터 Michelle Carter 박사는 포춘 500대 기업 중 한 곳에서 임시 마케팅 부사장으나는 마케팅 부서의 직원 19명을 설명회에 소집했습니다. 나는 그들에게 4×6 인치 카드를 나누어 주고 각자에게 한 면에는 자신의 일에 대해 기재하고 다른 면에는 자신의 강점에 대해 간단히 쓰도록 했습니다. 이 활동의 목적은 팀 구성원의 강점을 조직 내 책임사항과 연계시키고 궁극적으로는 우리가 작성하게 될 마케팅 계획에 활용시키는 방법에 대해 생각하도록 만드는 것이었습니다. 나는 그들에게 다음 60일 동안 카드를 가지고 다니면서 강점과 업무를 연결하는 사례를 관찰하고 그것을 발표할 준비를 해오라고 요청했습니다.

이 기간 동안 우리는 매주 월요일과 금요일 아침 30분씩 회의를 하고 마케팅 계획을 만들었습니다. 우리는 우리의 강점과 업무가 연결된 사례를 공유하는 긍정 체크인으로 회의를 시작했습니다. 그런 다음 마케팅 기획안과 이슈를 처리했습니다. 그 카드는 기적을 일으켰죠. 원하는 사람은 미리 성찰할 시간을 갖고 회의시작 시 자신의 경험을 이야기 했습니다. 다른 사람들은 현장에서 자신의 경험을 나눌 수 있었습니다. 팀 구성원들은 서로 통하는 것을 느끼게 되었고 마케팅 기획안에서 우리가 추진하고 있는 것을 성취하는 데 얼마나 다양한 사람들의 강점이 필요한지를 이해하게 되었습니다.

60일이 지난 후 마케팅 기획안이 제출되었고 승인을 받았습니다. 팀 구성원들은 사무실 복도에서 사무실 간 골프 게임을 벌여서 결과를 자축했습니다. 일 년 후, 회사의 대차대조표를 보니 마케팅 기획안을 만드는 데 전체 시스템을 포함시킨 것이 얼마나 긍정적인 결과를 낳았는지 알 수 있었습니다. 총 매상이 전년 대비 35퍼센트나 상승했으니 말입니다.

로 일해 달라는 요청을 받았다. 당시 그녀에게는 구체적인 하나의 임무가 주어졌다. 60일 안에 유럽과 아시아의 사업에 대한 마케팅 계획을 세우되 부서 관리자들의 전폭적인 지지를 확보하는 방식이어야 했던 것이다. 프로세스에 팀 구성원들이 가진 최고의 기량을 이끌어내는 방식으로 팀을 참여시키는 것이 성공의 열쇠라고 믿은 그녀는 팀 구성원들이 자신들의 강점을 부서의 성과와 직접적으로 연결시키도록 하는 프로세스를 시작했다. 결과는 매우 성공적이었다.

강점이 사업 실적과 어떤 연관성이 있는가를 이해하게 되면 조직에서 자신의 강점을 어떻게 활용해야 할지를 알게 된다. 자신의 강점과 능력이 성공에 필수적이라는 것을 이해함으로써 사람들은 최선을 다하게 되고 다른 사람들과도 최선을 이끌어 낼 수 있는 방식으로 일하게 된다. 사람들의 강점을 조직이나 지역 사회의 목적, 목표와 조화시킴으로써 당신은 탁월한 결과로 향하는 강력한 에너지를 생성시킬 수 있다.

성공의 근본 원인: 핵심적 긍정요소 positive core 를 비춰주다

모든 사람, 팀, 조지은 강전과 능력, 잠재력에 있어서 그만의 독특한 패턴을 가지고 있다. 그들의 강점, 능력, 잠재력은 발견되고 분출되어서 긍정적인 힘으로 작용하기를 기다리고 있다. 에이아이 맥락에서 우리는 이것을 **핵심적 긍정요소**라고 부른다. 핵심적 긍정요소란 성공의 구체적인 원인을 말하는 것이다. 그것은 사람이나 팀, 조직이 최선의 상태에서 작용하는 때에 그들이 활용하는 강점에 대한 프로파일이다. 이 프로파일은 **성공의**

근본 원인 분석 *root-cause-of-success*의 결과이다.

근본 원인 분석은 엄격한 실패 원인의 분석을 촉진하기 위해 총체적 품질 관리 운동에서 사용하는 고전적인 도구이다. 우리는 엄격한 성공 분석을 시행하는 것이 실패 분석과 마찬가지로 강력한 도구라는 것을 발견했다. 〈표 4-2〉에서 볼 수 있는 '어골도' 혹은 '이시카와' 도표는 근본 원인 분석에 기반해 팀이나 그룹, 조직의 핵심적 긍정요소를 보여주고 개발하는 데 아주 좋은 방법이다. 〈그림 4-2〉는 한 그룹이 가진 긍정적 변화를 위한 기존의 역량과 강점을 보여주는 사례이다.

성공의 근본 원인 분석은 당신에게 최선의 상태에 있는 팀과 조직에 대한 정보를 제공할 뿐 아니라 모두가 자주 인식하지 못하고 지나치는 일상적인 최상의 활동을 부각시킨다.

성공의 근본 원인 분석은 높은 성과를 낸 사람의 공로를 인정하고 다른 사람들이 이를 본받게 될 것이라고 가정한다. A 리더십은 사람과 프로세스, 팀에서 최선의 것을 조명함으로써 다른 사람들에게 '이런 식으로 하면 우리 모두가 혜택을 볼 것이다.'라는 사실을 알려준다.

한 대형 의료 시스템이 최상의 지역 병원에 대해 이야기 하기 위해 환자들을 초대했다. 성공의 근본 원인 분석을 해 본 결과 환자들이 의료 시스템에서 최선으로 꼽는 것이 무엇인지를 명확하게 알 수 있었다.

그들이 최선의 의료 시스템 안에서 보는 것은 표준화된 치료와 통증 관리, 자신들의 이야기를 경청해주는 것, 정보에 대한 접근과 함께 환자 개인에 대한 개별화된 관심 그리고 배려의 마음이 담긴 치료를 제공하기 위해 자신의 역할을 다하는 사람들이라는 것이었다. 그들은 음식 트레이에 그림을 올려놓았던 식당 직원들, 아들에게 암이 있다는 것을 알게 된 어머니를 위해 목욕물을 받았던 병원 청소부, 죽어가는 환자와 그의 아내를 위해 주방에 촛불을 밝히고 바다가재를 사서 마지막 저녁 식탁을 마련하게 한 의사의 이야기를 들었다. 이 과정은 참가자들의 마음을 열어 주었다.

〈그림 4-2〉

Root-cause Analysis : 강점 목록

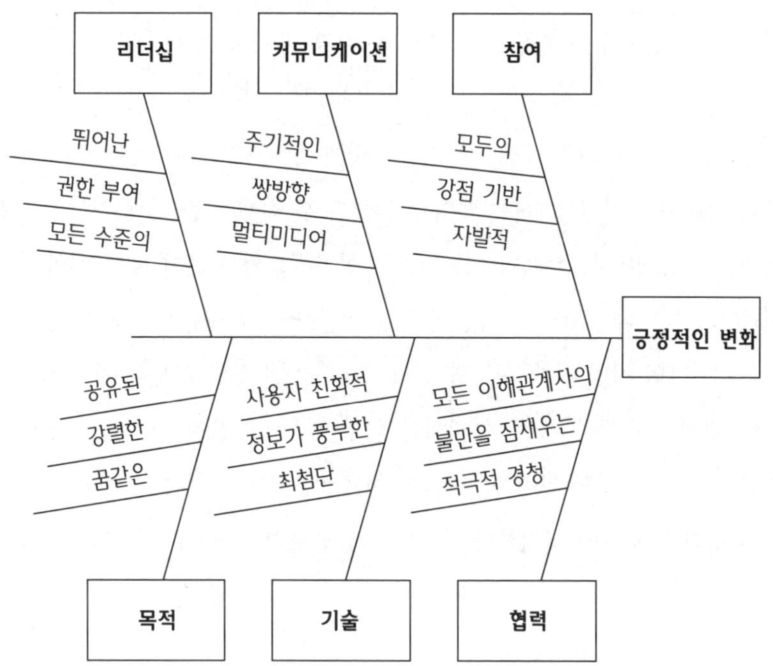

강점과 최선의 실행, 기대, 꿈에 대한 비춰주기를 통해 사람들은 아직 활용되지 않은 잠재력을 인식하고 개인적, 집단적으로 보다 더 큰 긍정의 힘을 가지기 위한 방법을 배우게 된다. 성공의 근본 원인 분석은 학습과

강점 기반 혁신을 위한 중요한 프로세스이다.

프로세스를 이끌기 위해 당신에게 필요한 것은 사람들과 두 개의 질문뿐이다. 우선 "당신이 우리에게서 최선을 경험했던 시기에 대해 이야기해 보십시오."라고 말한다. 그 이야기를 경청하고 언제, 누가 무엇을 어떻게 해서 그런 일이 일어났는지 철저히 조사한다. 두 번째로 "이 상황에서 우리가 최선의 상태에 있게 하는 것은 무엇입니까?"라는 질문을 던진다. 그런 다음, 답변을 분석하고 당신이 그 답변 안에 있는 모든 강점과 능력, 긍정적인 도움을 주는 사람을 완벽하게 비출 때까지 재차 질문을 던진다. "그토록 일이 잘 진행된 이유는 무엇입니까?", "우리가 어떻게 그렇게 할 수 있었던 것입니까?" 그룹 전체를 한 바퀴 돈 후에는 누구든 이야기를 공유할 사람이 있는지 묻는다. 이야기를 들은 후 전체 그룹에 그 이야기를 분석해달라고 청한다. 분석이 이루어지는 동안 〈그림 4-2〉에 있는 것과 같은 어골도와 차트나 그룹에 적합한 방식을 이용하여 그 내용을 기록하라.

짐과 그의 직원의 사례를 생각해보자. 수주일 동안 그들은 자신들의 성공에 대해 연구했다. 그들이 다양한 환경에서 이례적인 수준의 성과를 올렸던 시기에 대해서 말이다. 그들은 함께 어골도와 차트를 이용해서 자신들의 성과를 철저히 분석했다. 짐은 그의 총체적 품질 관리 수업에서 배운 대로 직원들의 이야기 중 하나를 골라서 그 이야기에 나온 모든 기술, 강점, 도움이 된 사람에 관해 *어떻게* 혹은 *왜*라는 질문을 다섯 차례씩 했다. 대화는 이런 식으로 진행되었다.

짐: 샐리, 당신의 이야기는 당신이 방금 설명한 프로젝트를 아주 훌륭하게 마무리하는 과정을 보여주었습니다. 어떻게 그렇게 할 수 있

었죠? [1]

샐리: 모든 팀 구성원과 일대일 미팅을 가짐으로써 그들이 보다 효과적으로 마무리 작업을 하도록 했습니다.

짐: 왜 일대일 미팅을 지속했습니까? [2]

샐리: 내가 계속적으로 한 사람 한 사람에게 정보를 제공하는 것이 아주 중요하다는 것을 알고 있었기 때문이죠.

짐: 그게 왜 중요한가요? [3]

샐리: 나는 초기에 팀을 만들었고 우리는 서로 책임을 지는 방법에 관해서 합의를 보았습니다.

짐: 처음에 팀원들을 한데 모으도록 결정한 이유는 뭡니까? [4]

샐리: 나는 이전 팀에서 팀원 한 사람 한 사람이 무엇을 선호하는지를 알고 그것을 업무 배정에 적용하는 일이 중요하다는 것을 너무 늦게 깨달았습니다.

짐: 어떻게 그것을 알게 되었습니까? [5]

샐리: 그 프로젝트를 하는 동안 나는 큰 실패를 겪었습니다. 나는 실패를 억누르거나 터지기를 기다리는 대신 사람들과 대화를 통해 우리가 균형을 회복하고 일을 쉽게 마치며 우호를 다질 수 있는 방법을 모색했습니다. 쵸점을 잃지 않고 서로 관계를 유지하려면 어떻게 해야 하는 것이 좋은지를 사람들에게 물어보자고 몇 사람이 제의를 했습니다. 그것이 기가 막힌 효과를 발휘했죠! 실패를 겪은 후 우리는 새로운 합의에 이르렀습니다. 그리고 나는 앞으로 일을 할 때 그러한 종류의 합의가 프로젝트 시작단계에서 이루어져야 한다는 중요한 사실을 깨닫게 되었습니다.

이러한 대화를 나눈 후 짐과 샐리, 그리고 나머지 팀 구성원들은 그들의 성공에 반드시 필요한 강점에 대해 토론하고 그것을 비춰주었다. 이러한 강점에는 정기적인 회의를 갖는 것, 사람들에게 지속적으로 정보를 제공하는 것, 호기심을 갖는 것, 실수로부터 기꺼이 배움을 얻는 것, 뛰어난 커뮤니케이션 기술을 연마하는 것, 겸손하게 행동하는 것, 믿음을 유지하면서 서로의 지혜와 역량을 발견하고 거기에 의지하는 것이 포함된다.

리더들은 이와 같이 성공의 근본 이유 분석을 실시함으로써 사람들의 강점을 비춰주고 그들의 팀과 조직의 가치를 높일 수 있다. 하지만 서슴없이 다른 방법의 결함을 지적하거나 어떤 것이 그들이 믿고 있는 바와 다르다고 폄하하는 사람들도 많다. 고객이 나쁜 서비스를 받으면 그것을 일곱 명의 사람에게 말하는 반면 좋은 서비스 혹은 아주 훌륭한 서비스를 받은 경우에는 한 두 사람 정도에게 말한다고 한다. 왜 이런 일이 생기는가?

대답은 커뮤니케이션 습관에 있다. 대부분의 사람들이 집, 학교, 군대, 직장에서 불평이 관심을 끌며, 문제를 찾고 고치는 일에 보상이 따르고, 실패의 근본 원인을 분석하는 것이 장래의 실패를 막을 수 있는 지식을 제공한다고 배웠다. 이 모두가 맞는 말일 수도 있다.

하지만 불평이 다른 사람으로 하여금 비난 받는 느낌이 들게 만들고, 정서적으로 불안한 직장 환경을 만든다는 것 역시 사실이다. 문제를 고치는 사람이 된다는 것은 성공하고 만족감을 느끼기 위해서 문제가 있어야 한다는 의미이며 따라서 당신은 강점 탐지가가 되는 것이 아니라 문제 탐지가가 되어야 한다는 뜻이다. 또한 실패의 근본 원인을 분석하는 과정에서 과거를 되돌아보느라 미래의 혁신을 위해 필요한 것을 간과하는 경우가 많다.

이러한·제도적 습관은 개인적인 습관만큼 혹은 그보다 더 변화시키기가 힘들다. 성공의 근본 원인 분석은 '우는 아이 젖 주기식 신드롬'을 변화시키는 방법 중 하나이다. 팀 구성원이나 직종을 달리하는 사람들에게 그들이 최상의 상태에 있을 때 성공을 유발한 것이 무엇이었는지 확인하고 논의 해보도록 함으로써 당신은 당신이 가치를 두고, 이해하기를 원하는 것이 성공이라는 분명한 메시지를 전할 수 있게 된다. 한 번 시도해보고 그것이 일으키는 긍정적인 변화를 경험해보라.

잠시 성공의 근본 원인 분석을 적용할 수 있는 경우에 대해 생각해보라. 다음의 적용 사례를 생각해보라.

- 새로운 팀 구성원들 사이에서 무엇이 성공적인 팀을 만드는지에 대한 이해를 증진하기 위해
- 성공으로 이끈 것이 무엇이었는지 기억해냄으로써 프로젝트를 성공적으로 마무리하기 위해
- 최상의 상태에 있는 서비스에 대해 당신의 고객늘이 어떤 것에 만족하는지 알기 위해
- 사람들을 대화에 참여시키고 리더십의 탁월성에 대해 배우게 하기 위해

이 프로세스를 실험해보고 그 결과를 기록하라.

사람을 중심에 두라. 당신이 이끌고 있는 사람들에 대해 알게 될 때
일은 제자리를 찾고 성과를 얻게 될 것이다.

　　건축 노동자부터 사무원까지, 일선에서 일하는 종업원들부터 자원봉사
자까지, 친 환경산업 종사자에서 경영자에 이르기까지 사람이라면 모두 자
신의 정체성, 능력, 성과에 대해 인정받고자 하는 욕망을 가지고 있다. 전
통적인 리더십 관행은 잘 치룬 일에 대한 사후 인정과 존중을 중시한다.
반면 A 리더십은 우선 사람들을 인정하고 관계를 만들어 사람들의 니즈와
욕구, 희망, 꿈과 함께 그들에게 내재된 역량과 강점을 파악함으로써 긍정
의 힘을 발휘하도록 한다. 인정은 보상이 아닌 투자이다. 그리고 다음의
이야기가 보여주듯이 인정에는 큰 보상이 따른다.

　　긍정심리학 교수 바바라 프레드릭슨Barbara Fredrickson 박사는 연구를 통
해 인간은 긍정적인 정서 환경에 있을 때 가장 활기가 넘친다고 밝혔다. ^{미주4}
그녀는 희망과 기쁨, 낙관주의, 사랑, 자신감, 신뢰, 행복과 같은 긍정적
정서에 둘러싸여 있는 사람들은 대단히 개방적이며 새로운 경험으로부터
배움을 얻고 성장하는 폭넓은 역량을 가지고 있다는 것을 발견했다. 그녀
는 이를 '긍정 정서의 확장과 구축 이론broden-and-build theory of positive
emotions'이라고 부른다. 충분히 이해가 되는 내용이다. 안정감을 느낄 때
우리는 새로운 가능성에 대해 개방적인 태도를 취할 수 있다. 반면에 사람
들이 분노, 두려움, 결핍, 비판, 비난과 같은 부정적인 정서에 둘러싸여
있으면 '싸우거나 도망하는fight-or-flight' 경향이 나타나면서 방어적이 되며

그 결과 행동에 대한 새로운 대안을 볼 수도 배울 수도 없게 된다는 것을
발견했다.

> 존은 이라크에서 가장 큰 수리 업체 중 하나를 운영하고 있었다.
> 너 댓 명의 터키인들이 그 업체의 하청업자로 배정되었다. 처음에 존이 방을 비우기만 하면 그들은 몸을 웅크리고 낮잠을 청했다. 그들에게는 동기가 전혀 부여되어 있지 않았다. 존은 그들을 알아 가는 데 시간을 투자하기로 하였다. 그는 그들이 아침식사를 하지 않는다는 것을 발견했고 그들에게 음식을 가져다주었다. 그는 그들이 어떤 사람들이며, 가족들이 어디 출신인지 그리고 그들을 불평하게 만드는 것은 무엇인지 알아나갔다. 나중에 그들은 존과 함께 일하는 것을 몹시 좋아하게 되었다고 한다. 그들은 존을 형제라는 뜻의 '바바Baba'라고 불렀다. 그들은 매일 아침 회사에 나와 이렇게 말했다. "우리가 더 할 수 있는 일이 없을까요? 무슨 일이든 말씀만 하세요."

좀 더 구체저으로 말하면 프레드리슨이 연구는 협력, 성취, 혁신과 같이 오늘날 조직이 추구하는 가치를 창조하기 위해서는 열정과 사랑, 인내, 일터에서의 재미와 같은 긍정적인 정서가 필요하다는 사실을 말해준다. 우리의 연구는 그녀의 연구와 정확하게 맞아 떨어진다. 우리와 이야기를 나눈 사람들에 의하면 자신들이 찾는 리더는 자신들에게 관심을 가지고 배려하며, 배움에 적합한 환경을 만들고, 그 능력을 활용하여 긍정적인 변화를

만들어내는 사람이라고 말했다. 다시 말해 사람들은 긍정적인 정서 상태에서 살고 일하기를 원하는 것이다.

긍정적인 정서 상태를 확보하는 가장 좋은 방법은 조직에서 긍정적인 대화와 부정적인 대화의 비율을 일정 수준으로 유지하는 것이다. 성공적인 팀[미주5], 조직[미주6], 부부[미주7]의 구성원들이 자신의 그룹과 그 구성원에 대해 하는 긍정적이고 희망적인 말, 감사의 말은 부정적인 말에 비해 3배에서 5배 더 많았다. 부정적인 대화 하나당 다섯 번의 긍정적인 대화를 하는 이 비율은 긍정적인 정서적 환경을 조성하는 데 결정적인 요인이다. 비판과 문제 해결만이 '일을 하는 방법'이라 여기고 그것을 강조하는 리더들은 의식하지 못하는 사이에 조직의 정서 환경을 부정적인 쪽으로 기울이고 있는 것이다. 그렇게 함으로써 그들은 창의성의 발현과 높은 성과의 성취를 저해한다. 반면에 강점과 역량, 희망, 꿈에 대한 용어를 강조하는 리더들, 즉 지지해주고 긍정의 말을 하는 사람들은 비록 사람과 상황이 언제나 최선의 상태에 있을 수는 없더라도 그로부터 최상의 것을 부각시켜 혁신과 뛰어난 성과를 낳는 긍정적인 정서 환경을 만든다.

뛰어난 성과를 내는 긍정적인 정서 환경은 한번에 한 대화에서 만들어진다. 따라서 당신의 대화를 변화시키기 위해 당신이 할 수 있는 일이 무엇인지 생각해보라. 다음 장을 읽기 전에 시간을 내어 두세 명에게 당신이 그들에게서 가치를 두고, 높이 평가하고, 존중하는 점이 무엇인지 이야기해보라. 당신이 한 일에 만족하게 될 것이다.

역량 강화하기: 더 나은 발전을 위해 활용할 수 있는 자원

〈표 4-3〉

조명: 핵심적 실천 방안 요약

	핵심 실천 방안
개인적	• 긍정적 자기 대화
일대일	• 강점 탐지 • A 코칭
팀이나 그룹	• 긍정 체크인 • 성공의 근본 원인 분석
전체 조직이나 지역 사회	• 긍정적인 정서적 환경 조성

참고 문헌

- 'Appreciative Intelligence: Seeing the Mighty Oak in the Acorn', Tojo Thatchenkery and Carol Metzker, San Francisco: Berrett-Koehler, 2006.
- 'Authentic Happiness: Using the New Positive Psychology to Realize Your Potential for Lasting Fulfillment', Martin E. P. Seligman, New York: Free Press 2002.
- 'Now Discover Your Strengths', Marcus Buckingham and Donald O. Clifton, New York: Free Press 2001.

추천 사이트

- Authentic Happiness

w ww .authentichappiness.sas.upenn.edu

펜실베이니아 대학 긍정심리학 센터의 책임자인 마틴 E. P. 셀리그만이 제공하는 이 웹 사이트는 긍정심리학 분야에 대해서 더 많은 것을 배우고 자신과 다른 사람들에 대한 식견을 넓히려는 70만 회원을 보유한 세계적인 사이트이다.

- Strengths finder

w ww .strengthsfinder.com

갤럽 Gallup 은 2001년 발간된 경영 서적 "Find Your Strength Now"의 스트렝스파인더의 온라인 평가(첫 번째 버전)를 발표했다. 그 이후 다른

책들과 스트렝스파인더 평가도구가 수백만의 사람들로 하여금 자신이
갖고 있는 최강의 재능 다섯 가지를 발견하는데 도움을 주고 있다.

- VIA Character Institute

www.viacharacter.org

세계적으로 거의 백만 명이 자신의 성격이 갖고 있는 강점을 찾기 위해
VIA 온라인 서베이에 응했다. VIA는 사람들에게서 보편적으로 발견할
수 있는 강점을 24개로 분류하였다.

주석

미주 1 : Christopher Robert & Wan Yan, "The Case for Developing
New Research on Humor and Culture in Organizations:
Toward a Higher Grade of Manure", Research in Personnel
and Human Resources Management vol 26, Bingley:
Emerald Publishing Group, 2007, pp. 205-267.

미주 2 : Susan O. Wood, Creating a Positive Future for Nursing
Using Appreciative Inquiry, AI Practitioner, February 2004,
pp. 13-18.

미주 3 : Jennifer Fox, M. Ed., Your Child's Strengths: Discover
Them, Develop Them, Use Them, New York: Penguin
Group 2008, pp. 126-128.

미주 4 : Barbara L. Fredrickson, Positivity, New York: Crown

Publishers, 2009.

미주 5 : Marcial F. Losada & Emily Heaphy, "The Role of Positivity and Connectivity in the Performance of Business Teams: A Nonlinear Dynamic Mode l", *American Behavioral Scientist* Vol 47, No 6, 2004, pp. 740-765.

미주 6 : David L. Cooperider & Diana Whitney, "Appreciative Inquiry: A Positive Revolution in Change", San Francisco: Berrett-Koehler, 2005.

미주 7 : Jon M. Gotman & Nan Silver, "Seven Principles for Making Marriage Work", New York: Three Rivers Press, 1999.

역주 1 : Illumination은 영어에서 '빛을 비추다' 라는 의미를 가진 것으로 이 책에서는 사람의 최고의 것 혹은 강점을 찾아내어 밝은 곳으로 이끌어 냄으로써 자신과 사람들이 볼 수 있도록 한다는 의미로 사용되었으므로 '비춰주기'로 번역함.

A 리더십

5 장

포용하기:
다양한 사람들과 더불어
미래를 창조하라

조지의 이야기

미국 어느 주 교육부의 후원으로 150명의 사람들이 모여 3일 동안 농아와 맹아 학생들을 위한 학교의 운명을 결정하는 회의를 갖게 되었다. 학교가 잘 운영되고 있었음에도 불구하고 주 의회가 학교를 폐쇄하려 하고 있다는 소문이 돌자 학교와 자신들의 미래에 대한 학부모와 학생, 교사, 직원들의 염려는 걱정에서 공포와 분노로 바뀌었다. 사람들은 농아와 맹아 학생들을 위한 교육 서비스의 미래를 위한 결정을 내리고 권고사항을 공유하고자 회의를 개최하였다. 이 회의는 오픈 포럼으로 원하는 사람은 누구나 참여할 수 있었다.

참가자들 중에는 귀가 들리지 않는 학생과 성인, 눈이 보이지 않는 학생과 성인, 부모, 교사, 행정관, 미국 수화 통역관, 점자 기록관, 정부 부서의 대표자, 주 의원, 농맹 시민 단체의 회원들은 물론 관심이 있는 시민과 맹인 안내견까지 다양하게 포함되어 있었다.

이 회의의 서두에 회의 참석자들이 두 사람씩 짝을 이루어서 긍정 인터뷰Appreciative Interview를 실시했다. 이 인터뷰를 통해 서로 잘 어울리지 않았던 사람들은 그 학교에 대한 경험, 공동체에 학교가 주는 혜택, 미래에 대한 기대를 서로 공유하게 되었다. 이러한 긍정 인터뷰를 한 후 중요한 일이 벌어졌다. 한 여성이 일어나서 손짓으로 마이크를 청했다. 그녀는 주의원인 자신과 지역의 사업가인 인터뷰 파트너 조지를 소개했다. 그리고 이렇게 말했다. "나는 오늘 아침 여기에 도착할 때까지 이 학교가 문을 닫아야 한다고 생각하고 있었습니다. 하지만 조지의 이야기를 들은 후 생각이 바뀌었습니다. 이 학교는 우리 지역 사회의 귀중한 자원이며 우리가 반드시 이 학교를 지켜 주어야 한다고 생각하게 되었습니다. 학교에 대해 전폭적인 지원을 할 생각입니다." 방에 있는 사람들에게서 안도의 한숨이 새어나왔다.

조지의 이야기는 어떤 것이었을까?

조지는 맹인이 아니었다. 앞을 보지 못하는 사람은 그의 아내였다. 조지의 아내는 그 학교에 다니면서 수업뿐만 아니라 살아가는 데 필요한 기술을 배웠다. 그 덕분에 그녀는 뛰어난 교사가 될 수 있었다. 그리고 그녀는 그와 결혼도 할 수 있었다. 이 모든 것이 그녀가 어릴 적에 맹아와 농아를 위한 학교에서 교육을 받았기 때문에 일어난 일이었다.

다음 날 무기명 투표에서 150명의 사람들은 학교를 계속 운영하는 데 표를 던졌다. 한 달 뒤 주 의원들이 그들의 결정을 추인했다.

포용Inclusion은 미래를 창조하는 일에 사람들을 의식적으로 동참시키려는 노력을 말한다. 포용은 A 리더십의 기본 전략이며 오늘날의 다문화, 다

세대, 다재능 노동 인구가 가진 긍정의 힘이 발산될 수 있도록 하는 데 없어서는 안 될 관행이다. 현실은 관계 속에서 대화와 협력을 통해 만들어진다. 다양한 그룹의 사람들을 만족시키고 그들에게 도움이 되는 장래의 계획을 세우고 결정을 내리기 위해서는 여기에 관련된 모든 사람들을 관계 속으로 끌어들이고 대화와 의사 결정에 참여시켜야 한다.

학교의 장래를 결정하는 이벤트를 계획하고 있다고 상상해보라. 초대자 명단에 누구를 포함시키겠는가? 교직원, 행정관, 부모, 학생 그리고 또 누가 있겠는가? 한 학교는 그들의 전략 기획 프로세스에 요리사와 경비원, 학교 임원, 버스 운전사, 졸업생까지 포함시켰다. 지역 사회의 의료 서비스 제공에 대한 대안을 생각하는 회의를 소집한다고 상상해보라. 누구를 포함시키겠는가? 의사와 간호사, 행정관, 정치인, 환자들의 참여는 당연한 것이다. 제약 회사와 사회 복지가, 교육자, 연구 기술자, 지역 미디어는 어떤가? 어떤 상황이든 결과에 이해관계를 가진 많은 사람들과 그룹, 조직이 존재하며 이들 모두가 중요한 기여를 할 수 있다. 한 사람 한 사람의 의견이 모두 중요하며, 참여를 통해 그들도 활기를 띄게 될 것이다.

이제 당신도 알았을 것이다. 우리가 여기에 **장래가 달려 있는 모든 사람**이라고 말했을 때 그것은 그 일이나 사안에 관련이 있고 또 그것에 관심이 있는 모든 사람들, 결과에 이해관계가 걸려 있는 모든 사람들을 말하는 것이다. 이는 크든 작든 일의 프로세스와 의사 결정 혹은 그 결과에 의해 영향을 받는 모든 사람을 뜻한다. 장래가 달려 있는 모든 사람을 말이다.

장래란 다음 주 미팅을 위한 의제 설정과 같이 간단한 것일 수도 있고 만 명의 직원을 가진 회사의 문화를 바꾸는 것과 같이 복합적인 사안일 수도 있다. 휴가 기간을 정하는 것이나 영업 목표를 설정하는 것 혹은 노조와 경영진의 관계를 강화하는 것 등의 니즈가 될 수도 있다. 상황이 어떤 것이든 자원을 확보하고, 참여를 촉진하고, 모두를 위한 미래를 성공적으로 만들기 위해서는 포용을 위한 의식적인 노력이 필수적이다.

어떤 리더들은 포용적이지 않기로 결정하기도 한다. 그들은 제한된 잠재력의 범위 내에서 일하는 것에 만족한다. 그들은 같은 사람들을 반복적으로 끌어들인다. 늘 같은 방식으로, 자기들과 같은 사고방식을 가진 사람들만을 끌어들이는 것이다. 그들은 종종 조직의 '치부'를 드러내는 데 대한 두려움 때문에 이해관계자들을 배제시킨 채로 문제를 해결하려고 시도한다. 그리고 그들은 사람들을 대화나 협력적인 의사 결정에 끌어들이는 대신 끊임없이 사람들에게 해야 할 일을 지시한다. 그 결과 그들은 적극적인 참여, 포용적인 업무 환경이 주는 많은 혜택을 누리지 못한다.

반면에 A 리더십은 포용의 생성적인 역량을 활용한다. 다양한 그룹의 사람들을 끌어들여 팀과 부서, 전체 조직 안에서 그들의 미래를 공동으로 만들어감으로써 당신과 당신의 조직은 협력을 통한 집단적인 지혜의 혜택을 누리게 된다. 구성원들은 공동의 비전과 목표, 전진을 위해 헌신할 것이다. 그리고 당신은 모든 사람들이 조직 전체를 위해 행동하도록 영감을 불어 넣을 것이다.

포용은 당신으로부터 시작된다

포용의 활동은 대단히 개인적인 것에서부터 전략적인 이유 때문에 포괄적인 필요가 있는 것에 이르기까지 매우 다양하다. 아주 건전한 사람일지라도, 아니 건전한 사람이라면 더욱 더 논리적인 목소리, 직관적인 목소리, 부모와 교사의 목소리, 경험에서 나오는 목소리 등 다양한 목소리를 가진다. 지극히 개인적인 수준의 포용은 자신과의 대화, 즉 내면의 대화를 인정하고 거기에 귀를 기울이며 이해하는 것이다. 자기 안에 있는 다양한 목소리를 기꺼이 받아들이고, 이끌어 내고, 계발하는 사람은 다른 사람의 목소리도 잘 받아들이고 존중한다.

언어는 A 리더십의 가장 중요한 도구 중 하나이다. 언어를 읽고, 쓰고, 말하는 것은 그 언어를 사용하는 사람들의 배경, 문화, 제약을 이해하는 것이다. 그림, 시, 음악, 영어, 스페인어, 아랍어가 모두 언어이다. 이러한 언어를 배움으로써 우리의 어휘가 풍성해지고, 인식의 범위가 확장되고, 새로운 가능성과 모순에 대해 개방성을 갖게 되는데 이를 통해 A 리더십 역량도 강화될 수 있다. 자신과의 대화가 포용적이고 다양할수록 당신의 A 리더십 행동은 더 포용적이 되고 다양해질 수 있다.

당신의 포용 범위는 미묘한 방식으로 때로는 그다지 미묘하지 않은 방식으로, 즉 당신의 행동이나 언어로, 혹은 당신이 쓴 글로 나타난다. 워크숍 휴식 시간에 한 참가자가 우리에게 함께 이야기를 하자고 청해왔다. 그녀는 우리의 진행 스타일이 포용적이지 않다고 말해주었다. 우리는 그녀에게 좀 더 자세히 구체적인 예를 들어 설명해 달라고 부탁했다. 그녀는 그 워크숍에서 자기가 관찰한 것을 말해주었다. 강의에는 젊은 사람들이 많이 있었다. 그녀는 우리가 나이 들고 경험이 많은 참가자들의 아이디어는 많이 지지하는 반면 젊은이들의 아이디어에 대한 지지는 미약하다고 지적했다. 우리는 그녀의 지적에 감사를 표했고 나머지 일정을 진행하는 동안 자성해 보겠다고 말했다. 과연 그녀의 말이 맞았다. 우리는 젊은 참가자들의 코멘트를 소홀히 하고 나이든 참가자의 의견을 계속 지지하고 있었다. 우리의 진행 방식이 모든 목소리의 참여에 가치를 두고자 하는 우리의 목표와 일치되지 않고 있었던 것이다. 이러한 문제점을 발견하게 되자 우리는 이를 개선하기 위한 노력을 할 수 있었다. 사실 그 문제는 반드시 개선되어야 할 것이었다. 그 결과 우리는 포용에 가치를 두는 우리의 입장을 더 분명히 보여줄 수 있었을 뿐 아니라 그것을 놓치고 있는 순간에 대해 보다 더 민감해질 수 있었다.

> 나는 그 당시 격찬을 받고 있는 신간 서적 한 권을 받았습니다. 내가 큰 관심을 가진 주제였고, 작가는 그 방면에서 존경받는 권위자였죠. 책이 도착하자 나는 차를 한 잔 만들어서 그 책을 읽으며 오후 시간을 보내려고 했어요. 얼마 지나지 않아 나는 그 책을 내려 놓았고 다시 펴지 않았습니다. 앞부분 3장 모두 오로지 남성의 목소리와 경험과 아이디어만을 이야기하고 있었습니다. 저명한 여성 경영자, 교수, 실무가의 아이디어나 연구는 전혀 인용되거나 참조되지 않았던 것입니다. 믿을 수가 없는 일이었습니다. 때는 바야흐로 2008년인데 말입니다. 어떻게 이런 일이 있을 수 있습니까?
>
> 며칠 뒤 나는 그 분야의 또 다른 신간을 받았습니다. 이 책은 남성은 물론 많은 여성 동료의 연구를 인용하고, 예를 들며 참조했습니다. 포용적인 책이었죠. 그 책에는 여성과 다양한 피부 색깔을 가진 사람들의 사진도 많이 포함되어 있었어요. 그 때문에 나는 그 책이 아주 읽기 쉽고, 다른 사람에게 권하기도 좋으며, 내 일에 활용하기도 적합하다고 느꼈습니다.

당신은 어떤 목소리, 정보, 연구 방법을 타당하고, 신뢰할 만하며, 유용하다고 생각하는가? 당신은 누구의 아이디어를 수용하고 지지하는가? 당신은 결정을 내릴 때 어떤 종류의 정보에 귀를 기울이는가?

사람들은 포용적인 리더십을 원한다. 다양한 사람들의 아이디어, 생각, 느낌을 받아들이며 다양한 배경을 가진 사람들이 이루어 놓은 성과를 인정하고 지지하는 리더십을 원한다. 사람들은 자기를 도외시하거나 다른 사람에 비해 덜 중요한 존재로 만드는 리더십에 '등을 돌린다.'. 헬렌의 '두 작가 이야기'가 이 점을 명확하게 보여준다.

자기 스스로를 보다 폭넓게 생각하고 느끼게 된다면 다른 사람의 생각과 느낌을 보다 잘 받아들이게 된다. 일의 양면을 보고, 모든 상황에서 다양한 시각을 찾는 능력을 강화함으로써 당신은 포용의 역량을 확대할 수 있다. 케이시는 다른 시각에 대해서 개방적인 태도를 가지고 호기심을 가지는 법을 배우게 되었던 대학 시절의 경험을 이렇게 회상했다.

정치학 수업 시간이었습니다. 우리는 특정한 정책과 관련된 여러 쟁점들을 다룬 기사들을 읽어야 했습니다. 매 수업 시간마다 우리는 현안과 관련된 기사를 읽고 그것에 대해 토론했죠. 그 후 쟁점의 각 측면에 기초한 정책을 만들어야 했습니다. 이 활동은 소그룹으로 이루어졌습니다. 우리는 서로를 참여시키고, 결정을 내리고, 우리의 정책이 어떻게 실행되는지를 보여주는 사례를 만든 뒤 그것이 왜 가치 있는 정책인지를 설명해야 했습니다. 이 방법으로 우리는 논쟁이 되는 양 측면의 입장과 논거를 가장 높은 수준에서 철저히 파악하게 되었습니다. 관련된 다양한 시각 하나하나를 이해하지 않고서는 좋은 정책을 만들 수 없었습니다.

내적 대화, 즉 당신이 생각하고, 느끼고, 자신에게 말하는 것은 당신이 살아오면서 얻은 경험에 근거한 것이다. 그것은 당신이 말하고 행동하는 모든 것의 출발점이 된다. 내적 대화는 당신이 관계를 형성하는 대상과 방법을 좌우한다. 당신의 내적 대화는 당신의 포용의 틀을 형성한다. 당신의 내적 대화는 당신의 행동, 언어, 글을 통해 다른 사람에게 드러난다.

A 리더십은 모든 사람을 긍정적인 시선으로 본다. 일부의 사람 혹은 당신과 의견이 맞거나 당신과 비슷한 사람이 아닌 모든 사람을 말이다.

이제 생각할 시간을 가져보라. 당신의 내적 대화는 모든 사람에 대해 얼마나 포용적이고 개방적이며 수용적인가? 당신 자신 혹은 다른 사람에게 이야기 할 때 수용적인가? 판단이나 비난을 가하지는 않는가? 사람들을 해결해야 할 문제로 보지는 않는가? 잠재력의 근원과 강점에 대해 숙고하거나 호기심을 가지는가?

초대장 보내기 : 모든 이해 관계자를 참여시키다

모든 시민을 당신이 시민으로 생각하라

포용은 당신이 대화에 초대하는 사람을 대상으로 이루어진다. 이 원리는 사람 사이에 일어나는 모든 상호작용이나 관계에 적용된다. 당신은 매일 십여 장의 초대장을 발부한다.

당신이 아침 인사를 건네는 사람, 고용하는 사람, 회의에 불러들이는 사람, 회의에서 발언을 해달라고 청하는 사람, 사업을 함께 해나가는 사람들에게 당신은 초대장을 발부하고 있는 것이다. 이 모든 포용의 초대장은 "나는 당신의 가치를 높이 평가하고 나의 세상에 포함시킵니다. 당신은 중요한 사람입니다. 나는 당신이 생각하고 느끼는 것 그리고 당신이 중요하게 여기는 것에 관심을 가지고 있습니다."라는 내용을 담는다. 포용은 사람 사이에 이루어지는 확인이며 인정의 행동이다. 포용은 승인의 의사 표시이다. **초대장을 보냄**으로써 당신은 미래를 함께 만들어가는 일에 사람들을 참여시키는 프로세스를 시작하는 것이다.

A 리더십 관행은 사회구성주의이론Social Constructionist Theory에 기초를 두며 구성원들간의 협력적인 활동을 통해 의미가 창조되는 개념에 기초를 두고 있다. [미주1] 관계, 대화, 사회적 상호작용은 의미와 세계를 형성하는 장이다. [미주2] 이는 대화에 참여하는 사람이 누구인지가 중요하다는 것을 암시한다. 의미는 포용에 의해 좌우된다. 나의 의미와 당신의 의미, 내 부서의 의미와 당신 부서의 의미는 모두 다르다. 적어도 우리가 '우리'의 의미를 공동으로 창조하겠다는 뜻을 가지고 함께 이야기를 나누게 될 때까지는 말이다.

예를 들어 같은 주제에 대한 것일지라도 경영진들의 대화는 일선 근로자들의 대화와 다를 수 있다. 어느 가전제품 제조업체에서 비용 절감이라는 주제에 대해 이와 같은 두 가지 대화가 있었다.

경영진의 대화는 "우리 직원들은 왜 낭비를 하는 걸까? 그들은 왜 비용 절감에 신경을 쓰지 않을까?"라는 질문으로 끝났다. 일선 근로자들의 대화는 이러했다. "왜 경영진들은 우리에게 원자재의 비용을 말해주지 않을까? 우리가 비용을 절감하기를 바라는 경영진의 바람을 모르는 바가 아니다.

하지만 그들이 우리에게 정보를 주지 않는 이상 우리가 어떻게 그렇게 할 수 있단 말인가?". 의미는 대화 속에서 만들어진다. 따라서 이 조직의 모든 지위에 있는 사람들이 함께 만나서 비용 절감을 할 수 있는 방안을 토의하고 결정할 때까지는 두 가지 대화가 통합되지 못하는 것이다. 모든 사람이 같은 대화에 참여하게 될 때 비로소 비용절감을 위한 공동의 비전과 방향을 함께 만들어 내고 실행에 옮길 수 있게 된다.

이 이야기가 보여주듯이 당신의 대화에 다양한 직급, 경험 그리고 배경을 가진 모든 사람을 포함시킬 때 당신은 모든 목소리의 참여와 헌신을 유도할 수 있다.

A 리더십은 이 점을 인식하고 아이디어와 관심과 일을 공유하기 위해 다양한 그룹의 사람들이 모이는 회의와 포럼을 주최한다. 힘과 권위를 행사할 수 있는 지위에 있다 하더라도 A 리더들은 포용과 협력이 가진 긍정의 힘을 활용한다.

예를 들어 한 간호 대학의 학장이 개최한 최근의 전략 기획 서밋 회의의 초대자 명단에는 교원, 직원, 학생은 물론 지역 사회와 병원의 간호사, 의사, 의과 대학 학생, 환자들이 포함되어 있었다. 그 학장은 학교의 장래에 관심을 가진 모든 사람에게 회의에 참석해서 미래를 함께 만들어 가는 데 적극적으로 참여해 달라는 요청을 했던 것이다.

고대 그리스 사람들은 모든 그룹, 지역 사회, 모임에는 **재능**이 있다고 생각했다. 여기에서 재능은 자신들의 대화와 결정과 활동에 생기를 불어 넣는 정신을 말한다. **포용의 재능**은 당면한 주제나 일에 관련되어 있거나 관심을 가진 모든 사람이 대화와 의사 결정에서 목소리를 낼 때, 즉 자신들의 미래를 함께 써나가도록 초대 받을 때 발현한다.

지난 10여 년 동안 사람들이 리더십으로부터 원하는 것에 극적인 변화가 생겼다. 사람들은 더 이상 지배자인 리더, 자기가 가장 잘 아는 것처럼 생각하는 리더를 원치 않는다.

우리가 이야기를 나누었던 사람들은 권위주의적인 리더들은 왠지 따르게 되지 않는다고 말했다. 이제 사람들은 자신들을 포함시키고 참여시키는 리더십을 원한다. 그들은 협력을 촉진하는 리더십을 원한다. 어떤 성공한 건축가가 이러한 변화가 그가 일하는 방식을 어떻게 바꾸었는지 설명해주었다.

> 에너지와 환경 디자인 리더십Leadership in Energy and Environmental Design, LEED의 혁신적인 프로세스는 포용을 기초로 한다. 여기에서는 빌딩 건축에 관련된 모든 이해관계자가 프로세스를 기획하기 위해 모여야 한다. 건축가, 엔지니어, 모든 업계의 도급업자들이 일을 시작하는 순간부터 협력한다. 이러한 협력은 전례에 없는 것이었다. 이것은 조정이 제대로 되지 않아서 발생하는 모든 결함과 비난을 방지하는 새로운 프로세스이다. 이를 통해 일은 훨씬 더 원만하게 처리되며 결국에는 시간과 돈이 절감된다.

A 리더십은 관련이 있고 관심이 있는 모든 사람들과 그룹을 대화에 초대한다. 반면에 권위주의적인 리더는 배타적이다. 그들은 사람들에게 이야기를 하고 결정을 내린다. 아무리 좋은 의도로 했다고 해도 소수의 사람들

에 의해 모든 것이 결정된다면 나머지 사람들은 무기력감을 느낀다. 사람들을 프로세스에서 배제시키면 그들은 무관심해지며 공동의 결과와 협력, 품질 관리를 위한 노력에 동참하지 않게 된다. A 리더십은 "이 일이 성공하기 위해서는 누구의 참여가 필요한가?"라는 질문을 던진다. 포용하기의 재능은 주어진 사안이나 프로젝트, 프로세스에 관련되고 관심이 있는 모든 이해관계자들을 찾아내고, 초대하고, 참여시킬 때 발현된다.

〈표 5-1〉은 당신이 고려해 볼 만한 이해관계자를 범주별로 나열한 것이다. 이것은 당신이 회의나 행사에 누구를 초대해야 할지 결정하는 데 도움을 주기 위해 고안되었다. 우선, 포함시켜야 할 그룹, 부서, 직종을 확인한다. 둘째, 각 영역에서 구체적인 사람들을 확인한다. 당신이 초대하고자 하는 사람들의 다양성을 확장시키고 싶다면 이것을 이용하라. 회의, 프로젝트 기획 세션, 팀 개발 프로그램, 지역 사회의 기획 행사는 물론 전략기획 세션에 초대해야 할 사람이 누구인지 결정할 때 유용할 것이다. 이 표는 모든 대화, 의사 결정, 기획 프로세스에서 포용을 강화하고 결정을 내리는 데 유용한 도구이다.

당신이 포용의 재능을 직접 만났던 순간을 기억해보라. 어떤 사람이 그와 당신 둘 다 관심을 가지고 있고 영향을 받을 수 있는 대화나 결정에 당신을 끌어들였던 상황일 수도 있고, 당신 자신이 약간의 이해관계를 가진 어떤 사람을 끌어들였을 수도 있다. 상황이 어떻든 이 의도적인 포용의 행동은 대단히 긍정적인 결과를 낳는다. 구체적인 사항을 떠올려보라.

이해관계자의 범주

이해관계자의 범주	그룹, 부서, 직종	사람들
정보: 의사 결정에 필요한 지식과 정보를 가진 사람들 혹은 그룹	실천가 연구원 사용자	
영향: 의사 결정 프로세스에 영향을 미치는 지위에 있거나 그러한 지식, 자원을 가진 사람들 혹은 그룹	경영진 정책 결정자 임원	
책임: 실행을 담당하는 사람들 혹은 그룹	일선 직원 감독자 관리자	
영향: 결정과 결과로 인해 관계나 활동에 영향을 받게 되는 사람들 혹은 그룹	고객 사용자 그룹 청년	
투자: 사업이나 일이 성공하기 위해서 시간, 돈, 연구, 인적·물적 자원, 공간 등을 투자할 사람들 혹은 그룹	공급자 주주 재단	
관심: 결과에 관계적, 정서적으로 관심을 가지는 사람들 혹은 그룹	옹호 단체 가족 구성원	
혁신: 기존의 것과 다른 사고방식이나 존재방식을 갖고 있거나 인생 경험이 새로운 아이디어와 작업 방식을 만들어 내는 것에 도움을 줄 수 있는 사람들이나 그룹	두뇌 집단 예술가 미래학자 청년 연장자	

거리낌 없이 말할 수 있는 편안한 분위기를 만들어라

초대장을 보내는 것은 포용을 향한 출발점이다. 포용은 일을 진척시키는 중요한 시작점이지만 그것만으로는 충분치 않다. 포용이 가진 긍정의 힘을 발휘시키는 열쇠는 사람들이 거리낌 없이 말할 수 있는 편안한 분위기를 만드는 능력이다. 당신이 포용해야 하는 팀, 그룹, 직원들, 혹은 지역 사회의 구성원이 다양하면 할수록, 적극적인 참여가 보장되는 편안한 공간과 프로세스, 의사소통 방식을 만들기 위해 더 많은 노력을 기울여야 한다.

초대 받은 사람들은 발언권을 기대한다는 것을 명심하라. 초대장을 보내놓고 그들의 말은 듣지 않고 일방적으로 말을 하는 우를 범하지 말라. 사람들에게 아이디어를 공유하고, 팀에 참여하고, 회의에 참가하고, 프로세스의 일부가 되어 달라고 청했다면 그들이 말하려는 것을 확실히 경청하는 자세를 가져야 한다. 모든 사람에게 이야기를 하고 경청의 대상이 되는 기회를 주는 참여적인 프로세스를 고안하고 촉진하는 시간을 가지도록 하라.

모든 사람의 목소리를 듣기 위해 우리가 많이 사용하는 방법은 일대일 긍정 인터뷰나 소그룹 단위로 그 안에서 모든 사람에게 이야기할 기회를 주는 **대화 진행**_conversational progression_법 등이 있다. 이러한 대화 유도 방법은 참여한 사람들에게 각자의 목소리가 경청이 대상이 되고 그 가치를 인정받을 수 있으리라는 기대를 심어준다. 이러한 과정을 거쳐 자연스럽게 소그룹 토론, 다음에는 대그룹 보고, 대화, 의사 결정으로 이동해 갈 수 있다. 이러한 대화 진행은 직원회의나 프로젝트 검토회의에서 대규모의 컨퍼런스나 전략 기획 회의에 이르기까지 모든 유형의 회의에서 효과를 발휘한다. 우리가 코칭 서비스를 제공했던 한 기업의 중역은 소그룹을 구성하여 그녀에게 질문을 만들어서 해보는 것으로 프레젠테이션을 시작하는 법을 배웠다. 자기들이 중요하게 생각하는 문제들을 그 임원과 공유할 기회를 갖게 되자 사람들은 참여한다는 느낌을 갖게 되고 그녀가 하려는 말을 경청할 준비를 갖추었다. 다음에 회의를 주재하거나 연설을 할 기회가 있을 때 우리가 설명한 것과 같은 대화 진행법을 시도해보라. 당신이 말을 하기 전에 다른 사람들에게 이야기할 기회를 주고 어떤 일이 일어나는지 지켜보라.

사람들이 안심하고 거리낌 없이 말을 할 수 있는 직장과 사람들이 자신을 드러내는 데 두려움을 느끼는 직장 사이에는 명백한 차이가 있다. 직장에서 안정감을 느끼는 경우 사람들은 서로 개방적인 대화에 참여하고 협력적으로 일을 하며 자신의 개인적 삶에 대한 이야기를 공유하고 직장에서의 시간과 여가 시간을 함께 보낸다. 반면 사람들이 자신의 생각과 의견, 아이디어가 환영받지 못한다거나 그것을 편안하게 표현할 수 없다고 느끼는 직장에서는 상호작용이 어색하고 의례적이다. 후자의 환경에서 마크는 압박감을 느꼈다고까지 표현했다.

그는 수백만 달러를 벌어들이는 컨설팅 회사에서 가장 큰 수익을 내는 사업부의 장을 맡게 되었다. 그는 20개국 출신의 75명이 넘는 직원들이 그에게 보고를 하는 새로운 일자리에 곧 재미를 느꼈다. 그렇지만 몇 주 만에 그는 직장에서 재미를 느끼는 사람들이 많지 않다는 것을 깨달았다. 직원들 간에 일 이외의 생활에 대한 대화가 거의 없었고 고객의 일에 대한 대화는 그보다 더 적었다. 조직에는 긴장과 죄책감이 팽배해 있었다. 사람들은 직장에 늦게 도착해서 이미 시작한

회의에 들어와 사과하느라고 일을 계속 방해했다. 협력을 위한 시간은 없었다.

긍정적이지 못한 직장 환경을 인계받았다는 것을 깨달은 마크는 변화를 모색하기 시작했다. 그는 일이 어떠한 상황인지 이야기를 나누기 위해 회의를 소집했다. 그는 최고의 성과를 내는 사람에서부터 가장 문제가 되고 성가신 전문가까지 모두를 초대했다. 솔직한 태도로 인해 피해를 보는 일이 없을 것임을 인식시키고 다시 자신감을 찾게 한 후에야 사람들은 이야기를 시작했다. 그들이 이야기를 하는 동안 그는 사람들의 말을 경청했다. 그는 곧 팀 내에 상당수의 편부모 그리고 최근에 아이를 낳은 사람들이 있으며 그들 모두가 탄력근무 시간제를 몹시 바라고 있음을 알게 되었다. 마크는 아연해져서 큰 소리로 물었다. "요즘 같은 시대에 이렇게 수익이 높고, 전문적인 조직에서 탄력 근무 시간제를 택하지 않고 있단 말이에요?" 사실이었다. 더구나 마크가 그룹에게 탄력근무 정책을 만드는 것이 어떠냐고 제안하자 사람들은 "그들은 받아들이지 않을 겁니다."라고 말했다. 마크가 물었다. "**그들**이란 누구죠?"

마크는 배제와 억압의 뿌리 깊은 관행을 발견했다. 성과와 생산성에 대한 토론에서 똑똑한 전문 직업인들이 배제되고 있었던 것이다. 그들은 자신들이 최고의 상태가 되기 위해 무엇이 필요한지에 대한 질문을 받아본 적이 없었다. 그는 재빨리 그러한 관행을 바꾸었다. '성과와 생산성을 높이기 위해서 무엇을 이야기해야 할 것인가?'라는 주제로 매달 정기적인 토론회를 만든 것이다. 자신의 의견을 말하는 데 장애가 없고 자신의 아이디어가 실행될 것이라고 생각하게 되자 더 많은 사람들이 참여하기 시작했다. 그 부서에 있는 사람들이라면 **누구든지 참석하였고**, 심지어 마크의 상사인 CEO까지 참석할 만큼 참석자의 범위가 완전히 확대되었다.

개방적이고 솔직한 커뮤니케이션을 위한 안정적인 분위기를 조성하고 그에 대한 기대를 높이는 것은 A 리더인 당신이 해야 할 일이다. 사람들은 자신의 의견을 이야기하는 데 문제가 없을 것이라는 것을 깨닫게 되면 비록 실행되지 않는다 하더라도 자신의 아이디어와 이야기를 공유하기 시작한다. 개방적이고 솔직한 커뮤니케이션을 위해 헌신하는 리더를 보면 사람들은 그 리더를 따르게 된다.

평등한 참여의 장을 만든다

모든 상황이나 대화에는 지위와 권력에 의한 역학이 존재하게 마련이다. 어떤 사람들은 그들이 가진 지위나 자원, 태도, 스타일, 성별, 인종, 문화 덕분에 대화에서 특혜를 얻고 관심의 중심이 된다.

그들의 아이디어는 대화에 참여한 다른 어떤 사람들의 아이디어보다 더 큰 영향력을 가진다. 이렇게 지위나 권력에 의한 역학이 존재하기 때문에 모든 사람의 목소리가 공평하게 존중될 수 있도록 하는 적극적인 노력이 필요한 것이다.

A 리더십은 목소리의 평등성을 위해 노력한다. A 리더들은 기여하기를 원하는 모든 사람들이 편안함을 느끼고 참여의 기회를 가지도록 한다. A 리더들은 질문으로 대화를 이끌고 말하기보다 경청한다. 대화에서 완전히 물러서 있는 경우도 있다. 다음의 이야기는 교수가 강의실을 떠남으로 인해 그의 위치에서 나오는 지위와 권력의 역학이 존재하지 않을 때 대화가 얼마나 개방적인 방향으로 가는지 보여준다.

나는 종교학 강의를 수강하고 있었습니다. 교수는 토론을 활성화시키려고 애썼지만 학생들은 교수의 아이디어를 기다리며 침묵을 지켰습니다. 하루는 그가 강의실에 들어와 이렇게 질문했습니다. "가정에서 신의 존재가 없이 자녀를 양육하는 것이 가능하겠습니까?" 그리고 그는 강의실을 나갔다. 우리는 서로를 쳐다보며 자리에 앉아 있었다. 그를 따라 강의실을 나가야 하는 것인지 궁금해 하면서 말이다. 한 학생이 그 질문에 대답을 하기 시작했다. 그러자 다른 학생들도 그 뒤를 이었다. 곧 우리는 우리 나름의 방식으로 그 질문에 대해 대답하고 우리 자신이 가진 가치와 종교와 신에 관련된 윤리적, 도덕적 문제에 대해 이야기하면서 우리의 아이디어를 공유하고 있었다. 우리는 많은 개인적 경험을 공유했고 깊은 유대를 형성했다. 이로 인해 그 강의는 내가 들어 본 강의 중 최고의 강의가 되었고, 그 교수는 내가 만났던 교수 중 최고의 교수가 되었다. 나는 지금도 그를 기억하고 있다.

이 이야기가 보여주듯이 A 리더십은 지위와 권력의 역학이 사람들의 참어 욕구에 어떤 영향을 미치는지를 인식한다. A 리더십은 권한을 공유함으로써 모두가 안심하고 솔직한 커뮤니케이션을 할 수 있고 장래를 함께 만들어 가는 일에 초대받았다는 느낌을 받도록 만드는 방법을 찾는다.

A 리더들은 그들의 지위가 가진 힘을 포용의 긍정적 힘과 조화시킨다. 그들은 동등한 자격으로 사람들을 대화에 참여시킬 창의적인 방법을 찾는다. 회의장에 들어오기 전에 상사는 자신의 직함을 떼어냄으로써 평소에 의

견을 제시할 기회가 좀처럼 없었던 직원들에게 편안함과 자신감을 불어넣는다. 그들은 자기 조직화와 공동 책임을 일깨움으로써 일부 사람들이 관심과 권력의 초점이 되려하는 것을 막는다. 예를 들어 미 해군의 리더십은 3일 간에 걸친 에이아이 서밋을 통해 계급제가 주는 중압감에서 벗어나려고 했다. 서밋의 목적인 직급의 고하를 막론한 전군의 리더십 개발을 위해서는 평등한 참여의 장이 만들어져야 했다. 따라서 그들은 회의에 일상복 차림으로 참석했다. 훈장을 서훈 받은 장군도 1등 항해사와 똑같이 수백 명의 참가자들과 나란히 협력하게 되는 것이다. 평등한 참여의 장을 만듦으로써 리더십은 전례가 없는 높은 수준의 풀뿌리 참여와 통찰, 협력적인 활동을 이끌어낼 수 있었다.

혁신: 포용이 이윤을 창출한 사례

A 리더들은 여러 가지 이유로 포용을 실천한다. 포용은 사람들에게 자신의 장래에 대해 목소리를 내게 하는 올바른 일이다. 포용을 실천하게 되면 사람들은 비전을 공유하고 협력한다. 포용을 실천하면 신뢰와 존중과 긍정적인 정서 환경을 조성할 수 있다. 하지만 포용이 가장 강력한 힘을 발휘할 때는 혁신을 위해 다양한 사람들을 참여시키는 경우이다. 포용만큼 창의성과 혁신을 자극하는 것은 없다. 동일한 사람들이 같은 사안에 대해서 반복적으로 이야기를 나눈다면 그 결과는 똑같을 것이다. 새로운 사람이 대화에 초대되면 새로운 가능성이 생겨난다.

헌터 더글라스 윈도우 패션 부서의 리더들은 전략 기획 프로세스에 일선 주임에서부터 회사의 대표에 이르기까지 거의 100명에 달하는 사람들을 참여시켰다. 참여자들은 사업 보고서를 읽고 회사의 경쟁적 우위와 성장 가능성에 초점을 맞춘 긍정 인터뷰를 함으로써 미리 준비를 갖추었다. 회의를 통해 그들은 부서의 긍정적 핵심 역량을 구체화하였다.

> 그 과정에서 한 중견 직원이 무릎을 치게 하는 기발한 아이디어를 제공했다. 만약 간부도 아닌 이 직원이 다른 조직에서 일했다면 전략 기획 회의에 참석할 기회를 얻지 못했을 것이다. 그는 플립 차트에 쓰인 정보를 보면서 자기 부서의 핵심 역량은 윈도우 패션과 관련이 없다는 것을 파악하게 되었고 다른 사람들에게 그 사실을 상기시켰다. 그들의 핵심 역량은 그들이 윈도우 패션을 만드는 데 사용하는 기술이었던 것이다. 방은 조용해졌다. 모두가 그가 말하는 것이 진실이라는 것을 깨달았다. [미주 3]

그 직원의 기발한 통찰력 덕분에 그 회사는 스스로를 개혁시킬 수 있었다. 새로운 전략 비전이 만들어졌다. 일 년 만에 이 회사는 자사의 핵심 기술을 미개척된 시장을 겨냥한 새로운 제품인 소리를 흡수하는 천장 타일 개발에 적용시켰다. 이 경우에는 포용이 혁신으로 이어지는 것에 그치지 않고 새로운 사업 단위의 형성과 회사의 이윤 증가로까지 연결되었다.

많은 사람들이 포용의 중요성과 포용과 혁신과의 관계를 어렵게 배우고 있다. 즉 토론과 의사 결정의 영향을 받는 사람들을 참여시키지 않는 우를 범하고 나서야 포용의 중요성을 인식하게 되는 것이다. 우리가 인터뷰했던 한 인사 관리자 역시 경력 초기에 '배제의 실수'를 저질러 보고서야 포용 우리 팀은 기업 전반에 걸친 직원 역량 개발 프로그램 제작 임무를 맡았습니다. 처음에 우리는 몇 개의 프로그램을 만들고 직원들에게 그 프로그램들에 대해 이야기했죠. 그 프로그램들은 성공하지 못했습니다. 참여가 저조했고 모든 피드백이 부정적이었어요. 우리는 다른 방법을 강구하기로 했습니다. 직원들을 모아서 그들이 필요로 하고 원하는 것이 무엇인지 물었습니다. 그들은 우리에게 많은 아이디어를 주었습니다. 어떤 이들은 프로그램 개발에 도움을 주겠다고 자청하기도 했죠. 직원들을 참여시킴으로써 우리는 독특하고 혁신적이며 대단히 성공적인 직원 역량 개발 프로그램을 만들 수 있었습니다. 사람들을 참여시키면 창의적인 아이디어를 쉽게 얻을 수 있다는 점을 배웠습니다. 경력 초기에 좋은 교훈을 얻은 것이죠.

이 성공적인 혁신의 열쇠임을 배우게 되었다.

혁신은 당신이 팀과 조직의 다양성을 증대시킬 때 팀원들이 제공하는 다양한 아이디어와 정보를 통해 이루어진다. 새로운 사람들은 새로운 아이디어를 가지고 온다. 더 많은 사람은 더 많은 아이디어를 준다. 다양한 사람들은 다양한 아이디어를 준다. 보다 많은 새롭고 다양한 사람들을 포용하는 것은 다양성을 증대시키고 혁신을 조장한다. 우리는 한 제약 연구소의 리더십 팀으로부터 혁신 평가를 실시해 달라는 요청을 받았다. 새로운 성과없이 또 다른 해를 맞이한 그들은 "우리 회사에 있는 과학자들의 수와 그 구성이 혁신을 이루어 낼 수 있는 수준인가? 과학자 그룹이 충분한 다양성을 확보하고 있는가? 바람직한 과학적 결과를 얻는데 적정한 인원을 보유하고 있는가?" 등을 알고 싶어 했다. 그 회사의 과학자들과 이야기를 나누는 과정에서 이들 질문에 대한 대답이 부정적이라는 사실이 확실해졌다. 과학자들의 다양성은 혁신을 촉진하는 데 필요한 정도에 이르지 못하고 있었다. 그들의 숫자가 너무 적었고 지나치게 특수화되어 있었다. 과학적 상상을 촉발하기 위한 필수 요건인 다양성이 결여되어 있었다. 그 결과 그들은 과학적인 다양성을 강화하기 위해 주변의 대학들과 제휴 관계를 형성하기로 결정했다.

직장 내의 그룹이나 조직에서 혁신과 창의성을 증대시키고 싶다면 포용이 가진 긍정의 힘을 활용하라. 다양한 범위의 사람들과 그룹을 초대해서 당신과 함께 장래를 설계하도록 하라.

초보자의 눈으로 보다

대화에 다양성과 창의성을 배가시키는 능력을 가진 그룹 중 하나가 젊은 세대이다. 이 때 젊은 세대란 생물학적으로 젊은 사람 뿐 아니라 조직 안에서 신참인 사람까지 포괄한다. 젊은 세대이 에너지아 행동 지향저인 태도는 새로운 시각과 인지 방식을 끌어들인다.

젊은 세대의 참여와 포용은 일방통행인 경우가 너무나 많다. 우리는 흔히 젊은 세대들에게 앉아서 기성세대의 말을 경청하고 이들로부터 배우라고 강요한다. 이런 경우 귀중한 자원인 초보자의 눈이 가진 긍정의 힘은 잃게 된다. A 리더십은 젊은 세대를 환영하고 그들을 완전한 참여자로 받아들인다. 학교의 미래를 설계하기 위한 에이아이 서밋에서 학생들이 모여 장래를 위한 권고서를 만들게 되었다. 학교 측으로부터 아이디어를 제시해 달라는 요청을 받은 것이 이들에게는 처음이었다. 그들은 불안해했다. 학생들은 학교 구내 커피숍을 직접 운영하기를 원한다는 의견을 내 놓았다. 커피숍을 운영함으로써 비즈니스와 기업가 정신에 대해 배우는 데 도움이 되고 학생들이 좋아하는 음료수를 꾸준히 공급하는 방법이 될 수도 있다는 것이 그들의 생각이었다. 그 아이디어는 학생들에게 압도적인 지지를 받았다. 미래를 위해 학교가 가장 시급하게 해야 할 일이 무엇인지를 제안해 달라는 학교의 요청에 학생들은 이렇게 답변했다. "우리 학교는 훌륭한 학교입니다. 우리는 학교가 다양성을 추구하고 받아들여야 한다고 생각합니다. 다양성을 확보하기 위한 장학금 제도를 제안합니다."라고 말했다.

긍정적인 기여를 하고 다른 사람으로부터 최선을 깨우고 이끌어내는 젊은 세대의 역량은 에이아이 연구의 초기에 발견되었다. '이매진 시카고'라는 이니셔티브는 도시가 가진 강점을 발견하고 도시 시민의 창의력을 증진시키기 위해 젊은이, 노인, 학생, 교사, 비즈니스 리더, 심리학자를 비롯한 수백 명의 사람들을 인터뷰했다. 데이비드 쿠퍼라이더 교수는 이렇게 적고 있다. "가장 감동적인 이야기와 열정으로 가득한 데이터, 가장 대담한 가능성의 이미지를 이끌어낸 최고의 인터뷰는 **젊은 세대**에 의해 이루어졌다." [미주4] 그들의 개방성, 겸손, 호기심은 강력한 대화로 이어졌으며 묻혀 있던 도시의 잠재력을 찾아내었다.

젊은 참가자들과 리더십은 그들의 미래에 대한 긍정적인 기대와 헌신과 함께 초보자의 시각이 주는 신선함을 제공했다. 조직과 지역 사회에 신참인 사람들은 신선한 시각을 가지고 온다. 새로운 사람과 대화할 기회를 가

질 때마다 프로젝트, 일, 부서, 시도하고 있는 분야, 조직, 지역 사회에서
처음에 그들의 눈길을 끈 것이 무엇 혹은 누구였는지 질문하라. 그들이 처
음에 가졌던 설렘과 긍정적인 기대에 대해서 이야기 해달라고 요청하라.
이후 그들이 배운 것이 무엇인지 알아내라.

당신 조직이나 지역 사회의 '젊은 세대'에 대해 생각해 보라.
그들은 누구인가? 그들이 가진 특별한 자질은 무엇인가? 그
들을 보다 적극적으로 참여시킬 수 있는 방법은 무엇인가?

연장자의 지혜

　　대화와 의사결정에 의식적으로 참여시켜야 할 또 다른 그룹은 연장자들
이다. 이들은 오랜 경험을 통해 노하우와 상식과 지혜를 쌓아온 사람들이
다. 많은 문화가 연장자들을 공동체의 리더로 존중한다. 그들은 여러 가지
면에서 존중을 받는다. 그들이 하는 말은 경청의 대상이 되고 그들의 아이
디어는 고려의 대상이 되며 그들은 젊은이들의 멘토 역할을 맡는다. 조직
에는 그들의 견해와 입장이 자주 반영된다. 그들은 경험을 통해 인생 전체
를 보고 대변하는 능력을 얻는다. 그들은 일이 어느 방향으로 가고 있는지
쉽게 파악한다. 초감각적인 통찰력을 가지고 있기 때문이 아니라 이전에
겪어 본 적이 있기 때문이다. 어떤 조직이나 공동체이든 노련한 구성원은
귀중한 자원이다. 그들은 정보와 영감을 제공하는 잠재력의 원천이다.

연장자들이 가진 시각과 지혜를 이끌어낼 수 있는 방법은 여러 가지이다. 다음에 제시된 몇 가지 아이디어를 시도하고 어떤 일이 일어나는지 지켜보라.

- 연장자들의 자문회를 만들고 자문회에 주요 사안과 의사결정에 관련된 아이디어를 숙고해 보고 의견을 내달라고 요청하라.
- 신입 사원들이 나이 많은 근속자들을 인터뷰하는 프로세스를 만들어서 그들로부터 배움을 얻고 그들과 관계를 형성하고 세대를 뛰어넘는 협력을 촉진하도록 하라.
- 장기 근속한 직원들을 전략팀이나 프로젝트팀에 참여시켜라.
- 연장자들로 하여금 조직의 다른 구성원에게 관심 분야와 경험에 대해 가르치도록 하라.
- '당신이 내 자리를 원하는 이유가 무엇인가?' 라는 캠페인을 만들어서 연장자들이 신입사원 채용에 참여할 수 있도록 하라.

회사 문화에 대한 에이아이 서밋 기간 중에 헌터 더글라스 윈도우 패션 부서는 10년 이상 근속한 연장자들을 위한 연설 시간을 따로 마련했다. 그들은 회사가 최상의 상태였던 때를 이야기해주고, 특유의 강점과 기술에 대한 식견을 제공하며, 회사가 기억해야 할 과거의 이야기들을 공유해달라는 요청을 받았다. 이 영상은 회사나 연혁에 대한 구어적인 기록물이 되었으며 미래의 직원세대들에게 영감을 주게 될 것이다.

연장자들은 이야기 보유자들이다. 연장자들은 그들의 어깨 위에 미래를 세우는 조상들이다. 연장자의 지혜를 아는 A 리더십은 단련을 거친, 경험이 풍부한, 원숙한 연장자들을 적극적으로 끌어들인다.

포용의 두 가지 차원

포용에는 폭과 깊이의 두 가지 차원이 있다. **확장**은 당신의 사회적 네트워크의 범위를 확대해서 보다 많은 수의 사람과 보다 다양한 배경을 가진 사람을 대화와 의사결정, 협력적인 활동에 참여시키는 일이다. 효율을 높이기 위해서는 더 많은 이해관계자에게 손을 내밀고 그들을 참여시키는 방법을 고안함으로써 지식과 시각과 헌신의 네트워크를 확장시켜야 할 때가 있다.

다음에서 제시하는 것은 콜로라도 롱몬트라는 도시 지도자들의 사례이다. 그들은 장기 발전 기획 프로세스를 고안하기 시작했다. 이 지역에는 라틴 아메리카 출신의 인구가 많았고 그 수가 지속적으로 성장하고 있었다. 프로세스를 지휘하는 그룹은 모두 앵글로색슨계의 사람이었다. 모든 지역 사회 각계각층의 참여가 중요하다는 것을 인식한 이 그룹은 라틴 아메리카 사회에서 존경 받는 경험이 풍부한 구성원인 카르멘에게 동참해 줄 것을 요청했다. 그녀는 대인관계가 넓었고, 문화적 감수성이 풍부했으며, 스페인어를 사용하는 사람들의 필요에 맞게 프로세스를 적절히 조정할 줄 아는 능력의 소유자였다. 그녀의 능력 덕분에 카르멘의 리더십은 프로세스의 기획과 실행 전 단계에서 라틴 아메리카 사람들의 참여를 이례적인 수준으로 높일 수 있었다.

이 사례가 보여주듯이 일은 관계를 통해 이루어진다. 새로운 사람에게 손을 내밀고 그들과 새로운 관계를 형성함으로써 당신은 활용 가능한 아이디어와 정보, 강점, 능력의 범위를 넓혀나갈 수 있다. 포용의 또 다른 강점은 협력과 생산성에 대한 헌신을 유도하고 그 기반을 구축시킬 수 있다는 것이다.

포용의 범위를 확장할 수 있는 창의적인 방법에는 여러 가지가 있다. 예를 들어 당신의 팀에 새로운 구성원을 추가하거나, 에이아이 서밋을 개최하거나, 모든 이해관계자를 끌어들이거나, 웨비나webinar라고 불리는 인터넷을 통한 회의를 개최하거나, 인터넷 블로그를 만들거나, 당신 분야에 있는 고교나 대학 졸업생들을 대상으로 하는 연설에 자원할 수도 있다.

포용의 두 번째 차원인 **심화**는 관계가 새로운 것이든 오래된 것이든 새롭게 회복된 것이든 상관없이 그 관계의 질과 강도를 높이는 일이다. 모든 관계에는 갱신renewal의 시간이 필요하다. 직장에서의 관계도 예외는 아니다. 변화가 이루어지는 과도기나 신뢰가 깨어진 경우 혹은 품질과 서비스를 향상시키기 위해 협력을 더 강화시켜야 할 경우 포용을 심화하기 위한 노력이 더 많이 필요하게 된다.

수술실에서 환자를 위해 일하는 많은 사람들 사이에 협력관계가 더 돈독해져야 한다고 생각한 외과 책임자와 수술 책임자는 집도의, 간호사, 방사선과 의사, 검사 기술자, 행정가 등 다양한 직원들을 에이아이 프로세스에 참여시키기로 했다. 사람들은 서로를 인터뷰하고 그들이 했거나 본 최고의 실행에 대한 이야기를 공유했다. 그들은 미래의 협력을 구상하고 업무를 위한 일련의 원칙을 만들었다. 그 과정에서 그들 서로는 단순한 동료가 아닌 인간적인 측면에서 보다 잘 알게 되었고, 그 결과 서로에 대한 존경과 신뢰가 증대되었다. 그들 간의 관계가 심화되자 이번에는 환자의 치료와 배려에 초점을 맞춘 의료 프로세스와 행정 과정과 절차를 표준화하는 것에 대한 기획안을 만들었다. 이 경우 관계의 심화는 전문가들의 협력 증진으로 이어졌고 이는 다시 환자 서비스의 강화라는 결과를 낳았다. 기존의 관계를 심화시키는 데에는 팀 빌딩 프로세스, 일대일 회의, 긍정 인터뷰, 희망과 꿈에 대한 솔직한 대화, 동료 코칭peer coaching, 프로젝트나 이벤트를 공동 주관하는 것, 가치 있는 활동에 대한 자발적 참여, 사귐의 시간을 갖는 것 등 여러 가지 방법이 있다. 관계가 사적이든 공적이든 상관없이 상대의 목소리를 진심으로 경청할 때, 열정과 상호 존중의 태도가 만들어지고, 신뢰를 통한 유대감이 강화되며, 관계의 질이 심화된다.

어울리지 않는 짝 Improbable pairs

어울리지 않는 짝들 간의 대화를 위한 장을 마련하는 것은 관계를 촉진하고 심화시키며 직장에서 함께 하는 사람들 간에 신뢰와 존중의 태도를 형성시키는 좋은 방법이다. 이 개념은 에이아이 프로세스에서 비롯된 것이다. 이는 서로를 모르거나 충분히 알지 못하는 사람들을 긍정 인터뷰에 끌어들이는 일이다. 이것은 협력을 해야 할 중요한 이유는 가지고 있되 서로를 아주 다르게 보는 사람들 사이에 교량을 형성시키는 방법이다.

방법은 아주 간단하다. 우선, 직원이나 팀원들에게 그룹 내에서 자신과 다르다고 생각하는 사람을 선택하도록 한다. 그들이 잘 알지 못하고, 일상적으로 함께 일할 기회가 없고, 어떤 식으로든 그들과 아주 다른 사람을 선택하도록 하라. 나이가 다를 수도 있고 성별이나 출신 문화가 다를 수도 있다. 다른 직종에서 일을 하거나 교육적 배경이나 소속 부서가 다른 경우도 있다. 어떤 것이든 가장 차이가 큰 영역이라고 생각하는 것을 기준으로 파트너를 선택하도록 하라. 두 번째, 그들에게 긍정 질문 서너 개를 주고 20~30분 정도에 걸쳐 인터뷰를 진행하면서 자신의 경험에 대해 이야기하게 하라. 그들이 보여주는 결과에 놀라게 될 것이다. 어울리지 않는 짝을 만들라는 요청을 받은 사람들은 금세 그들이 대단히 많은 공통점을 가지고 있다는 것을 발견한다.

어울리지 않는 사람들 사이의 긍정 대화는 서로에 대한 존중의 마음을 강화하고 정체성을 공유하게 만든다. 어울리지 않는 사람들을 짝으로 묶어 놓고 사람들에게 그들의 이야기를 공유하고 다른 사람들, 즉 자신의 파트너로부터 경청의 대상이 될 기회를 제공한다. 이러한 일이 일어나면 모두가 지지를 받고 가치를 인정받는다고 느낀다. 그들은 자기 파트너와 더불어 그들이 공통적으로 가지고 있는 것에 대한 가치를 인정하고 그 가치를 지지한다. 이는 파트너들 간의 관계를 촉진하고 미래의 협력을 위한 장을 마련한다. 콜로라도 북부 지역사회의 전략 기획 회의에서 이러한 어울리지 않는 쌍 하나가 만들어졌다. 은퇴한 일본계 미국인 사업가와 15살의 스페인계 소녀가 서로를 인터뷰 파트너로 선택한 것이다. 서로 아주 다르게 보였기 때문이었다. 그는 어두운 색 양복을 말쑥하게 차려 입었고 그녀는 당시의 10대 패션대로 스타일리쉬하게 찢어진, 물 빠진 청바지 차림이었다. 그들이 자신들을 화합하게 만든 도시에 대한 비전을 이야기하는 동안 그는 그녀에게 일본에서 자라 미국으로 이주하고, 자신의 회사를 설립한 인생 이야기를 들려주었다. 그녀는 자신의 가족과 배움에 대한 애정, 언젠가 대학에 진학하겠다는 자신의 꿈에 대해 이야기 했다.

많은 차이를 가지고 있음에도 불구하고 40분간의 대화가 진행되는 동안 그 두 사람 사이에 의미 있는 관계가 형성되었다. 회의가 끝난 후에도 그들은 계속해서 연락을 주고받았다. 몇 년 후 그 사업가는 그녀 가족의 동의하에 그 학생의 대학 교육을 후원해 주었다. 그는 그것을 자신이 한 최고의 투자라고 말했다.

우리는 이것을 **어울리지 않는 짝의 역설**이라고 부르게 되었다. 우리와 다르다고 생각한 사람이더라도 그 사람에 대해서 진심으로 알려고 노력하다보면 서로 간에 공통점이 대단히 많다는 것을 발견하게 된다. 진심어린 포용은 신뢰를 구축하고, 존중의 마음을 조장하고, 우리로 하여금 우리 모두가 깊고 의미 있는 방식으로 연결되어 있다는 것을 인식할 수 있게 해준다.

'타인'에게 손을 내밀다

포용의 행동은 가족 간에, 직장에서, 사회 내에서 가교를 형성하고 관계를 치유시킬 수 있다. 사람들에게 손을 내밀 때는 당신이 '타인', 즉 당신의 적, 경쟁자, 심지어는 당신을 압제하는 사람의 입장에서 생각하고 행동함으로써 화해를 위한 길을 만들어야 한다. A 리더십은 모두를 위해 움직이는 세상에 헌신한다. A 리더십은 깊이 있는 경청과 열정, 사과와 용서 그리고 함께 앞으로 나아가고자 하는 진심어린 마음을 가지고 '타인'에게 손을 내민다. 다른 사람들에게 손을 내밀고 환영받고 가치를 인정받는다는 느낌을 주려면 용기가 필요하다.

다이아나는 몇 년 전 그러한 용기를 보여주었다. 그녀는 귀빈 자격으로 인도에 초대되어 규모가 큰 뉴델리 사립학교로부터 연설을 해달라는 요청을 받았다. 에이아이에 관한 그녀의 프레젠테이션에 학교의 모든 사람이 초대되었다. 강당 안에는 학생, 교직원, 행정가, 부모, 학교의 임원들이 있었다. 많은 사람들이 앉아 있었고 강당 뒤쪽에는 서 있는 사람도 있었다. 그녀는 인도에서는 아직도 카스트 제도 때문에 신분이 다른 사람들이 함께 하는 것이 쉽지 않다는 것을 알고 있었다. 다이아나는 심호흡을 한 후 서 있는 사람들에게 편안한 자리를 찾으라고 권했다. 그녀는 강당 앞쪽 테이블에 있는 빈자리를 가리켰다. 다행스럽게도 학교와 학생, 부모들의 생각은 일치되어 있었다. 그들은 주위를 둘러보며 서 있는 사람에게 와서 그들과 함께 자리하자는 진심어린 손짓을 했다.

사람들에게는 누구나 좋아하지 않고 신뢰하지 않는 사람들이 있다. 이런 사람들을 우리는 타인이라고 부른다. 그들은 우리 마음에 들지 않는 라이프스타일에 대한 기호나 가치를 가진 사람들이다. 우리는 세상에서 마땅치 않다고 생각되는 것들의 원인이 그들에게 있다고 생각하기까지 한다. 직장에서 사람들은 잘못된 일을 타인의 탓으로 돌린다. 사회에서 사람들은 그들을 피하거나 반대하는 목소리를 높인다. 타인이라고 여기는 사람들에 대한 직접적인 경험이 적거나 거의 없는 사람들도 있다. 그럼에도 불구하고 그들은 타인들을 가치 없거나 부적절한 사람으로 본다. 그들의 편견은 사회 속에 깊이 뿌리내리고 있다.

우리 중에는 직접적인 경험을 통해 타인을 알고 있는 사람도 있다. 이들은 과거에 부정적이거나 충격적이기까지 한 경험을 한 사람들이다. 인종차별 정책 폐지 이후에 남아프리카 공화국에서 새로운 미래를 창조하기 위해 모였던 시민들의 경우가 그렇다. 한 남아프리카 태생의 백인 경관은 경찰에 의해 학대를 받고 투옥 되었던 한 흑인 여성과 대화 파트너가 되었다. 그 여성이 자신의 이야기를 하자 그녀의 파트너는 눈에 띄게 동요했다. 그리고 눈물을 흘리기 시작했다. 그는 자신 역시 그녀에게 상처를 준 것과 같은 행동을 했다고 인정했다. 그는 용서를 청했고 그녀는 받아들였다. 결국 그들은 도시 재건 프로젝트에서 함께 일하면서 다른 사람들에게 그들이 공유했던 것과 같은 치유 경험을 제공하기로 했다.

무력 분쟁 중에 자녀를 잃은 이스라엘과 팔레스타인 여성들이 함께 관계를 형성하고 평화를 위해 일했던 것도 마찬가지의 경우이다. 그것은 자신들의 이야기를 공유하고, 각자의 전통 신앙이 주는 평화에 대한 가르침에 대해 탐구하고, 음식을 나누어 먹는 것으로 시작되었다. 그들은 웃고 울고 그들이 함께 살고 싶은 세상을 구상했다. 그들은 자신들을 분리시키는 것이 아닌 통합시키는 것을 발견했다. 그리고 그 과정에서 모두가 변화를 경험했다.

여러 사례가 말해주듯이 많은 사람들이 실제적인 상호작용보다는 자기들이 들은 이야기를 통해 타인에 대해 알고 있다. 타인에게 손을 내밀고 인간 대 인간으로 그들에 대해 알아감으로써 새로운 이야기를 창조하고 그들에게 긍정적인 인상을 심어 줌으로써 당신과 그들은 영원히 변화할 수 있다.

다음 질문들에 대해 생각해 보라. **당신**의 타인은 누구인가? 어떻게 해서 그들을 그런 눈으로 보게 되었는가? 그들을 당신의 인생에서 배제시킴으로써 당신이 잃은 것은 무엇인가? 당신은 그들에게 어떻게 손을 내밀고 미래를 위한 발걸음에 참여시키겠는가?

가능할 법 하지 않는 참여: 감수할 가치가 있는 위험 부담

A 리더들은 어울리지 않는 짝이라는 아이디어에서 한 발 더 나아가서 **가능할 법 하지 않는 참여**_Improbable participation_를 실천한다. A 리더들은 가능할 법 하지 않는 참여를 시도하지 않았다면 회의, 프로젝트, 개발 프로그램 등으로부터 배제될 사람들을 끌어들인다. 그런 일에는 위험이 따른다. 그러나 그러한 위험에는 반드시 큰 보상이 따른다. 우리는 포커스 그룹 중 하나로부터 작은 도시의 상공 회의소에 대한 이야기를 들었다. 가능할 법 하지 않는 참여의 위험을 감수하고 보상을 받은 이야기였다.

가능할 법 하지 않는 참여는 양방향 도로이다. 그것은 당신으로 하여금 위험을 감수하고 당신의 팀이나 회의에 아직 검증되지 않은 잠재력을 가진 사람을 끌어들이게 한다. 동시에 당신이 참여할 법 하지 않은 그룹, 네트워크, 회의에 참여하도록 한다. 가능할 법 하지 않는 참가자가 되는 데에는 용기가 필요하다. 다른 부서의 동료에게 당신이 그녀의 직원 회의에 참석할 수 있겠느냐고 물어보라. 가서 배우라. 관심은 있지만 당신의 업무 분야와 아주 다른 주제에 관한 수업을 들어라. 다른 종교의 예배나 의식에 참여하라. 그들의 성전을 읽고 거기에 대해 배우라. 다른 언어를 배우고 능통해지도록 하라. 당신과 친숙하지 않은 주제를 다루는 공동체의 회의에 참석해서 그것이 공동체의 번영에 중요한 이유를 이해하도록 노력하라.

가능할 법 하지 않는 참여에 여러 가지 방법이 있듯이 그 혜택도 다양하다. 그것은 새로운 관계를 만들고 그 관계에 대해 배우는 좋은 방법이다. 그 중에서도 가장 좋은 방법은 연령, 성별, 인종, 종교, 능력, 문화가 다른 집단 속에서 소수자의 입장이 되어 회의, 행사, 수업에 참여해보는 것이다.

이런 경험을 통해 당신은 상대방의 입장에서 포용을 경험하고 이해하게 될 것이다. 가능할 법 하지 않는 참여는 당신의 A 리더십 역량을 강화시키고 포용을 통해 긍정의 힘을 한층 더 발휘할 수 있게 만들 것이다.

지역 사회 리더십 프로그램의 지원자 명단에는 레즈비언이라고 선언한 젊은 여성이 있었다. 그녀는 대단히 거친 스타일을 가진 격의 없는 리더로 정평이 나 있었다. 그녀가 이 프로그램에 지원한 것을 두고 선정 위원들 사이에서 관심과 논란이 많았다. 40명의 리더 그룹에 그녀를 포함시키는 것은 모험이었다. 하지만 그녀를 포함시키지 않는 것 역시 위험했다. 결국 그들은 그녀를 참여시키기로 결정했다.

프로그램이 시작되면서 그룹 안에 긴장감이 확연하게 드러났다. 하지만 시간이 지나자 동기생들은 서로 유대를 형성하고 편안함을 느끼며 개방적인 태도를 가지게 되었다. 그들은 그 젊은 레즈비언에게 그들이 소위 '당신의 면전에서'라고 칭하는 그녀의 직설적인 리더십 스타일에 대해 이야기했다. 그 이야기를 해주면서 동기생들은 그녀가 프로그램에 매우 긍정적인 기여를 하고 있는 점에 대해 진심어린 감사를 표현했다. 동기생들이 그녀에게 주었던 두 가지 메시지는 극적인 변화를 만들었다. 그녀는 자신이 인정하는 사람들 그리고 그녀를 인정하는 사람들에 의해 받아들여진 것이다. 그녀는 활기를 띠기 시작했다. 점차 그녀의 거친 스타일은 사라졌다. 그녀는 지역 사회의 유능한 리더가 되었다. 몇 년 후, 그녀는 그 지역의 상공회의소로부터 이사 직무를 맡아달라는 요청을 받았고 이를 수락했다. 4년 전에는 그녀도, 선정 위원들도 상상할 수 없었던 직책이었다.

나에서 우리로: 소속감

A 리더십의 가장 훌륭한 기술은 다양한 사람들의 그룹 사이에서 '우리'라는 의식을 만드는 능력이다.

내 경력의 초창기에 나는 야심찬 매니저로서 여러 상사 밑에서 일을 했습니다. 그들은 일상적으로 나의 실수를 지적하고 나로 하여금 이를 시정하는 조치를 취하라고 했습니다. 나는 문제가 생기면 그 문제를 해결하고, 결과를 보고하고, 새로운 문제와 관련된 업무가 맡겨지기를 기다려야 했죠. 이들 팀은 팀으로 움직이지 않았고 팀이라는 느낌도 없었습니다. 이후 나는 닐을 만나서 그와 함께 일하자는 제의를 받는 행운을 누렸습니다. 그가 내 상사가 된 후 처음 한 일은 나와 함께 일할 동료를 배정해 준 것이었습니다. 나의 동료 멘토는 내 질문에 답해주고 내가 맡게 될 새 업무를 성공적으로 수행하기 위해 필요한 것들을 배울 수 있게 도와주었습니다. 그의 충고는 언제나 유익하고 귀중한 것이었습니다. 그 충고는 내가 던지는 질문, 즉 그 당시에 내가 알아야 했던 것과 관련된 것이었기 때문입니다. 나는 곧 닐 팀의 '신출내기'가 아니라 정식 구성원이라는 느낌을 가지게 되었습니다. 나는 그룹이 원탁에 둘러 앉아 팀원들이 차례로 회의를 주재하는 모든 회의에 빠짐없이 초대되었습니다. 과거의 경험 때문에 우리가 전반적인 업무를 성취하기 위해 서로를 지원하는 하나의 팀이라는 것을 내가 인식하는 데에는 한두 달의 시간이 걸렸습니다. 이를 통해 나는 단순히 팀에 있는 것과 '우리는 팀이다.'라고 느끼는 것의 차이를 알게 되었습니다.

현재 공공 서비스 기관의 임원으로 크게 성공한 로버트는 우리에게 닐의 이야기를 들려주었다. 그는 새로운 사람들을 끌어들이고 우리라는 의식을 만드는 데 특별한 재능을 가진 리더였다. 그의 이야기는 팀에 있는 것과 '우리는 팀이다.'라고 느끼는 것의 중요한 차이를 보여준다.

닐이 로버트를 팀의 정식 구성원으로 받아들였듯이 A 리더십은 구성원들이 전체의 목표와 계획, 의도에 찬성하고 기여하기를 희망하고 또 격려한다. 그들은 구성원들이 서로를 지원하는 상황과 프로세스를 만든다. 그들은 정기적으로 전체 그룹을 한데 모아서 유대감을 심화시키고 공동의 목표를 이룰 방법에 대해 토론하고 결정을 내린다. 포용의 형태가 어떻든지 간에 성공적으로 이루어졌을 때 사람들은 그들이 소속되어 있으며, 그들과 그들의 기여가 가치를 인정받고 있고, 전체의 선을 위해 함께 일하는 '우리'라는 의식이 존재하는 것을 느낀다.

대화의 불평등을 조정하다

미래를 함께 만드는 일에 사람들을 끌어들이기 위해서는 모든 이해관계자들과 이야기를 하고 그들의 소리를 들어야 한다. 우리 모두는 몇 안 되는 사람들이 목소리를 내고 대화를 지배하는 상황에 익숙하다. 그들은 자신에게 주어진 몫보다 더 많이 발언하면서 다른 사람들도 이야기하고 싶은 욕구를 갖고 있다는 사실을 모르는 것처럼 보인다. 왜 이런 일이 생기는가? 수도 없이 많은 대답이 나올 수 있겠지만 그 중에서 매우 빈번하게 드러나는 세 가지 요인을 들 수 있다.

외향성과 내향성

많은 대화에 영향을 미치는 요인 중 하나는 내향적인 사람과 외향적인 사람 사이에 나타나는 대화 스타일의 차이이다. **외향적인 사람**들은 생각을 쉽게 입 밖에 낸다. 그들은 말을 함으로써 중요한 것을 인식하고 결정을 내린다. 상황에 대한 의견을 말해달라는 요청을 받으면 그들은 빠르고 자연스럽게 대답을 제시한다. 반면에 **내향적인 사람**들은 말하기 전에 생각하는 태도를 가진다. 그 결과 그들은 빨리 대답하지 못하거나 요청을 받을 때까지 자신의 아이디어를 공유하지 않고 기다린다. A 리더들이 그룹이 가진 잠재력을 제대로 활용하기 위해서는 대화에서의 이러한 성향을 고려하고 조화시켜야 한다.

내향적인 사람이나 외향적인 사람 모두 똑같이 말할 기회를 가지게 하기 위해서는 **돌아가면서 말하기**_taking turns talking_ 방식을 이용하는 것이 좋다. 이것은 연습과 인내가 필요한 대화 질서이다. 방법은 다음과 같다. 생각해야 할 사안, 주제, 결정을 제안한다. 그리고 사람들에게 모든 사람의 생각과 느낌을 듣고 싶기 때문에 **돌아가면서 말하기** 방식을 이용할 것이라고 밝힌다. 자신의 차례가 되면 모두가 어떤 이야기이든 해야 한다. 할 말이 없으면 '통과'라는 말이라도 해야 하는 것이다. 모두가 한 번씩 이야기할 때까지는 아무도 두 번 이야기할 수 없다. 이 방법은 통상 회의실에 있는 사람 중 4분의 3의 지지를 얻는다. 나머지 지지하지 않는 사람들은 이 방법이 진행 속도를 늦춘다고 느낄 것이다. 진정으로 경청을 하게 될 때까지는 말이다. 경청을 시작하게 되면 그들 역시 **돌아가면서 말하기**의 혜택을 경험하게 될 것이다.

토킹 스틱Talking Stick은 사람들에게 **돌아가면서 말하기**를 장려하는 데 이용할 수 있는 도구이다. 아메리카 원주민들은 이를 '공평하고 공정한 경청의 수단으로' 수 세기 동안 사용해왔다. 중요한 문제가 논의되고 있을 때 토킹 스틱을 사용해 누가 이야기할 차례인지 표시한다. 발언을 마친 사람은 토킹 스틱을 옆 사람에게 넘기고, 그 토킹 스틱을 가지게 되는 사람에게 직접 이야기를 하고 다른 사람들로부터 경청의 대상이 될 수 있는 권리를 부여한다. 우리는 정부 지도자에서 여성 종교 지도자, 경영자, 간호사에 이르기까지 다양한 그룹에서 토킹 스틱을 이용했다. 이러한 모든 상황을 통해, 참가자들은 토킹 스틱이 중요한 대화 그리고 심지어 논쟁의 소지가 많은 대화에 모두를 적극적으로 끌어들이는 중요한 도구라는 것을 발견했다.

좌뇌 활동과 우뇌 활동의 포용

우뇌 및 좌뇌 선호는 대화와 작업 스타일에서 차이를 빚는 두 번째 원인으로 뇌반구 우세성이라고 알려져 있기도 하다. 언어를 관장하는 왼쪽 두뇌(좌뇌)는 신형직이고 연속직으로 사물을 서리한다. 반면에 오른쪽 두뇌(우뇌)는 시각적인 성향을 가지며 정보를 직관적, 전체주의적, 무작위로 처리한다. 예를 들어 활동 계획이나 시간별 스케줄 작성은 주로 좌뇌의 활동인 반면, 디자인이나 놀이는 우뇌의 활동이다. 대부분의 인간 활동에는 두뇌의 양쪽 반구 모두가 관여한다. 그리고 모든 건강한 사람들은 양쪽 두뇌를 정기적으로 사용한다. 하지만 글을 쓸 때 주로 사용하는 손이 있듯이 우리 대부분은 선호하는 혹은 지배적으로 사용하는 두뇌 반구를 가지고 있다.

A 리더십은 모두를 전적으로 포괄하고 참여시키기 위해 좌뇌와 우뇌 활동을 조화시켜 두뇌 전체의 사고를 촉진한다. 헌터 더글라스 윈도우 패션 부서는 전략 기획 회의 중 하나에서 이러한 활동을 했다. 참가자들은 비전 선언문을 문서로 작성(좌뇌 활동)하고 그것을 노래와 그림, 촌극으로 표현(우뇌 활동)했다. 활동의 조합은 사람들의 상상을 가속시키고 비즈니스와 관련된 혁신을 촉진한다. 한 그룹은 해돋이든 석양이든 산이든 바다든 사람들이 원하는 것을 볼 수 있는 '가상 윈도우 커버'를 재미있게 그렸다. 다른 그룹은 여기에 자극을 받아 빛과 열기와 시간의 변화에 따라 자동으로 반응하는 '스마트' 윈도우 커버의 개발을 적극적으로 제안했다. 한 사람의 활동이 다른 사람에게 정신적인 비료가 되듯이 우뇌와 좌뇌 반구 활동의 융합은 창의성과 혁신을 활성화한다.

언어의 다양성

많은 상황에서 작용하는 세 번째 요인은 사람들이 쓰는 다양한 언어와 관련이 있다. 당신이 사용하는 비즈니스 언어가 무엇이든 오늘날에는 당신과 다른 모국어를 쓰는 사람들과 일하는 것이 대단히 흔한 일이다. 오늘날 우리가 일하는 글로벌 업무 환경에서 이것은 고객은 물론 직원에게도 해당되는 문제이다. 대화를 편하게 하기 위해서는 자료를 다양한 언어로 바꾸거나 통역을 제공하거나 다양한 언어로 업무를 수행해야 한다.

몇 년 전 뉴멕시코의 한 아메리카 원주민 호텔과 카지노에 컨설팅을 하는 과정에서 직원들이 갖고 있는 다양성 때문에 뜻밖의 어려움을 겪었다. 우리는 '고객 서비스의 탁월성'을 주제로 이틀짜리 에이아이 서밋을 다섯 차례 기획하고 진행 중이었다. 천 이백 명의 종업원 모두가 이 다섯 개의 서밋 중 하나에 참석하도록 초청되었다. 모든 사람을 포괄하고 환영하는 분위기를 만들려고 했던 우리는, 먼저 자료를 스페인어로 번역하고 다음으로 우리 팀에서 스페인어를 하는 퍼실리테이터를 확보함으로써 영어와 스페인어를 하는 종업원들의 편의를 도모하기로 계획했다. 그렇지만 우리는 모국어가 중국어인 중국인 주방장과 그의 조리 팀, 주방 직원들을 위한 조치를 하지 못했다. 중국인 직원들이 첫 번째 서밋에 참여했지만 우리는 그들의 참여를 받을 준비가 되어 있지 않았다. 우리는 그들에게 문화적으로 사려 깊지 못했던 우리의 실수를 사과하고 일주일 뒤 다음 회의에 참석해 달라고 부탁했다. 그들은 그 부탁을 받아들였다.

우리는 재빨리 중국인 동료에게 연락해서 서밋 동안 중국인들을 위한 통역을 해달라고 부탁했다. 중국인 직원들의 참여는 회의에 큰 자극과 에너지를 불러 왔다. 전체 그룹 보고에서 통역자는 그들의 아이디어를 영어로 통역해서 소개했고 전체 그룹의 요청으로 중국인 참가자들은 그들의 아이디어를 중국어로 이야기했다. 스페인어 사용자들도 마찬가지였다. 결과적으로 문화적으로 풍성한 분위기가 형성되었고 모두가 편안하게 자신의 아이디어와 생각과 느낌을 말하고 직장의 미래를 만드는 데 참여할 수 있게 되었다.

당신이 어디에 있든 당신의 오늘 목표가 무엇이든 다른 사람들을 참여시키고 대화의 차이를 조정하고 경청하는 방법을 찾는 것은 중요한 일이다. 그렇게 함으로써 당신은 혁신을 독려하고 모두가 받아들일 수 있는 세상을 만드는데 기여하게 될 것이다.

포용의 범위를 넓히다: 에이아이 서밋Appreciative Inquiry Summit

빠르게 변화하는 오늘 날의 환경에서 긍정적인 변화를 가속하는 능력은 성공을 결정하는 중요한 요소이다. 이는 조직이 반드시 포용의 범위를 넓힐 수 있어야 한다는 것, 즉 수백 또는 수천 명의 다양한 사람들을 그들이 공유하는 미래에 대한 대화에 참여시키고 결과를 얻어낼 수 있어야 한다는 것을 의미한다. 에이아이 서밋은 광범위한 긍정적 변화를 이끌어내고, 사람들이 가장 바라는 미래를 함께 만드는 데 사람들을 신속하고 적극적으로 참여시키며, 급진적인 포용을 통해 혁신을 가속화하는 강력한 방법이다.

에이아이 서밋은 보통 이틀에서 나흘이 걸리는 프로세스로 조직이나 공동체의 모든 이해관계자가 함께 (1) 자신들의 공동 핵심 역량과 강점을 발굴하고, (2) 긍정적인 변화를 위한 가능성을 찾아내고, (3) 조직이나 공동체 시스템과 구조, 전략, 문화에 대한 바람직한 변화를 디자인하고, (4) 변화를 실행에 옮기고 지속하도록 한다. [미주5] 에이아이 서밋은 Hewlett-Packard, The United Way, The Environmental Protection Agency, The University of Virginia Health System, The Sisters of the Good Shepherd를 비롯한 세계적인 기업과 비영리 조직, 정부 기관, 의료 기관, 종교 단체에서 사용되고 있다.

미래에 대해 이해관계를 가진 모든 사람을 동시에 하나의 대화에 참여시킴으로써 전례 없는 협력적 활동이 나타난다. McDonal's Central Division의 총괄 매니저이자 부사장이었던 필립 A. 그레이Philip A. Gray는 이렇게 말했다. "에이아이 서밋은 '전 시스템'을 참여시키고, 관계를 정립하고, 모든 사람의 합의를 이끌어내며, 결과를 도출시킨다." [미주6] 에이아이 서밋은 포용의 범위를 확장하는 강력한 수단이다.

역량 강화: 개발을 위한 자원

〈표 5-2〉

포용: 주요 실천방안 요약	
	주요 실천 방안
개인적	• 당신의 내적 대화를 확장하라 • 평등한 경쟁의 장을 만들라
일대일	• 초대장을 보내라 • 어울리지 않는 짝을 만들어라
팀이나 그룹	• 가능할 법 하지 않는 참여를 끌어들여라 • 대화의 불평등을 조정하라
전체 조직이나 지역 사회	• 에이아이 서밋

참고문헌

- "The Appreciative Inquiry Summit", James D. Ludema, Diana Whitney, Bernard J. Mohr, Thomas J. Griffin, San Francisco: Berrett-Koehler, 2003.
- "The Inclusion Breakthrough: Unleashing the Real Power of Diversity", Frederick A. Miller and Judith H. Katz, San Francisco: Berrett-Koehler, 2002.
- "The Power of Collective Wisdom and the Trap of Collective Folly", Alan Briskin, Sheryl Ericson, Tom Callanan, John Ott, San Francisco: Berrett-Koehler, 2009.
- "Social Constuction: An Invitation to the Dialogue", Kenneth J. Gergen and Mary Gergen, Chagrin Falls, Oh: Taos Institute Publications, 2004.
- "You Don't Have to Do It alone", Richard H. Axelrod, San Francisco: Berrett-Koehler, 2004.

추천 사이트

- Collective Wisdom Initiative

  www.collectivewisdominitiative.org

  이 웹사이트는 2002년 집단 지성 이니셔티브Collective Wisdom Initiative가 Fetzer Institute의 지원을 받아 만든 것으로 집단 지성이라는 최신 분야의 연구와 실천을 촉진하는데 목적을 두고 있다.

- The Taos Institute

www.taosinstitute.net

타오스 연구소는 전 세계의 가족과 공동체, 조직에서 창의적이고 감식력 있으며 집단적인 프로세스를 증진시키는 아이디어와 관행을 탐구하고 발전시키며 전파하는 일에 헌신하는 비영리 조직이다.

- United Religions Initiative

www.uri.org

종교 연합 이니셔티브URI는 2000년, 지속적으로 종파를 초월한 협력을 촉진하고 종교에 동기를 둔 폭력을 종결시키는데 전념하는 세계적 공동체에 의해 설립되었다. URI의 다양한 배경을 가진 구성원들은 이종파간의 대화와 평화 구축 기술을 개척한다. 이 조직의 핵심 원칙에는 포괄적인 멤버십, 자기 조직적 이니셔티브, 지역 단위의 자치권 등이 포함된다.

주석

미주 1 : Kenneth J. Gergen, An Invitation to Social Construction, London: Sage Publications: 2005, original edition 1999.

미주 2 : Kenneth J. Gergen & Mary Gergen, "Social Construction: A Invitation to the Dialogue", Chagrin Falls, OH: Taos Institute Publications, 2004, p. 8.

미주 3 : Diana Whitney & Amanda Trosten-Bloom, The Power of

Appreciative Inquiry, 2nd ed., San Francisco: Barret-Koehler, 2010, p. 193.

미주 4 : David L. Cooperider, "The Child as Agent of Inquiry", OD Practitioner, Vol 28, 1996, pp. 5-11.

미주 5 : "Stories and Facts: The Talking Stick", Carol Locust 박사, http://www.acaciart.com/stories/archive6.html, 2010년 2월 1일 검색.

미주 6 : James L. Ludeman, Diana Whitney, Bernard J. Mohr, & Thomas J. Griffin 추천, "The Appreciative Inquiry Summit: A Practitioner's Guide for Leading Large-Group Change" San Francisco: Berrett-Koehler, 2003.

6 장

영감 불어넣기:
창의성을 일깨워라

우리 자신 너머의 이상

마이클이 전국교회협의회의 회장 후보로 나온 것은 경력이 채 10년도 되지 않은 목사에게는 흔치 않은 일이었다. 그의 경쟁 상대는 저명하고 존경받는 성직자로 현직 전국 지도부의 지지를 받고 있었다. 지역에서 숱한 성공 기록을 쌓은 마이클도 그에 비하면 풋내기에 불과했다.

다른 교회들과 교단 전체가 쇠락하는 와중에도 그의 교회에는 신도 수가 한 번에 400명 넘게 증가했다. 그것은 누가 봐도 놀랄 만한 성장이었고, 종교적 다양성이 두드러진 지역 사회에서 얻은 성과였기에 특히 주목을 받았다. 마이클이 성직에 입문한 지 몇 년이 지났을 때, 그의 신도 한 명은 다음과 같이 말했다. "지난 20년 동안 교회에 나왔다 안 나왔다 했지만, 이제 저는 이 교회의 열성적이고 헌신적인 신도입니다. 마이클은 유능한 목회자입니다. 그는 새로운 의견을 환영합니다. 그것이 다른 사람의 의견이거나, 심지어 자기 세계관과 맞지 않을 때도요. 그는 타인을 받아들이고 그들이 꿈을 이룰 수 있도록 돕습니다."

마이클에게도 꿈이 있었다. '이 시대의 종교 a religion for our time' 라는 비전이 그를 강하게 자극했다. 수만 달러의 돈과 1년의 시간을 바쳐가면서 신의 소명에 답하고 선거에 출마한 것이 바로 그 때문이었다. "수없이 많은 사람들이 교회에서 배척당해 마음의 안식처를 찾아 헤매고 있습니다." 그가 말했다. "심적으로 굶주린 이들을 받아들일 수 있는 것은 진보적인 교리로 관용을 실천하는 우리 교단뿐입니다. 오직 우리가 우리 자신을 초월한 급진적인 방법을 동원해야만 이러한 비전을 성취할 수 있습니다. 일찍이 시도된 적 없는 방법으로, 우리 서로간에 그리고 세상과 관계를 맺는 방식을 변화시키면서 말입니다."

마이클은 이곳저곳 교회를 돌아다니며 긍정과 희망을 담은 호소로 많은 사람들을 그의 비전에 동참하도록 하였다. 그의 선거 운동은 창조적인 정신을 자극했고, 전국적으로 폭넓은 지지를 얻게 되었다. 마침내 그의 당선이 확실시되었다. 이는 교단의 미래를 위한 신도들의 분명하고도 강렬한 요구이자, 영감 불어넣기inspiration 의 힘을 증명하는 사건이었다.

영감 불어넣기란 사람들로 하여금 지금보다 더 나은 상태를 추구하도록 하는 용감한 권유이다. 그것은 삶에 새로운 가능성을 불어넣고, 위기 한가운데에서도 희망을 주며, 사람들이 정신을 차리고 나아갈 길을 찾게 해준다. 이전에는 생각지 못했던 행동과 혁신을 촉구한다. A 리더십은 영감의 긍정적인 힘을 활용해 희망과 꿈, 이상에 대한 대화와 탐구를 북돋는다. 창의력과 자신감, 미래에 대한 희망을 고취해 위대한 생각과 의지, 능력,

기술과 같은 숨겨져 있던 잠재력을 일깨운다. 필요한 자원이 모두 갖춰져 있을지라도 영감이 없으면 어떠한 변화와 발전도 일어나지 않는다. 영감은 우리 모두에게 내재된 삶의 원천을 활용할 길을 열어준다. 일상생활과 일에서 과거의 안 좋은 습관을 떨쳐내고, 혁신적이고 보다 낙관적인 방향으로 나아가도록 희망과 용기를 준다. 개인과 집단이 변화하는 데 3가지 필수 요소인 영감과 희망과 창의력은 서로 밀접한 관련이 있다.

영감은 사람들의 행동을 자극한다. 사람들이 더 나은 세상을 이루고자 노력하게 한다. 모두를 위한 헌신을 자아낸다. 자신의 꿈과 목표를 달성하고, 아울러 다른 이들의 소원 성취를 돕기 위한 배움과 행동을 자극한다. 영감은 탁월성에 불을 지핀다. 그것은 모든 성취의 근원이다.

잠시 돌아보자. 당신이 창조적인 행동의 영감을 받았을 때를 생각하라. 누가 혹은 무엇이 영감을 주었는가? 무엇이 창의력을 일깨웠는가? 어디에서 행동에 자신감을 얻었는가? 그래서 무엇을 했는가?

우리는 모두 다른 방식으로 영감을 부여받는다. 열변을 토하는 리더를 보며, 타인의 성공담을 들으며, 더 나은 세상에 대한 비전을 공유하며, 누군가 난관을 극복하는 것을 지켜보며, 모범적인 행동을 바라보며, 또는 승리와 아름다움, 기쁨을 겪으면서 말이다. 어떤 형태를 띠든 간에 영감부여는 긍정적인 추진력을 만들어낸다. 그것은 우리를 더 나은 삶과 인간 관계, 일로 이끄는 창조적인 힘이다.

A 리더십은 무엇이 사람들에게 영감을 주는지에 초점을 맞춘다. 연구를 진행하면서 이러한 능력 면에서 높이 인정받은 리더와 지도자, 경영자들의 이야기를 수도 없이 접했다. 그들은 자신이 속한 조직의 구성원이 5명이든 50명이든 모든 구성원들을 지켜보고 경청했다. 그리하여 사람들이 어디에 관심이 있고 어디에서 자극을 받는지 알아냈다. 함께 일하는 사람들이 어디에서 영감을 받는지 연구했던 것이다.

당신 주변의 사람들이 어디에서 영감을 받는지 알고 있는가? 이 질문에는 쉽게 답할 수 있다. 그들에게 물어보라. "당신이 최고의 능력을 발휘했을 때를 생각해보세요. 어디에서 자극과 영감을 받았나요?" 아니면 지켜보라. 사람들은 영감을 받을 때 흥분과 열정, 왕성한 활기를 내뿜는다. 아니면 들어보라. "좀 느닷없지만 이렇게 해보면 어떨까?", "기발한 생각이 났는데 네가 들어줬으면 좋겠어.", "우리 한 번…" 등은 사람들이 창조적인 정신을 표출할 때 쓰는 말이다. 기쁨과 열의, 활력, 직관력, 창의력 등은 사람들이 영감을 받았을 때 내비치는 단서이다. 자극과 영감을 받은 일터에는 창조적인 협동과 시너지, 집단이 만들어 내는 지혜가 노래처럼 울려 퍼진다.

세상의 현실에 뿌리를 내려라

영감은 바깥으로 뻗어나가는 두 개의 줄기를 가진 생명나무와 같다. 하나는 사람들을 향해 뻗어나가 이들을 선함과 참됨과 아름다움으로 이끈다. 감사와 아름다움, 경외, 은혜, 사랑, 감탄에서 영감의 긍정적인 힘이

나온다. 다른 하나는 세상의 역경과 고통을 향해 뻗어나가 거기에 희망을 준다. 동정심과 더 나은 상황에 대한 두터운 믿음, 개인의 소명, 사회에 대한 헌신적인 봉사에서 영감의 긍정적인 힘이 나온다. 그것은 더 나은 삶과 시대와 세상을 위해서라면 타인과 협동해 무엇이든 해내고 마는 애정 어린 결단이다. 이 두 줄기는 어디에든 고루 스며드는 낙관적인 활력의 원천에서 뻗어 나와 우리를 일깨우고 서로 연결시키며 창의력을 증진시킨다. 모두를 위한 세상을 함께 창조하는 데 우리가 제 역할을 할 수 있도록 돕는다.

A 리더십은 독특한 눈으로 세상을 본다. 이 생명나무의 줄기가 갈라지는 곳에 서서, 세상의 선함과 아름다움과 위대함뿐 아니라 고난과 고통과 불의를 함께 바라본다. 이러한 독특한 관점 덕택에 A 리더십은 실행하는 과정에서 영감을 주는 특별한 힘을 발휘한다. A 리더십의 관점이 결코 순진한 것은 아니다. A 리더십은 세상의 현실에 뿌리를 내리고 있는 방법이다. A 리더는 동정과 헌신의 힘으로 최고의 실천 사례와 모범적인 시나리오를 모아서 이를 채택하고, 수정하고, 전파한다. 그들은 어떠한 상황도 더 나은 것으로 바꿀 수 있고, 반드시 그래야 한다는 고집스러운 신념을 갖고 있다. 다른 이들에게 힘을 보태고 영감 불어넣기와 믿음의 근원이 바로 거기에 있다.

세상의 현실에 입각한 A 리더십은 창의성을 일깨워 희망을 주고 더 나은 세상을 위해 사람들이 함께 협력하도록 유도한다. 영감이 부여된 행동은 크든 작든, 세계적이든 국지적이든 간에 모두 중요한 의미를 갖는다. 우리가 인터뷰한 사람들은 매일 주변 사람들에게서 자극과 영감을 받는다고 응답했다. 자녀를 사랑으로 돌보는 부모, '말한 것을 실천하고' 감사할 줄 아는 경영자, 예의를 갖춰 일을 부탁하는 동료, 거리에서 마주칠 때 미소와 인사를 건네는 사람들을 보면서 말이다. 작고 친절한 행동 하나하나가 사람들의 마음을 열고, 또 다른 행동에 영감을 준다.

서울대학교 의과대학의 실력 있는 교수인 신 박사는 에이아이Appreciative Inquiry 워크숍에 참석해 자신이 '약간의 조직개발 경험'을 갖고 있다고 소개했다. 그는 다른 무엇보다 낙관적이며 관계적relational인 에이아이 변화 접근법에 대해 무척이나 알고 싶어 했다.

나중에 그의 이야기를 더 듣고 나서야 우리는 그가 무엇에서 영감을 받았는지 알 수 있었다. 그는 1970년대 젊은 대학원생 시절에 민주화 운동에 관여했다. 더 나은 조국을 위해 뭔가 해야 한다는 신념과 이 경험이 그로 하여금 민주화 운동에 뛰어들게 했다. 그는 민주 정부 수립이라는 원대한 목표 아래 14년 동안 운동을 계획하고, 지도하고, 조정하고, 서로 다른 배경과 신념을 가진 사람들을 한데 모았다.

이런 그가 무엇 때문에 에이아이를 배우러 왔을까? "한국은 정치적 이데올로기로 분단된 유일한 국가입니다." 그가 말했다. "영원히 이 상태로 남을 수는 없습니다. 언젠가 남북한은 통일될 것입니다. 그 날이 오면, 지금 우리보다 더 유능한 사람들이 필요할 것입니다. 하나로 뭉쳐야 합니다. 서로를 경청하고, 우리의 차이점을 초월하는 폭넓은 시각을 가져야 합니다. 그런 날이 오는 것에 대비해야 합니다. 도움을 줄 수 있는 능력을 지금 당장 키워야 합니다."

긍정적인 사람이 되는 것은 당신의 선택이다

A 리더십은 선택이다. 이는 일상생활과 일에서 왕성한 긍정성energeti-cally positive을 갖고 매사에 임하는 것이다. [미주1] 세상의 역경을 보고, 경험하고, 깨달으면서 A 리더십은 선(善)을 위한 낙관적인 힘으로 변모한다. 올바른 길을 발견하여 실천하고, 더 나은 세상을 위한 집단지성을 촉진하며, 미래의 희망에 영감을 불어넣는다.

어느 날 밤, 체로키족 노인이 사람들 몸 안에서 일어나는 싸움에 대한 이야기를 손자에게 들려줬다. "애야, 우리 몸 속에는 두 마리 늑대가 싸우고 있단다. 하나는 못된 녀석이야. 화, 시기, 질투, 슬픔, 후회, 욕심, 건방, 자책, 죄의식, 분노, 열등감, 거짓, 오만, 우월감이지. 다른 하나는 착한 녀석이야. 기쁨, 평화, 사랑, 희망, 고요, 겸양, 친절, 자비, 공감, 아량, 진실, 동정, 신념이지."

그 말을 들은 손자는 잠시 생각에 잠겼다. 그리고 할아버지에게 물었다. "둘이 싸워서 누가 이기는데요?"

할아버지가 웃으며 답했다. "네가 먹이를 준 녀석이지."

긍정적인 사람이 되는 것은 당신의 선택이다. 그것은 자신의 재능을 어떻게 쓰느냐에 달렸다. 당신이 손에 칼을 쥐고 있다고 해보자. "이 칼은 긍정적인가, 부정적인가?" 이 질문의 답은 칼에 내재된 고유의 속성이 아니라 그것을 사용하는 방법에 달렸다. 남을 해치는 데 칼을 사용하면, 그 것은 부정적인 효과이다. 야채를 다져 영양가 있고 맛있는 식사를 준비하 는 데 칼을 사용하면, 그것은 긍정적인 효과이다.[미주 2] 따라서 이 질문의 답 은 인간의 잠재력에 달렸다. 긍정적인 리더는 자신과 타인의 잠재력을 활 용해 삶의 가치를 높이고, 일상생활과 일에 좋은 변화를 가져온다.

일상생활과 일에서 긍정적인 사람이 되면 당신의 관점과 행동도 변한 다. '두 마리 늑대Two Wolves' 이야기가 그러한 교훈을 담고 있다.

저는 어머니에게서 긍정의 힘을 처음 경험했습니다. 어머니는 항 상 저의 성공을 믿어주셨죠. 학교 성적이 안 좋았을 때에도 괜찮다고 하셨어요. "너는 훌륭한 사람이 될 거란다. 의사가 될 수도 있고, 인 도를 떠나 미국에 갈 수도 있어." 한편 아버지는 이렇게 말씀하셨습니 다. "넌 아무 짝에도 쓸모없는 놈이야. 성적이 오르지 않으면 극장에서 표나 팔게 될 거다." 아버지는 저를 공포로 몰아넣었지만, 어머니는 사랑을 주셨어요. 어머니가 주신 긍정의 힘이 아니었다면 저는 오늘 이 자리에 서지 못했을 겁니다. 전 아버지 대신에 어머니의 말씀을 들었어요. 거기에서 분명한 진정성과 사랑이 느껴졌기 때문입니다. 어머니는 단지 말로만 대단한 사람이 되라고 하신 게 아니었어요. 여 러 가지 방법으로 표현하셨죠. 저는 어머니를 실망시키고 싶지 않았 습니다. 제가 미국에 왔을 때 손에 쥔 것은 고작 250달러였습니다. 돈이 많아서 쉽게 성공할 수 있었던 게 아닙니다. 제가 성공한 것은 어머니가 저를 믿어주셨기 때문입니다.

A 리더십은 착한 늑대에게 먹이를 주어 사람들에게 자극과 영감을 부여한다. 긍정적인 태도는 사람들이 배우고 성장하는 데 적합한 조건을 제공한다. 상황이 안 좋을 때에도 보다 밝은 미래가 오리라는 자신감을 심어준다. 우리가 연구한 포커스 그룹에서 반복적으로 나온 이야기가 있다.

> 지금까지 저는 성과가 저조한 사람들을 나무라면, 방어적인 대답만 돌아올 뿐 성과는 조금도 나아지지 않는다는 사실을 깨달았습니다. 대신에 그들을 따뜻하게 대하고 필요한 교육이나 상담, 휴가를 제공하면 상황이 180도 바뀝니다. 이내 긍정적인 성과를 내기 시작합니다.
>
> 일례로, 몇 달 동안 제품을 한 개도 팔지 못한 패티가 지난달에 제게 말했어요. 해고되는 게 아닌지 두렵다고요. 많이 걱정하더군요. 제가 물었죠. "우리가 어떻게 도와줬으면 좋겠나?" 대답을 듣고 놀랐습니다. 하루 휴가를 내고 싶다더군요. 아이들을 위해 잔디밭에 그네를 설치하겠다고요. 수락해줬죠.
>
> 그 다음에 벌어진 일에 다시 한 번 놀랐습니다. 하루 휴가를 보내고 돌아온 패티는 행복해 보이고 의욕이 넘쳤어요. 그 주에 넉 달 만에 최고의 실적을 올렸죠. 만약에 제가 그녀를 나무랐다면 상황이 악화되었을 겁니다. 그녀는 사실 직장을 걱정한 게 아니었어요. 아이들과 그네를 걱정했던 거죠. 일이 문제인 경우는 거의 없습니다.

직장에서 긍정적인 사람들은 영감을 주고, 부정적인 사람들은 두려움과 긴장을 야기한다는 것이다. 이들은 긍정적인 사람의 주변에 있는 것이 좋고, 그들에게서 성공의 영감을 얻는다고 말했다. 한 일류 경영대학원의 학장은 자기 부모의 이야기를 들려줬다.

매사에 긍정적인 태도로 리더십을 실천하는 데에는 용기가 필요하다. 성과가 저조한 상황에 직면해서는 특히 그렇다. 남의 허물을 비난하고픈 충동을 버리고, 긍정적인 태도로 따뜻하게 격려하기란 쉬운 일이 아니다. 하지만 그럴 만한 가치가 있는 일임을 우리는 안다. 한 영업 담당자는 다음과 같은 이야기를 들려줬다.

사람들이 어려움을 겪고 좋은 성과를 내고 있지 못할지라도 긍정적인 태도로 도움을 주는 것이 바로 A 리더십이다. 이는 창조적인 정신을 일깨워 협동과 우수한 성과를 낳는다.

이야기 화법을 배워라

하와이 통신업계의 한 선두 기업과 일하면서, 이야기 화법talk story 이라는 개념을 알게 되었다. "유능한 교사는 학생들에게 이야기를 들려줍니다. 단순히 내용들을 늘어놓고 강의하는 게 아니고요. 하와이에서는 그걸 이야기 화법이라고 부르죠. 뭔가 중요한 내용이 있으면 이야기를 합니다. 그래야 들을 때도 더 재미있고, 기억에도 훨씬 잘 남아요. 우리 문화는 이야기 문화입니다. 우리의 모든 역사와 문화는 대대로 이야기를 통해 전해 내려 왔어요. 이야기 화법이 우리의 정체성입니다."

우리 모두는 이야기를 통해 정체성을 확립한다. 직장과 가정의 전통은 이야기의 형태로 공유되고 유지된다. 직장에서 당신의 상급자가 처음 해줬던 이야기를 기억해보라. 혹은 조부모님께서 들려주셨던 이야기나, 직장 휴게실에서 최근에 들은 이야기를 기억해보라. 이런 이야기들에서 무엇을 배웠는가? 대형 통신회사의 CEO인 이 고객은 이야기에 대해 다음과 같은 깨달음을 얻었다. "그러니까 우리의 기업문화란 우리 스스로가 자신에게 들려주는 이야기입니다. 그런데 다들 그 사실을 잊어버리지요." 그는 계속해서 이렇게 말했다. "따라서 기업 문화를 바꾸기 위해서는 우리의 이야기를 바꿔야 하는 겁니다." [미주3]

이야기는 영감을 준다. 집중과 경청, 학습을 촉진한다. 어떤 이야기는 변화를 자극하고 사람들에게 변화를 일으키려는 영감을 준다. 이야기치료사narrative therapist 마이클 와이트는 레프 비고츠키Lev Vygotsky의 연구를 인용해[미주4], 근접발달영역 안에서 일어나는 이야기가 변화를 촉발할 수 있다고 지적한다. [미주5] 다시 말해, 사람들이 현재 겪고 있는 현실과 너무 비슷하거나 혹은 생소한 이야기는 그들에게 영감을 주거나 행동을 자극하지 못한다. 현실과 비슷한 이야기는 새로운 이상을 제시하거나 희망을 줄 수 없고, 너무 생소한 이야기는 거부감을 일으킨다. 어느 쪽이든 사람들은 새로운 이야기 속으로 빠져들고픈 욕구를 느끼지 못한다. 반면에 A 리더십은 사람들의 가치관에 부합하는 이야기를 통해 영감을 부여한다. 그리하여 숨겨진 재능을 찾아내고, 그들을 보다 낙관적인 미래로 나아가게 한다.

한 사람의 이야기가 다른 사람의 미래를 바꾼다. 이와 같은 사실이 가장 분명하게 드러나는 예가 바로 신기술 전파 과정이다. 아이폰iPhone 사용자들이 좋은 예다. 공항과 식당, 호텔 로비 등은 이곳저곳 돌아다니며 이야기를 나누고, 자신이 즐겨 쓰는 애플리케이션을 내보이는 이들로 가득하다. 이야기를 전해들은 사람은 새로 알게 된 애플리케이션을 써보게 마련이다. 또 다른 예로, 동시에 PC에서 맥Mac으로 전환한 두 친구를 생각해보자. 두 사람은 정기적으로 서로가 알아낸 것에 대해 이야기를 나눴다. 한 사람은 연구 끝에 몇 가지 단축키를 발견했다. 이제 두 사람 다 그것을 알고 사용할 수 있게 되었다. 다른 사람은 달력 기능을 알려줬고, 친구도 그것을 쓰기 시작했다. 다른 사람의 성공담으로부터 배우는 것은 재미있을 뿐 아니라 혼자 애쓰는 것보다 훨씬 간편한 방법이다.

다른 사람의 이야기를 듣는 것은 가능성에 대한 인식을 넓혀주고, 불확실성에 대처하는 자신감을 키워준다. 개인이나 집단이 우리가 하려는 일에 성공했다는 사실을 알게 되면, 자신들도 같은 것을 할 수 있다는 희망이 생긴다. 대담한 꿈이 영감으로 피어오르고, 두려움 없이 모험에 뛰어들 수 있게 된다. 다른 사람들의 이야기는 공적인 일뿐만 아니라 사적인 측면에도 영감을 준다.

의사에게 골육종에 걸렸다는 말을 들었을 때, 캐런Karen의 인생에는 어두운 그림자가 드리우는 듯했다. 당시 겨우 24살이었던 그녀는 그때처럼 절망적이었던 적이 없었다. 무슨 생각을 해야 할지, 무엇을 해야 할지도 몰랐다. 이후 몇 주 동안 많은 사람들이 그녀를 찾아와 자신이 병에 걸렸을 적의 이야기를 들려줬다. 그들의 이야기에서 그녀는 많은 위안을 얻었다. 무엇보다 그들이 어떻게 건강을 되찾아 다시 행복하고 생산적인 삶을 살게 되었는가에 대한 이야기가 가장 큰 영감과 희망을 줬다. 시간이 지나자 자신도 그렇게 될 수 있다는 믿음이 생겼다. 병에서 회복한 사람들의 이야기는 건강한 삶에 희망과 영감을 준다. 직장에서는 성공과 생산성 향상, 협동에 관한 이야기가 높은 성과를 자극한다.

명심하라. 인간은 자신이 연구하는 것, 즉 자기 자신과 타인에게 반복적으로 하는 이야기를 통해 배우고, 성장하고, 움직인다는 것을.

당신 주변에서 들리는 이야기들을 떠올려보라. 당신이 속한 팀이나 조직, 사회에서 어떤 이야기가 들리는가? 사람들이 어떤 이야기를 했으면 좋겠는가? 이 장을 읽으면서 마음속에 그려보라. 무엇이 사람들에게 보다 낙관적이고 희망찬 이야기를 하도록 영감을 줄 수 있을까?

칭찬은 뛰어난 성과의 원동력이다

영감의 끝없는 샘터인 칭찬 appreciation[역주1]은 많은 조직과 사회에서 제대로 활용되지 못하고 있다. 한 대형 의료센터의 3개 부서 직원들에게 직장에서 원하는 것이 무엇인지 물어봤다. 이들은 자신의 가치를 인정받고 싶다는 한결같은 대답을 했다. 사람들은 자기 자신과 자기가 하는 일에 대해 인정받고 싶어 한다.

한편 수많은 리더와 경영자들은 그러한 칭찬이 자기 일이 아니라고 생각한다. 이런 말을 들어보지 않았는가? "그들이 해야 할 일을 했을 뿐인데 왜 내가 거기에 고마워해야 하지?" 직장에는 이런 낡은 가치관이 아직도 깊게 뿌리박혀 있다. 이와 같은 시각은 직원들의 사기를 꺾고, 구성원들을 비인간화하며, 창조적인 정신을 저해한다.

A 리더십은 칭찬에 인색하지 않고 너그럽다. 진심 어린 격려의 한마디

는 긍정적인 변화를 이끌어낸다. 한 조사그룹 참가자는 다음과 같은 경험을 들려줬다.

이 이야기에서처럼, 사람들의 가치를 인정해주면 결과적으로 그들의 가치가 더 높아진다. 마음에서 우러나오는 칭찬은 그 효과가 아주 오랫동안 지속된다.

정기적으로 동료들끼리 칭찬하는 시간을 갖는 것은 높은 성과를 지향하고 긍정적인 힘을 분출시키는 또 다른 방법이다. 우리는 연구를 진행하며 여러 가지 창의적인 의견을 들었다. 그 중 직장에 쉽게 적용할 수 있는 두 가지를 소개한다.

우리가 연구한 모든 포커스 그룹에서, 독창적이고 뜻 깊은 방법으로 인정을 받은 후 많은 자극과 영감을 받았다는 이야기를 들을 수 있었다. 일확천금이나 특진에 대한 영감을 말하는 것이 아니다. 사람들은 자신이 얼마나 놀랍고 독창적인 칭찬을 받았는지 이야기했다. 독창적인 칭찬이 높은 성과를 낸다는 것은 분명한 사실이다. 공식적이든 비공식적이든 간에, 독창적인 방식의 칭찬일수록 마음속에 더 깊이 기억된다. 또한 긍정적인 힘의 효과도 더 강하다.

- '짱이야kudos'라는 코너를 만들었어요. 매주 직원회의에서, 그 주에 직무 이상의 모범을 보인 사람들을 각자 추천합니다. 회의에서 그들에게 공식적으로 감사를 표하고, 회의가 끝나면 개인적으로 고맙다고 말해요. 놀랍게도 회의 시간이 아닐 때도 무의식적으로 칭찬을 하게 되더군요. 전보다 훨씬 자주요.
- 부서마다 입사기념일을 챙겨줍니다. 누군가의 기념일이 가까워지면 카드를 돌려요. 각자 이름을 적고, 그 사람에 대한 칭찬의 말을 써줍니다. 기념일이 되면 모두 모여요. 각자 자기가 쓴 칭찬의 말을 읽고, 그 카드를 건네줍니다. 이런 전통 덕분에 부서별로 정말 협동이 잘되고, 다 함께 회사에 더 잘 기여할 수 있어요.

여자 소프트볼 코치인 숀의 사례가 이러한 사실을 보여준다. 시즌 마지막 날에 그는 팀원 전체를 소집해 시상식을 했다. 각 팀원이 하나씩 상을 받았다. 그는 시즌 통계에 대한 분석을 바탕으로 재밌으면서도 뜻있는 이름의 상들을 만들어냈다. 전체 타율이 가장 높은 케이티는 '강타자Slugger' 상을 받았다. 가장 많은 안타를 친 스테파니는 '끈기Steady' 상을 받았다. 가장 인상적인 상은 한나에게 돌아갔다고 해야 할 것이다. "한나는 팀에 처음 들어왔을 때 소프트볼을 한 번도 해본 적 없는 상태였습니다." 숀이 말했다. "이렇게 될 줄 누가 알았겠습니까. 두 번째로 높은 타율과 출루율을 기록했어요. 외야수로도 포구와 송구에서 꾸준한 능력을 보여줬죠." 이러한 업적으로 그녀는 '올해의 신인Rookie of the Year' 상을 받았다. 그녀가 팀의 유일한 신참이었지만 무슨 상관인가? 숀은 그녀의 능력을 인정했고, 팀의 성공에 가장 크게 기여한 선수로 그녀를 추켜세웠다.

A 리더십은 인정을 통해 가치를 표현하고 강화한다. 사람들은 감사와 칭찬으로부터 영감을 받는다. 많게는 아니지만 우리 모두는 실제로 이를 실천하고 있다. 이런 것도 인정이다. "잘하고 있습니다. 계속 수고해 주세요." 칭찬은 기대를 설정하고 당신이 무엇을 가치 있게 생각하는가를 사람들에게 알려준다. 당신이 감사하고 칭찬하고 포상하는 것을 보며, 사람들은 당신이 중요하게 여기는 것이 무엇인지 깨닫는다. 더 나아가 거기에 맞춰 행동해야겠다는 영감을 얻는다.

모리스 모넷Maurice Monette과 제프 잭슨Jeff Jackson이 이에 대한 좋은 예를 보여준다. 결혼기념일 20주년을 앞둔 이들은 에이아이 접근법을 활용해 이제까지 살면서 가장 좋았던 것과 앞으로 미래에 원하는 것이 무엇인지 생각해봤다. 그 과정에서, 그들이 한 봉사활동에 가장 큰 영감을 준 것이 바로 그들의 결혼관계였다는 사실을 깨달았다. 둘이 지역사회에 기여한 것은 혼자서는 결코 이룰 수 없는 것이었다. 그리고 어떻게 하면 다른 이들에게도 같은 영감을 줄 수 있을까 고민한 끝에, '2×2 세계 재창조 상2×2 Re-create the World Award' 역주3을 만들었다. 이 부부가 운영하는 지도 및 자문 기관인 바야르타 연구소Vallarta Institute는 매년 '두 사람의 힘the power of two'을 보여준 이들에게 미화 $2,222.22를 수여한다. 잭슨과 모넷은 첫 번째 시상식에서 이 상의 근본 취지에 대해 다음과 같이 설명했다. "우리는 이 작은 상이 사람들에게 자극과 영감을 주기를 바랍니다. 두 사람의 힘으로 세상에 긍정적인 변화를 일으킬 수 있음을 깨닫고 몸소 보여준 다른 분들께 감사하고 싶습니다."

올해로 이 시상식도 5회째를 맞이했다. 그동안 다음과 같은 사람들이 상을 받았다.

- 한 쌍의 쿠바인과 미국인 작가[미주6]: 다른 12명의 작가와 함께 "쿠바와 미국의 직장 참여 문화Cultures of Participation at Work in Cuba and the United States"[미주7]를 저술해 극심한 정치적 긴장 속에서도 풀뿌리 구조의 학술적 협력을 보여줬다.
- 에티오피아의 출산건강 전문가와 멕시코의 대학교수: 서로 만난 적은 없으나 각자의 독자적인 업적이 접점을 이뤘다.
- 칠레의 두 부부: 시골 농촌에서 리더십을 보여줬다.
- 지금은 고인이 된 멕시코의 세계적인 화가와 미술가인 그의 딸: 살던 집을 가난한 아이들을 위한 미술 및 연극 연습실로 개조해 아버지의 위업을 잇고 있다.

A 리더십은 모두를 높이 존중하고, 규칙적으로 그들과 그들의 업적을 칭찬할 방법을 모색한다. 이러한 일이 직무 설명서에 명시적으로 적혀있지는 않을지라도 이는 인간으로서 암묵적으로 마땅히 해야 할 일이다. 칭찬은 뛰어난 성과의 원동력이다. 그것은 사람들에게 최선을 다하고 공공의 선에 기여하도록 영감을 준다. 또한 육체와 감정의 건강을 증진한다. 우리가 많이 칭찬하고 인정해야 하는 7가지 이유가 〈표 6-1〉에 요약되어 있다.

많이 칭찬하고 인정해야 하는 7가지 이유

1. 인정은 사람들이 자기가 잘하고 있다는 사실을 깨닫게 해준다.

2. 인정은 당신의 가치기준을 알리고 강화한다.

3. 칭찬은 긍정적인 분위기를 만든다.

4. 칭찬하는 말은 면역기능을 강화하므로, 당신의 건강에 좋다.

5. 칭찬은 받는 사람의 건강에도 좋다.

6. 인정은 안도감을 형성한다.

7. 칭찬은 모험정신과 실험정신을 자극한다.

* 참고: recognition, appreciation, compliment, gratitude, praise, acknowledgment가 모두
  칭찬, 인정, 감사 등 비슷한 의미로 쓰이고 있어 문맥에 따라 어색하지 않게 옮겼다.

매주 칭찬 리스트appreciation checklist를 만들어 사용하라. 지금 이 순간 당신이 칭찬하고 싶고 고마움을 느끼는 사람들의 목록을 적어라. 친구든 동료든 가족이든 관계없다. 그들의 어떤 점이 좋은지 그리고 그들에게 칭찬과 감사의 말을 언제 전할지도 적어두라.

영감을 주는 데는 용기가 필요하다. 미래에 대한 당신의 희망과 꿈을 마음에 그리고 현실로 옮겨라. 칭찬은 하나의 용감한 실천이다. 그것은 세상

사람들에게 당신이 중요하게 여기는 것이 무엇인지를 알게 해 준다. 그리고 그들로 하여금 이러한 중요한 가치를 실현하도록 영감을 준다.

비전을 가진 생동감

- 뚜렷하지 않은 비전은 결코 비전이 아니다.

A 리더십은 조직과 사회 전체에 비전을 가진 생동감visionary liveliness을 창출한다. 성경의 잠언서에도 적혀 있듯, '사람들은 비전이 없으면 살지 못한다.' [미주 8, 역주 2] 건강한 집단과 조직, 사회의 생명을 유지하는 것은 구성원들이 공유하는 미래의 비전이다. 비전, 즉 매력적인 미래상compelling images of the future은 구성원들에게 긍정의 가능성을 느끼게 하고, 삶에 의미를 부여하며, 행동의 방향을 바로잡는다. 비전과 꿈과 긍정적인 목적은 한번 표출되고 나면 목적을 달성하는 길을 스스로 찾아낸다. 비전을 가진 생동감은 보다 나은 미래를 위한 행동을 자극하고, 긍정적인 변화로 가는 길을 가르킨다.

한 명 혹은 여러 명의 리더가 어떤 비전을 꿈꾸고 있을 때, 중요한 것은 비전 그 자체가 아니라 그 비전이 변화를 일으키는 조직 내부를 통해 움직이는 방식이다. 그것이 구성원들의 대화와 인간 관계, 업무에 스며들어 얼마나 깊은 생동감을 불러일으키는가 하는 것이 관건이다. 아래 이야기를 보면, 하나의 간단하고도 분명한 비전이 직원과 고객들에게 얼마나 크고 긍정적인 변화를 줄 수 있는지 알 수 있다.

퀘스트 통신회사Qwest Communications의 직원들은 사기가 바닥인 상태였다. 회사가 수십억 달러의 부채에 시달리는 데다가, 전임 임원진 일부는 범죄수사를 받고 있었다. 사복으로 출퇴근하고 업무 중에만 회사 유니폼으로 갈아입는 기술자가 많을 정도로 구성원들의 수치심과 당혹감은 극에 달했다. 새로운 비전과 자부심, 가시적인 변화의 필요를 인식한 신임 CEO는 이렇게 선언했다. "우리가 과거를 바꿀 수는 없습니다. 오로지 미래를 놓고 싸워야 합니다." 그는 하나의 간단하고도 의미심장한 비전을 제시했다. 바로 고객이 최우선이라는 것이었다. 그는 회사 브랜드명을 '고객을 섬기는 마음Spirit of Service'미주9으로 새롭게 정하며, 직원들에게 다음과 같이 당부했다. 고객의 눈으로 세상을 보라. 고객의 관심사에 대한 주인의식을 가져라. 책임을 남에게 전가하는 대신에 고객과 친밀한 관계를 쌓으라. 그리고 고객의 요구에 맞추기 위해서라면 무엇이든 해도 좋다고 허락했다. 구성원들은 처음에 회의적이었고, 심지어 비웃기까지 했다. 하지만 그는 물러서지 않았다. 그는 모든 공식적인 자리에서 '고객 중심customer focus'이라고 언급했다. 높은 고객 봉사정신을 보여준 구성원을 칭찬하고 그러한 이야기를 들려주기도 했다. 그러자 사람들이 일상적인 업무에서 그의 이상을 조금씩 받아들이기 시작했다. 대부분이 새로운 환경에 잘 적응했고, 자신의 일과 직장에 대한 자부심을 갖게 되었다. 1년도 지나지 않아, 수천 명의 구성원이 회사 상표가 박힌 옷을 100만 달러어치나 구입했다. 정말로 변화가 일어났다. 2년 후에는, JD 파워J.D. Power and Associates: 미국의 유명 소비자 만족도 조사기관에서 이 회사의 기술자들이 동종 업계 중 가장 높은 소비자 만족도 평가를 받았다고 발표했다.

사람은 비전을 필요로 한다. 다행인 것은 변화를 만드는 것이 반드시 당신 자신의 비전일 필요가 없다는 점이다. 그 비전은 당신만의 비전일 수도 있고, 다른 사람과 공유하는 것일 수도 있다.

집단적으로 형성된 비전은 몇 사람이 위에서 정해서 나머지에게 하달한 비전보다 행동에 더 강한 추진력을 제공한다. 마틴 루터 킹 주니어Martin Luther King, Jr.와 미국 대통령 빌 클린턴William Clinton은 리더십을 내가 섬기는 사람들이 가장 간절히 원하는 미래를 지향하는 것이라고 정의했다. 그런 이유에서 이들이 보여준 리더십 방식은 종종 '행진하는 군중을 찾아 맨 앞에 서기Finding a parade and getting in front of it'라고 표현되곤 한다.

시스터즈 오브 더 굿 쉐퍼드의 신생 중북아메리카지구Province of Mid-North America, PMNA 지도부도 그와 같은 이상을 따르고 있다. 그들은 4개의 지역구를 통합한 후에 인터뷰와 대화를 통해 650여 명의 의견을 수렴하면서 에이아이 접근법을 활용했다. 그 결과 모두의 뜻이 모인 매력적인 이상과 사명, 성문화된 강령이 만장일치로 정해졌다. [미주 10] 그리하여 그들은 250여 명의 수녀와 그 지도부 그리고 간사들로 구성된 공동체 속에서 이상적인 생동감을 생생히 느낄 수 있었다.

사람들이 자극과 영감을 받을 때의 느낌 그리고 조직 내에 창조적인 정신이 살아서 번성할 때의 느낌을 당신은 잘 알 것이다. 비전을 가진 생동감은 흥분되고 신나는 느낌이며, 생산성을 향상시킨다. 당신은 리더십의 공백 때문에 그것이 사라질 때의 느낌 또한 잘 알 것이다. 한 포커스 그룹 참가자는 다음과 같은 이야기를 들려줬다.

거의 5년 동안 깡패 한 명이 회사를 주름잡고 있었어요. 이 CEO 는 만나는 사람마다 움츠러들게 하는 폭군이었죠. 잘했다고 하는 법이 없었습니다. 아무도 그가 화내고 흠잡을 것이 두려워서 뭔가를 시도하거나 새로운 의견을 낼 엄두를 못 냈어요.

그의 퇴임 소식이 전해지자 직원들은 환호했어요. 그리고 새 리더가 왔습니다. 그는 호감이 가긴 했지만, 시큰둥한 사람이었어요. 회의 중에 꾸벅꾸벅 조는 장면을 심심찮게 볼 수 있었죠. 직속 사원들이 그에게 보고를 해야 할 때도 아무런 긴장이 되지 않았어요. 밭에 잡초가 자랄 지경이었죠. 부서 간 이기주의가 자라났으며 사기가 그때처럼 낮았던 적이 없어요. 이상도 없고 뭐 하나 하는 일도 없었던 그 사람은, 오랫동안 우리를 짓눌렀던 불같은 리더만큼이나 회사에 진을 빼놓았습니다.

A 리더십은 미래의 희망과 꿈에 대한 질문과 대화로 사람들과 직접 마주해 비전을 가진 생동감을 불러일으킨다. 그 과정에서 이상, 즉 매력적인 미래상이 떠올라 창조적인 정신을 일깨우고, 희망을 불어넣으며, 영감적인 행동을 이끌어낸다. 아래 이야기는 공유된 비전 혹은 매력적인 미래상이 한 집단에게 경쟁을 뛰어넘는 창조적인 협동이 발판을 제공한다는 사실을 알려준다.

매력적인 비전compelling vision의 조건은 무엇인가? 비전을 가진 생동감을 자극하는 것은 무엇인가? 데이비드 쿠퍼라이더David Cooperrider는 교육학, 약학, 체육학, 사회학 등의 연구결과를 모두 아우르는 자신의 기념비적인 저작 "긍정적인 이상, 긍정적인 행동Positive Image, Positive Action"에

서, 긍정적인 미래상이 긍정적인 행동에 자극과 영감을 준다고 결론지은
바 있다.

한 대형 제약회사의 인사관리 지도부가 새로운 팀을 구성하고자
한데 모였다. 부서 책임자 한 명과 이사 5명은 회의를 시작하면서 이
야기를 나누다가 각자 인생의 최고의 순간 그리고 미래의 꿈에 관해
이야기하게 되었다. 모두가 자신의 꿈을 말하고 나서, 회의실에는 깊
은 정적이 흘렀다. 이사 5명의 꿈이 전부 같았던 것이다. 바로 인사관
리 부서의 책임자가 되는 것이었다. 처음에는 다들 당황했다. 어쨌든
책임자 자리는 하나밖에 없었고, 현 책임자는 아직 물러날 때가 아니
었다. 그가 은퇴한다고 해도 그 자리에 오를 수 있는 것은 단 한 명뿐
이었다. 그들이 내심 가졌던 경쟁심이 겉으로 드러나는 순간이었다.

그런데 언뜻 불가능해 보이는 현실에 대해 진솔한 이야기를 나누
던 도중 뇌리를 스치는 것이 있었다. 그들 모두는 책임자가 될 만큼
경험이 풍부했다. 모두 책임자가 될 만한 능력도 있었다. 그리고 널린
것이 책임자 자리였다. 다른 부서에도 있고, 다른 회사에도 있었다.
3년 후에 다 함께 책임자가 되는 것을 공동의 목표로 삼으면 어떨까?
서로 경쟁할 것이 아니라 도움을 주면 어떨까? 최고의 리더십 인재들
이 모인 제약업계 최고의 인사관리 부서가 되면 어떨까? 이러한 각자
의 개인적인 꿈이 모이자 하나의 커다란 집단적인 꿈을 이룰 수 있었
다. 그들은 3년 동안 서로에게 힘이 되어 주었다. 그 결과 한 명은 자
기만의 회사를 세우는 데 성공했고, 나머지 4명은 모두 서로 다른 회
사, 다른 부서의 인사관리 책임자가 되었다.

암에서 살아남은 환자들은 … 운동선수들처럼, 이상화(理想化 : 현실을 그대로 보지 않고 이상에 비추어 보고 생각하는 일^{역주4})를 사용해 자기 몸 상태를 평상시 이상으로 끌어올린다. 고통을 겪는 사람들은 이런 식으로 몸의 불편을 조절한다. 조지 워싱턴 의료원George Washington Medical Center의 니콜라스 홀Nicholas Hall은 이상화를 사용하는 환자들이 백혈구 수치가 높고, 보조 백혈구의 기능을 돕는 호르몬이 많이 분비된다는 사실을 발견했다. 환자가 스스로 선택한 이상을 육안으로 보는 것만큼 뚜렷하게 볼 수 있는 경우에 이상화가 가장 효과적이라는 사실도 발견했다. 암에 걸린 한 아이는 크고 묵직한 회색의 덩어리를 로켓포로 쉬지 않고 '쏘는' 광경을 상상해냈다. 그리고 1년 안에 병이 나았다. ^{미주 11}

운동선수들은 오래 전부터 상상력이 인간의 능력에 결정적인 영향을 미친다는 사실을 알고 있었다. 유명 골프선수 잭 니클라우스Jack Nichlaus는 의식적으로 '완벽한' 샷의 모습을 머릿속에 형상화함으로써 경기성적을 높일 수 있었다고 한다. 실제로 그는 유능한 골퍼와 일류 골퍼의 차이가 성공을 상상하는 능력에 있다고 말했다.

저는 실전에서건 연습에서건, 머릿속에 뚜렷한 그림이 그려지지 않으면 절대로 샷을 하지 않습니다. 먼저 공을 어디로 옮기고 싶은지 떠올립니다. 녹색 잔디 위에 잘 놓인 흰색 공의 모습을요. 그리고 순식간에 장면이 바뀌어, 공이 그곳으로 날아가는 것이 보입니다. 날아가는 경로와 궤적, 모양, 착지하면서 어떻게 튀는지까지요. 이

제 눈앞이 흐려졌다가, 제가 스윙하는 장면으로 바뀌고 앞서 상상했던 일들이 현실이 됩니다. [미주 12]

다양한 예시와 연구가 보여주듯, 매력적인 이상이란 구체적이고 실제적

〈표 6-2〉

매력적인 비전의 5가지 조건

1. 바람직desired 해야 한다.

매력적인 미래상은 당신이 원하는 것이다. 당신의 비전이나 꿈, 목표가 사람들이 바라는 미래와 부합하는가? 그들의 집단적인 핵심가치와 모순되지는 않는가?

2. 포괄적inclusive 이어야 한다.

매력적인 미래상은 모든 관계당사자의 요구를 충족해야 한다. 개인과 집단의 희망과 꿈에서 한걸음 더 나아가야 한다. 당신의 비전이나 꿈, 목표가 모든 관계당사자의 희망과 꿈, 요구, 바람을 반영하는가? 다른 사람들과 공유하고 있는 미래상인가?

3. 가능한 범위believable stretch 안에 있어야 한다.

매력적인 미래상은 현재 상태는 뛰어넘지만, 가능한 범위 안에 있어야 한다. 당신의 비전이나 꿈, 목표가 현재 상태의 경계를 뛰어넘는가? 그것을 달성하는 것이 가능하다고 믿는가?

4. 협업collaboration을 요한다.

매력적인 미래상은 모두에게 속하는 것이고, 이를 실행하고 달성하는 데는 협동이 필요하다. 당신의 비전이나 꿈, 목표를 달성하는 데 다른 사람들의 도움이 필요한가? 그것이 협동을 장려하는가?

5. 창의성과 혁신creativity and innovation을 요한다.

매력적인 미래상은 현재에 대한 혁신적인 대안이다. 당신의 비전이나 꿈, 목표를 실현하는 데 창의력이 필요한가?

이며 몸과 가슴, 마음으로 느낄 수 있는 고매한 미래상images of the ideal이다. 그것은 사람들이 바라는 미래가 이미 달성된 바 있고, 지금도 가능하다는 사실을 보여줌으로써 삶에 새로운 가능성을 불어넣는다. 1마일을 4분 안에 최초로 주파한 라저 배니스터Roger Bannister의 경우가 이에 관한 대표적인 사례이다. 당시에 그것은 스포츠 역사상 가장 위대한 기록 중의 하나로 칭송받았다. 하지만 3년도 되지 않아, 같은 기록을 세운 선수가 16명이나 더 나왔다. 1마일을 4분 안에 달리는 것은 오늘날에도 여전히 놀라운 기록이지만, 보기 드문 정도는 아니다. 이는 우리 능력을 제약하는 장벽이 실제로는 심리적인 것이라는 사실을 시사한다.

〈표 6-2〉는 '매력적인 비전의 5가지 조건'을 설명한다. 당신의 전략 계획과 당신이 다니는 회사의 비전 혹은 미션진술문 그리고 당신의 개인적인 개발 계획이 얼마나 큰 영감부여의 가치를 지니는지 이를 기준으로 평가해보라.

타인에게 영감을 주는 능력을 키우려면 연습이 필요하다. 당신의 직장과 인간 관계, 업적 그리고 세상을 원하는 모습대로 눈앞에 그려보라. 가능한 한 긍정적이고 구체적인 방식으로 미래를 이상화하고 말해보라. 다른 사람들과 각자의 꿈과 희망을 공유하고, 보다 나은 세상에 대한 가장 생생하고 매력적인 비전을 함께 만들어보라.

하던 일을 5분간 멈추고, 당신의 이상세계를 꿈꿔보라. 그곳이 어떤 모습인지 눈앞에 그려보라. 무엇을 보았는지 기록하라.

매력적인 비전을 뛰어넘는 희망

A 리더십은 희망의 등불을 밝히고 개척함으로써 사람들에게 자극과 영감을 부여한다. 이는 단지 매력적인 비전보다 더 많은 것을 요구한다. 바바라 프레드릭슨 박사는 자신의 선구적인 저서 "긍정성Positivity"에서 희망을 다음과 같이 정의했다. "(희망이란) 변할 수 있다는 믿음이다. 현재 상황이 아무리 끔찍하고 불확실할지라도, 더 나아질 수 있다. 가능성은 존재한다." 미주 13 프레드릭슨의 연구는 희망을 만족과 성과 양쪽 모두와 관련 짓는다. 희망이 있는 사람은 하는 일에서 만족을 느끼고, 더 우수한 성과를 낸다. 뿐만 아니라 곤란한 상황 속에서도 자신이 목표하는 바를 달성한다.

희망은 고난과 역경, 폭력, 파괴 속에서 발생하는 복잡다단한 감정이다. 이는 사람들에게 힘을 모아 공동의 대의 혹은 목표에 정진하도록 영감을 부여한다. 삶을 다시 돌아보고, 투쟁 속에서 배움을 얻으며, 보다 낙관적인 미래를 함께 창조하도록 용기와 자신감을 준다. 루선스Luthans 교수와 아볼리오Avolio 교수는 희망에 대한 연구를 '의지력과 진행력'이라는 말로 요약한다. 미주 14 의지력will power은 매력적인 비전과 감정 자원emotional resources, 공동체의 지지community support를 필요로 한다. 진행력way power은 겉으로 드러난 진행로path forward와 구체적인 자원tangible resources을 필요로 한다. 〈그림 6-1〉에 표현된 것처럼 이 둘은 희망의 공식formula for hope에 빠질 수 없는 요소이다.

사람들은 더 나은 길을 발견하면, 그것을 성취할 방법과 거기에 기여할 방법을 알고 싶어 한다. 요컨대 그들은 진행로를 원한다. 우리가 인터뷰한 바에 따르면, 사람들은 긍정적인 진행로를 따라 걸으며 희망을 얻고 결국에는 원하는 곳에 이른다. 누군가는 다음과 같이 말했다. 구체적인 이상에서 출발해 명확한 길을 닦고 이를 따라 걸으면, 사람들은 당신이 어디로 가는지 알고 신뢰를 준다. 또 다른 사람은 이렇게 말했다. 저항 없이 변화를 이끌어내는 최선의 방법은 함께 계획을 짜고 점진적으로 일을 진행하는 것이다. 이 두 가지 접근법은 모두 남들과 진행로를 공유하는 것에는 커다란 이점이 있다는 것을 보여준다. 이는 당신을 원하는 곳에 도달하게 해주고, 신뢰를 형성하며, 긍정적인 변화를 이끌어낸다.

〈그림 6-1〉

희망의 공식

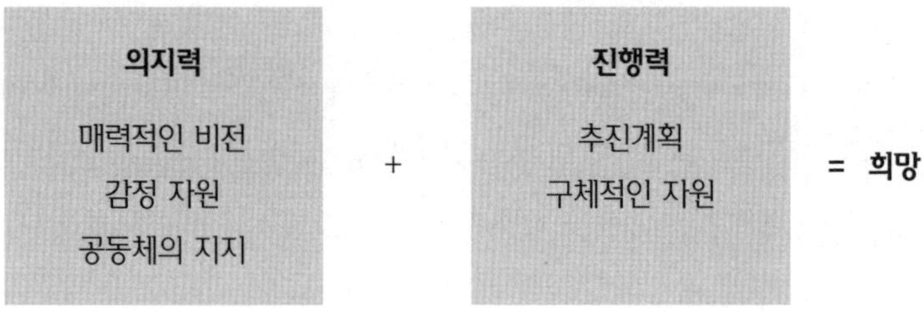

아마 당신은 진행로를 찾으라는 음성을 들은 적이 있을 것이다. 이를테면 다음과 같은 표현들 말이다. "이제 어떡할까요?", "언제 시작하죠?", "누가 그 일을 할까요?", "언제 또 만날까요?", "필요하면 제가 하겠습니다." 각각의 질문에는 누군가에게 진행을 맡겨야 하는데 이를 어찌 할 것인가 하는 걱정이 담겨 있다. 우리 고객들 대부분은 광범위한 합의와 명확성의 필요를 인지했다. 그들은 〈표 6-3〉에 제시된 것과 같은 틀에 따라 긍정적인 진행로를 문서화하고 알리는 것이 유용함을 깨달았다.

영감 불어넣기란 매력적인 미래상을 창출함과 동시에 보다 나은 미래로 가는 길을 보여주는 과정이다. 이는 긍정적인 힘의 무한한 원천이다. 희망을 북돋고, 활력을 불러일으키며, 모두에 이익이 되는 행동을 이끌어 낸다. 개인적인 차원에서, A 리더십은 꿈과 이를 실현하기 위한 과정에 대한 질문과 대화를 통해 희망을 불러일으킨다. 미래에 대한 다른 이들의 희망을 듣는 것은 곧 그들을 도울 방법을 깨닫는 것과 마찬가지다.

패트릭은 육상 팀의 주장으로서 팀원들의 꿈과 희망을 알고 있었다. 그중 한 명은 육상 장학금을 받아 대학에 가기를 원했다. 그런데 부상으로 그 꿈이 깨질 위기에 처했을 때, 패트릭이 행동에 나섰다. 때는 2마일 국내 결승전이었다. 경기에서 앞서가던 그 팀원이 발을 삐었다. 하지만 완주해야 한다는 생각에 멈출 수 없었다. 그 순간 패트릭은 자신이 무엇을 해야 할지 깨달았다 즉 패트릭의 눈에 진행로가 보였던 것이다. 잠깐의 주저함도 없이, 그는 경기장에 들어가 팀원의 팔을 붙잡았다. 그리고 팔짱을 낀 채로 마지막 두 바퀴를 같이 돌았다. 결국 그들은 경기를 완주했고 팀원은 꿈을 이뤘다. 그리고 그는 육상 장학금을 받고 대학에 갔다.

사람들은 보다 나은 길을 보고 듣고 깨달으면, 그쪽으로 움직인다. 그곳에 도달하고자 분발한다. 그것을 실현하고 싶어 한다. 희망은 행동을 자극한다. 승리한 경기를 머릿속에서 몇 번이고 되풀이하는 운동선수든, 어떤 후보나 대의에 헌신하는 자원 봉사자든, 신제품 출시를 위해 쉬지 않고 일하는 기업가든, 도움이 필요한 사람들을 매일 돌보는 간호사와 의사든 간에, 타인에게 영감을 주는 용기, 즉 영감 불어넣기가 위대한 업적을 낳는다.

20세기의 가장 큰 영감적인 사건들 중 하나는 세계 종교 연합URI의 이야기이다. 이 이야기는 전쟁과 굶주림, 학대의 시대에 희망을 안겨줬다. 영감적인 이상과 진행로가 세상에 어떠한 긍정적인 변화를 끊임없이 일으킬 수 있는가에 관한 이야기이다.

〈표 6-3〉

긍정적인 진행로

우리의 매력적인 비전 혹은 목적:

		강점, 재산, 자원	
의지력	기회	열망이 담긴 말	
진행력	행동단계	가시적 및 비가시적 자원	타임라인

때는 1993년 가을의 한 밤이었다. 당시 캘리포니아 교구의 주교였던 윌리엄 스윙William Swing은 유엔(United Nations, UN: 국제연합)에서 온 연락을 받았다. 다가오는 유엔 15주년 기념행사 때, 그가 담당하는 그레이스 대성당Grace Cathedral에서 여러 교파가 함께 축하기도를 올리면 좋겠다는 말이었다. 그곳은 유엔 헌장 원문이 서명된 장소였다. 스윙은 잠을 이룰 수 없었다. 그는 생각했다. 전 세계 수많은 분쟁의 원인이 본질상 종교에 있는데, 어째서 정치 지도자와 외교관들만 평화를 위해 일생을 바치는가? 종교 지도자들은 언제 여기에 동참할 것인가?

밤을 지새운 고민 끝에 결론이 나왔다. 종교계의 국제연합이라는 이상에 영감을 얻은 스윙은 대장정에 착수했다. 그는 '행동으로의 초대Call to Action'라는 이름 아래 세계 정상들을 소집했다. 그들과 더불어 그의 이상을 공유하고 진행로를 구상했다. 작게 출발한 이 운동은 이후 5년 동안 차츰 커져나갔다. 기존의 국제운동들을 연구해 미래의 이상을 그리고, 체계와 조직을 구축했다. 세계 종교 연합URI은 2000년 펜실베이니아주 피츠버그에서 발족했다. 그 설립목적은 종교적인 증오로 분열된 세계에 하나의 등불이 되었다. "지속적이고 일상적인 교파 간 협력을 증진하고, 종교를 원인으로 한 폭력을 불식하며, 지구와 모든 생명체를 위한 평화와 정의, 회복의 문화를 창조한다." 오늘날 URI는 450개의 지역 '협력단Cooperation Circles'과 지역 간 합동조직을 통해 72개국에 회원을 두고 있다. 활동영역은 청소년과 아동, 환경 프로젝트, 경제개발, 평화구축, 에이즈 예방 등으로 매우 다양하고 광범위하며, 세계종교와 평화구축에 관한 정보를 찾는 사람들을 위해 교육기관의 역할도 겸하고 있다. 그들은 여러 가지 방법으로 한 번에 하나의 관계씩 세계를 더 나은 곳으로 만들고 있다.

URI의 탄생 과정은 영감부여가 어떤 과정을 거쳐 수많은 긍정적인 결과를 낳게 되는지 생생하게 보여준다. 매혹적이고 희망적인 미래상과 뚜렷한 진행로는 필연적으로 새로운 성과와 과정, 협동으로 이어진다. 이는 곧 삶과 일, 존재의 새로운 양식이다. A 리더십은 영감부여를 통해 더 나은 세상에 대한 희망이 현실이 되게 한다.

일의 매력을 더욱 드높여라

우리는 일이 고귀한 것이라고 생각한다. 우리는 자신의 일과 동료, 고객들을 좋아하는 행운아들이다. 우리가 하는 일과 사람과 지구에 유익한 일을 하는 것이 어떻게 관련되어 있는지 우리는 알고 있다. 이 일은 우리의 기본적인 욕구를 채우는 것은 물론 뜻 깊은 인간 관계를 쌓고, 능력과 창의력을 키우며, 배움을 얻을 기회를 제공했다. 모든 사람이 그와 같은 일을 하지는 않는다는 사실을 알고 있다. 하지만 그러한 가능성은 누구에게나 열려있다고 우리는 믿는다.

그것이 바로 A 리더십의 사명이다. 일의 매력을 더욱 드높여reenchantment of work 사람들이 기본적인 욕구를 충족하는 데 그치지 않고, 공공의 유익에 이바지한다는 자부심을 가지게 해야 한다. 아시와니 쿠라나Ashwani Khurana와 디네시 찬드라Dinesh Chandra라는 인도의 두 친구는 이에 관해 대담한 실험을 감행했다.

아시와니는 인도 최대의 민간 복권회사 K & Company의 CEO이며, 디네시는 사업이 개인에게 성장과 변화의 좋은 기회라는 가르침을 설파한다. 이 두 사람이 함께 이른바 '양심적인 조직consciousness organization'을 만들었다. 그리하여 이들은 케이앤컴퍼니의 직원 수백 명의 일과 삶 그리고 기업문화를 고양시켰다. 그것은 두 사람의 만남에서 비롯되었다. 자수성가한 사업가인 아시와니는 가족이 복권업계에 종사하는 까닭에 학창시절 친구들에게 놀림을 받았다. 그는 디네시에게 환경에 대한 자신의 열망을 이야기했다. 그는 '나무 씨Mr. Tree'라고 불리고 싶어 했다. 사람들이 의무감에서가 아니라 배우고, 성장하며, 무언가 의미 있는 행동을 한다는 생각으로 일할 수 있는 조직을 만드는 것이 그의 꿈이었다. 그 무언가는 바로 시내 전체에 나무를 심고 가꾸는 일이었다.

아시와니와 디네시는 서로의 능력을 모아 영감적인 직장공동체를 만들었다. 자연에 대한 사랑과 노력을 통해 자신의 삶을 풍요롭게 하고, 환경을 개선하며, 사업의 경제적 친화성을 높이는 상호의존적인 집단이었다. 그들은 직원들의 복종을 창의력으로 전환하는 것이 목표인 능동적인 학습과정에도 직접 참여했다.

디네시는 이렇게 말했다. "결과는 굉장했습니다. 잔심부름을 하던 사환(현지 언어로 '피언peon')들이 더 의미 있을 일을 찾아 나서기 시작했어요. 서류 정리라던가 고객전화 응대, 팩스 전송, 컴퓨터 사용법 익히기 같은 것들이요. 일을 즐기게 되었고 자부심도 늘었어요. 회사에서 일하는 운전수들과 함께 도로변이나 공원에 나무를 심고 가꿨죠. 그러면서 소속감과 더불어 자연에 대한 사랑이 싹텄어요." 이들의 사업은 지금도 번창하고 있다.

사람들은 영감을 부여받기를 갈망한다. 고매한 이상에서, 배움에서, 다른 사람들의 이타적인 헌신에서 그리고 긍정적인 변화를 이끌어내는 협동의 순간에서 영감을 얻고자 한다. 사람들은 자신의 능력과 노력을 필요로 하는 숭고한 목적을 지닌 팀이나 작업단, 조직, 공동체의 일부가 되고 싶어 한다. 또한 자기 일이 매력적이기를 원한다. 이러한 일을 통해 경이로운 세계와 배움, 의미 있는 기여를 하고 싶어 한다.

> 애나는 유명한 전국적 사회영리단체에서 일하게 된 기쁨에 온몸이 짜릿짜릿했다. 마침내 자기가 좋아하는 일을 하면서 돈을 벌게 된 것이다. 출근 첫날에 입사를 위한 서류를 작성하고, 인사 담당자와 함께 CEO의 집무실을 찾아갔다. 그 CEO는 책상 위의 서류를 보더니 퉁명스럽게 말했다. "일을 망치지 말게." 애나는 충격을 받았다. 그녀는 걸어 나오며 '자신이 왜 뽑혔나' 하는 의문이 들었다. 자신이 정녕 그곳에서 일하고 싶은 것인지도 망설여졌다.

앙투안 드 생떽쥐페리Antoine de Saint-Exupery는 이렇게 말했다. "배를 만들고자 한다면, 사람들에게 나무를 베어오라고 닦달히지 말고 작업과 일을 할당하지도 마라. 그보다는 한없이 넓은 바다에 대한 열망을 심어주라." [미주 15] 우리가 인터뷰한 사람들 중 많은 사람이 자신들은 다른 사람에 의해 동기를 부여받거나 세부적인 지시를 받고 싶어 하지 않았다. 그들은 영감에 이끌려서 자발적으로 공공의 선에 이바지하고, 그 노고를 인정받기를 원했다. 동기부여motivation 라는 말은 인간 수행에 대한 기계론적 은유이다. 이는 긍정과 부정의 양면성을 가지며, 한 마디로 당근과 채찍이다. 이 두 가지는 인간의 행동에 지대한 영향을 미치지만, 양쪽 다 긍정적인 힘은 아니다. 특히 비판과 협박, 처벌 같은 부정적인 동기부여 방법은 공포와 복종, 낮은 자존감을 유발한다. 능력을 감소시키고, 잠재력을 억누르며, 사회적으로 건설적이기보다는 파괴적이다.

> 길을 가던 나그네가 바쁘게 일하는 세 명의 석공을 만났다. 첫 번째 석공이 벽 근처로 돌을 옮겨 무더기를 쌓고 있었다.
>
> 나그네가 물었다. "뭐하고 계시오?"
>
> 석공이 대답했다. "돌 옮기는 거 안 보이시오?"
>
> 나그네는 두 번째 석공에게 물었다. "댁은 뭐하고 계시오?"
>
> "벽을 쌓고 있소." 그가 대답했다.
>
> 나그네는 발걸음을 옮겨 세 번째 석공에게 물었다. "댁은 뭐하고 계시오?"
>
> 석공이 미소 지으며 대답했다. "주님께 영광을 돌릴 대성당을 짓고 있소이다!"[미주 16]

반면에 긍정적인 동기부여 방법은 영감을 일깨운다. 이런 말이 있다. "좋은 삶이란 얼마나 오래 살았느냐가 아니라 얼마나 많이 숨이 멈출 듯이 기뻐했던 경험을 했느냐에 의해 결정된다." 그러므로 중요한 것은 영감이다. 이는 사람들에게 여유를 준다. 잠시 하던 일을 멈추고 심호흡을 하면서 자신이 잘하고 있는지 돌아보게 한다. 자기 자신보다 웅대하고 의미 있는 무언가의 일부가 된 느낌을 받게 한다. 세 석공의 이야기가 이 점을 잘 보여준다.

영감과 매력으로 충만한 일터와, 매력을 잃은 일터는 당신이 듣는 언어를 통해 구별할 수 있다. 긍정적인 인간경험에 관한 말과 느낌은 영감을 부른다. 앎, 깨달음, 아름다움, 계시, 가능성, 잠재력, 그리고 재미! 말이 세계를 창조한다. 상습적인 경영언어는 창조적인 정신을 사라지게 한다. 그것은 지배하고 조종하는 리더십의 산물로 창의력을 키우기보다는 질서를 확립하는 데 목적을 둔다.

다음의 경영 용어들을 읽어보라. 경영관리, 정관, 사분기 보고서, 경제지표, 시간계획, 판매지수, 전략기획, 위험관리, 예산, 인적자원. 어떤 느낌이 드는가?

사람들은 몸과 마음, 가슴과 정신을 갖춘 완전한 인간에게 던지는 승화된 언어를 들을 때 자극을 받는다. 시인과 극작가들은 이것을 안다. A 리더도 마찬가지다. 그들은 가슴을 울리고 마음을 여는 말과 언어, 이야기를 활용한다. 사람들에게 뜻을 전하고, 집단지성을 자극하며, 집단적인 의식을 고양하는 도구로 이를 활용한다. 우리의 연구에 따르면, 영감적인 일터와 성공적인 분위기를 만드는 데는 사랑이 필요하다. 당신이 일과 동료들을 사랑하는지 아닌지 주변 사람들은 알고 있다. 그들은 아끼고 사랑하는 리더십을 기대한다.

나에게는 첫날부터 나를 믿어준 멘토가 있었다. 그분은 내가 더 나은 사람이 될 수 있게 세상을 보는 눈을 열어주셨다. 정말 따뜻한 가슴을 지니신 분이었다! 내게 이런 조언을 주셨다.

"리더가 되려면 사람들을 사랑해야 한다." 꽃에 벌이 꾀이듯, 그분의 격려는 사람들을 끌어들였다. 충고도 마다하지 않으셨지만, 듣는 사람이 상처받는 일은 없었다. 그분은 진정으로 사람들을 사랑한 위대한 리더였다.

A 리더십 최후의 난제는 당신의 일과 동료들을 사랑하는 것이다. 그리하면 모든 것이 유익하고 의미 있는 방향으로 따라올 것이다.

____

낙관적인 목표로 사람들을 끌어들여라

영감은 사람들 속에 있다. 그것은 활력과 자신감, 희망을 작동시킨다. 하지만 무엇보다 중요한 것은 더 나은 삶의 방향을 제시한다는 점이다. 사람들이 성공담을 공유하고, 고양된 언어를 사용하며, 매력적인 미래상을 그릴 때 바로 영감이 떠오른다. 최상의 용기와 변화의 힘을 지닌 A 리더십은 사람들이 낙관적인 목표 주변에 모이도록 하고, 또 그럴 수밖에 없도록 만든다. '더 나은 세상을 끓입니다.Brewing a Better World'라는 영감적인 사명을 내세운 그린 마운틴 커피 로스터스Green Mountain Coffee Roasters의 사례를 생각해보라. 그들의 웹사이트에 따르면 그 목표는 다음과 같다.

우리는 범시스템적인 접근이 가장 효과적인 사업모델이라고 믿습니다. 우리의 진정한 동기는 보다 지속가능한 세계를 창조하는 것입니다. … 최고의 커피 맛은 원두밭에서 잔에 이르는 모든 손길에 담긴 긍정적인 변화에서 나옵니다. 그린 마운틴 커피 한 잔은 커피 애호가에게 훌륭한 맛을 선사하지만, 그게 끝이 아닙니다. 멕시코에서 원두를 수확하는 여인은 태어검진 혜택을 받습니다. 인도네시아의 협동조합은 가격혜택을 받고 공정무역Fair Trade과 유기농 검인을 통해 새로운 시장에 접근할 수 있습니다. 또한 미국 전역에서 진행되는 대체 에너지 프로젝트에 자본이 유입됩니다.미주 17

밥 스틸러Bob Stiller와 대단히 통합적인 그의 팀이 이 영감적인 조직을 창조했다. 이들 덕분에, 재배자에서 고객까지 그린 마운틴 커피와 관련된 모든 사람은 지구 전체의 복리에 이바지하는 셈이다.

낙관적인 목표로 사람들을 끌어들이는 데에는 종종 제도와 방법의 재설계가 요구된다. 이는 세계의 현실을 직시하는 용기와 더불어 그것을 뛰어넘는 창의력을 필요로 한다. 세계 각국의 사회적 기업가들이 바로 그 일을 하고 있다. 예를 들어, 노벨평화상을 받은 무하마드 유누스Muhammad Yunus 교수는 은행업의 구조를 개편했다. 그는 그라민 은행Grameen Bank을 통해 사람들에게 무담보 대출의 기회를 제공했다.미주 18

마찬가지로 알비나 루이즈Albina Ruiz는 시우다드 살루다블리Ciudad Saludable를 설립했다. 페루 정부가 운영하는 쓰레기 수거사업의 능률이 떨어지는데다, 불법매립이 환경파괴와 지하수오염을 일으키고 있었기 때문이다. 루이즈는 악순환을 깨기로 했다. 그녀의 소기업microenterprise 모델은 쓰레기 문제를 해결하는 데 그치지 않고, 실업률이 높은 동네의 지역주민들에게 자영업의 기회를 열어줬다. 이들 자영업자는 주로 집집마다 돌아다니며 쓰레기와 요금을 수거하고, 환경보호 교육을 하는 여성들이었다. 어떤 여성들은 수거한 쓰레기로부터 유기농 비료 같은 상품을 만들어 수익성 있는 사업체를 만들기도 했다. [미주19]

오늘날 세계의 현실을 뛰어넘고, 의식주 접근권을 제공하며, 지구 전체의 복리를 창출하고자 설립된 사업체와 사회공헌단체들의 목록은 나날이 늘어나고 있다. 세계의 긍정리더들이 어떻게 해서 낙관적인 목표로 사람들을 끌어들이는지 더 알고 싶다면, 케이스 웨스턴 리저브 대학에서 발족한 'BAWB Business as an Agent of World Benefit' [미주20]를 추천한다. 당신의 사업이나 공동체, 기관이 세계적 혜택 대리인이 되려면 무엇을 어떻게 개편해야 하겠는가?

역량 강화: 개발을 위한 자원

〈표 6-4〉

영감불어넣기: 요점정리	
	핵심 실천 방법
개인적	• 긍정적인 사람이 되어라 • 이야기 화법을 사용하라
일대일	• 많이 성산하고 인정하라 • 미래에 대한 희망과 꿈을 공유하라
팀이나 그룹	• 진행로를 구상하여 희망을 키워라 • 일터의 매력을 더욱 드높여라
전체 조직이나 지역 사회	• 낙관적인 목표로 사람들을 끌어들여라

참고문헌

- 'Banker to the Poor: Micro-Lending and the Battle Against World Poverty', Muhammad Yunus and Alan Jolis, New York: PublicAffairs, 2003.
- 'Joy, Inspiration and Hope', Verena Kast Write 지음, Douglas Whitcher 옮김, College Station: Texas A&M University Press, 2004.
- 'Maps of Narrative Practice', Michael Write, New York: Norton, 2007.

추천 사이트

- Greenmountaincoffee

  www.greenmountaincoffee.com

  그린 마운틴 커피 로스터스는 유기농과 공정무역을 추구하고, 미식가를 위한 최상급 커피를 제조 및 공급하는 가치지향적인 기업이다. 창의적이고 효과적인 방법으로 직원과 고객, 사업 파트너들에게 '건강한 선행 do well by doing good'의 영감을 주고 있다.

- The New Heroes

  www.pbs.org/opb/thenewheroes

  The New Heroes은 '사회적 기업가' 14명을 주인공으로 내세워 전 세계를 무대로 한 극적인 모험담을 그린 TV 프로그램이다. 이들은 삶에 허덕이는 사람들에게 인생을 바꿀 수단과 자원을 제공하는 혁신을 일으키고 있다.

- Ode Magazine

www.odemagazine.com

〈Ode〉지는 더 나은 세상을 만드는 긍정적인 소식과 사람, 사상에 관한 지면 및 온라인 출판물이다. 1995년 네덜란드 로테르담에서 주류에 대항하는 대체언론으로 창간되었다. 전 세계의 새로운 영감과 이상에 개방적인 이 잡지의 의도는 새로운 현실을 제시하고, 일상의 생활과 사고 방식에서 긍정적인 변화의 기회를 찾는 것이다.

- Vallarta Institute

www.vallartainstitute.com

바야르타 연구소는 개인과 집단, 공동체에 가장 적합한 '휴식' 그 이상을 제공한다. 웹사이트, 전화, 혹은 멕시코 푸에르토 바야르타에 위치한 바야르타 연구소 휴양센터Vallarta Institute Retreat Center를 통해 자문과 지도, 도움 서비스를 제공한다.

주석

미주 1 : '왕성한 긍정성Energentically positive'이라는 표현은 라코타족Lacota 성인Holy Man 하워드 배드 핸드Howard Bad Hand의 말에서 빌린 것이다.

미주 2 : 루바비처 렙베Lubavitcher Rebbe에 관한 어니 고트프리드Arnie Gotfryd의 글을 각색했다. Chabad Holyday Review, vol. 18,

Albuquerque, NM, 2009를 참고.

미주 3 :　GTEGeneral Telephone & Electronics Corporation 전자통신부 대표
　　　　톰 와이트Tom White 와의 비공식 대화.

미주 4 :　레프 S. 비고츠키 지음, 알렉스 코줄린Alex Kozulin 편집, “사고
　　　　와 생각Thought and Language”, rev. ed., Cambridge, MA: MIT
　　　　Press, 1986.

미주 5 :　마이클 와이트, “이야기치료의 지도”, New York: Norton,
　　　　2007, p. 271.

미주 6 :　첫 수상자는 긍정적인 변화를 위한 기업 대표 다이아나 휘트니
　　　　박사와 아바나 심리사회연구소Center for Psychological and
　　　　Sociological Research in Habana 의 Human Change Project 기획자
　　　　패트리샤 아레나스Patricia Arenas 박사이다.

미주 7 :　“쿠바와 미국의 직장참여 문화”, OD Practitioner, vol. 38,
　　　　no. 4, 2006. 아레나스 바우티스타Arenas Bautista, P. y M. L. 모
　　　　넷Monette 등 편저, Culturas de Participacion del Trabajo en
　　　　Cuba y los Estados Unidos, CIPS, Publicaciones Acuario
　　　　Centro Felix Varela, 2007.

미주 8 :　잠언 29장 18절.

미주 9 :　1888년 대폭설Blizzard of 1888 당시 스노우슈즈를 신고 전화선을
　　　　점검하러 다니던 뉴잉글랜드벨사New England Bell의 수리공을
　　　　그린 동명의 회화에서 따온 것이다.

미주 10 :　Diana Whitney & Amanda Trosten-Bloom, “The Power of AI”,
　　　　2nd ed., San Francisco: Berrett-Koehler, 2010, pp. 250-255.

미주 11 ： David L Cooperider, 'Positive Image, Positive Action: The Affirmative Basis of Organizing' in Appreciative Management and Leadership: The Power of Positive Thought and Action in Organizations, edited by Suresh Srivastva & David L Cooperider, San Francisco: Jossey-Bass, 1990, pp. 91-125.

미주 12 ： Jack Nicklaus, Jim McQueen(삽화), & Ken Bowden, Golf My Way, rev. ed., New York: Simon & Schuster, 2005.

미주 13 ： Barbara L. Fredrickson, Positivity, New York: Crown Publishers, 2009. p. 43.

미주 14 ： Fred Luthans & Bruce Avolio, 'Authentic Leadership Development', Kim S. Cameron Jane E. Dutton, Robert E. Quinn ed Positive Organizational Scholarship, 253, San Fransisco: Berrett-Koehler, 2003에 수록.

미주 15 ： Antoine de Saint-Exuperty & Richard Howard (Translator), The Little Prince, Boston: Houghton Mifflin Harcourt, 2000, pp. 83-86.

미주 16 ： Howard E. Butt, Jr., The Stonemasons, http://www.thehigh calling.org/Library/ViewMessage.asp?MessageID=24,2009년 11월 19일 접속.

미주 17 ： http://www.gmcr.com/about-GMCR.html, 2009년 11월 19일 접속.

미주 18 ： Muhammad Yunus & Alan Jolis Banker to the Poor:

MicroLending and the Battle Against World Poverty, New York: PublicAffairs, 2003.

미주 19 : http://www.pbs.org/opb/thenewheroes/meet/ruiz.html, 2009년 11월 19일 접속.

미주 20 : http://worldbenefit.case.edu/, 2009년 11월 19일 접속.

역주 1 : 다른 문맥에서는 이 단어를 대개 '긍정'으로 옮겼다. 하지만 여기서는 칭찬이나 인정, 감사의 뜻을 가진 동사형으로 주로 쓰이고 있어 이처럼 옮겼다.

역주 2 : 바야르타 연구소는 고객들에게 휴식과 휴양recreation을 제공하는 기관이기도 하다. '재창조re-create'라는 표현은 휴양이라는 뜻의 recreation에서 따온 것이다.

역주 3 : 잠언 29장 18절 원문의 뜻은 '신의 계시를 받지 못한 백성은 타락한다.'이다.

역주 4 : 원문에서는 visualization이라고 표현되어 있는데 이상적인 상태를 시각화한다는 측면을 강조하기 위해 '이상화'로 옮겼다.

7 장

본보기 되기:
전체의 선을 위한
결정을 하라

나는 스스로를 '고발했다'

에이아이 자문 팀은 늘 그렇듯이 긍정 체크인을 시작으로 모임을 진행했다. 전체 의료 시스템의 축소판이라고 할 만한 임상의, 간호사, 의과대학 교수진, 의과대학생, 병원 행정가, 인력 담당관, 의사소통 전문가, 관료들, 그리고 참모 조직으로 이루어진 35명의 회원들은 돌아가며 이야기를 나누고 있었다. 사람들은 "한 달 전에 있었던 마지막 모임 이후에 조직이 실제로 더 나은 방향으로 변화하고 있음을 보여주는 사례를 직접 경험했거나 주위에서 발견한 경우가 있었나요?"라는 질문에 답하고 있었다.

메리의 차례가 되자 그녀는 이렇게 말문을 열었다. "저는 이곳에서 일하게 되어 진심으로 자랑스럽고 행복하다는 말씀을 꼭 드리고 싶어요. 지난주에 제가 저지른 의료 과실 때문에 평소와는 다른 훨씬 힘겨운 한 주를 보냈습니다. 다행히 피해를 입은 사람은 아무도 없었어요. 그래서 저는 위험을 감수해 보기로 하고 이 사건을 우리 조직의 품질 관리 및 안전 부서에 보고했습니다. 저 자신을 '고발한' 거죠. 일주일 내내 일자리를 잃게 될까 두려웠어요. 비록 직원 교육을 통해 우리 조직이 새롭게 채택한 정책 하에서는 실수를 보고하더라도 불이익을 받는 일이 없을 것이라는 이야기를 여러 차례 듣기는 했지만 저는 오늘에야 그 말을 믿게 되었어요. 제가 오늘 아침에 받은 이메일을 읽어드리고 싶어요." 그녀는 그 이메일을 읽어나가기 시작했다.

"메리님, 지난주에 당신이 저지른 실수에 관해 알려 주셔서 고맙습니다. 우리 역시 아무도 피해를 입지 않아서 다행이라고 생각합니다. 우리에게 그 사실을 보고해 준 사실에 대해 특히 고맙게 생각합니다. 아시다시피 새로운 정책은 두 가지 믿음에 바탕을 두고 있습니다. 첫째는 하루, 한 주일, 한 달, 또는 일 년을 살아가며 우리는 누구나 실수를 저지른다는 점입니다. 둘째는 환자들과 우리 직원들을 위한 품질 관리와 안전은 어떤 실수든 솔직하게 인정하는 태도에 달려있다는 점입니다. 당신이 보여 준 용기와 솔직함에 감사드립니다." 이메일은 이후에 어떤 조치가 취해지는지에 관해 계속해서 설명해 나갔다. 그 보고서를 어떻게 다룰지, 누가 그 보고서를 검토할지 그리고 그 결과로 어떤 결정이 내려질지에 관해 설명되어 있었다. 또 다른 사람들이 제출한 품질 관리 보고서를 바탕으로 이루어진 변화 사례들을 소개했다.

메리는 일자리를 잃지 않았을 뿐만 아니라 어떤 조치들이 취해지고 그 결과로 전체 의료 시스템 전반에서 품질과 안전성이 어떻게 개선될지에 관해 알게 되었다. 그녀가 자신의 일자리와 경력을 감수할 정도로 소중하게 생각했던 것 그것이 바로 전체 의료 시스템의 품질과 안전성이었던 것이다.

　A 리더십은 통전성[역주1]으로 시작해서 통전성으로 끝난다. 당신이 온전한 길을 고수할 때 그런 당신을 알아본다. 사람들은 당신의 생각과 이상을 따른다. 이 사람들은 당신이 일을 해내는 방식을 본받아 자기 일에 적용한다. 또 이들은 당신이 이상을 실현하는 데에 보탬이 되고자 최선을 다한다.

　당신이 온전한 길에서 벗어나 있을 때도 사람들은 그 사실을 알아챈다. 사람들은 당신의 행동으로 그 사실을 알게 된다. 무시하고 깔보고 또 심지어는 피해를 입히기까지 하는 태도로 사람들을 대할 때 들통이 난다. 사람들은 당신이 내뱉는 말을 통해서 또 당신 목소리의 어조를 통해서 알아낸다. 당신이 지키지 못할 약속을 할 때가 그렇다. 사람들은 느낌으로 안다. 당신에게 정서적 지능이 부족하고 갈등을 피하려고만 하고 다른 사람들을 탓하고 또는 분노를 부적절하게 표출하는 경우에 그렇다. 당신이 온전한 길에서 벗어나 있을 때 사람들은 당신의 생각과 업무 처리 방식과 당신이라는 사람으로부터 멀어진다. 사람들은 존경할 만한 다른 인물을 찾아 나선다. 당신이 온전한 길에서 벗어나 있을 때 당신은 본받지 말아야 할 역할 모델이 된다. 사람들은 당신을 나쁜 예로 삼아 배우며 일을 해 나간다.

　통전성이란 수많은 인간 관계의 실천 방법을 가리키는 말이다. 우리가 면담을 실시했던 사람들은 솔직함, 투명성, 도덕 그리고 윤리적 행위, 권력에 대항하여 진실을 말하는 것, 충성을 맹세하고 지키는 일, 열린 의사소통, 언행일치, 화해, 용서 그리고 진정성과 같은 단어들을 사용해서 온전함 또는 온전하지 못함을 설명했다. 이로 미루어 볼 때 **통전성**_Intergrity_이란 **완전함**_wholeness_**을 의미한다**고 할 수 있다. A 리더십은 전체를 위한 의사 결정으로 통전성의 길에서 벗어나지 않는다. 당신의 생각과 말, 행동이 사람들과 집단을 더 완전하게 할 때면 언제나 당신은 통전성이라는 길 위에 있다. 예를 들어 강점을 발견하고 꿈을 이루도록 다른 사람들을 돕는 사람은 타인이 완전해지도록 응원하는 것이다. 당신이 사회적으로 분열된 사람들 사이에서 이들이 서로를 이어줄 대화와 협력을 향해 나아가게 한다면 당신은 조직과 공동체의 완전함을 드높이는 것이다. 당신이 스스로를 돌보고 스스로의 강점을 살리도록 노력한다면 당신은 자신의 완전함을 개발하는 것이다. 또 당신이 속한 조직과 관련한 절차와 제품, 서비스 속에 지속 가능성을 설계해 넣는다면 당신은 전 지구의 완전한 안위에 기여하는 것이다.

1990년대 초반에 우리는 세계적 규모의 종파를 초월한 조직체를 설계하고 설립해 달라는 요청을 받았다. 이것은 전 세계에서 모인 수백 명에 이르는 종교 지도자들과 영적 지도자들, 학자들이 참가하는 어마어마한 작업이었으며 대부분 서로에 관해 알지 못했다. 성공 여부의 측정 방법에 관해 토의하던 중 동료인 데이빗 쿠퍼라이더 박사는 대화의 수준과 그 대화가 인간 관계에 미치는 영향에 중점을 두자고 제안했다.

리더십과 관련한 대화는 세 가지로 나뉜다.

– 관계를 파괴하는 대화
– 관계를 참아주는 대화
– 관계를 돈독하게 하는 대화

오로지 관계를 돈독하게 하는 대화만이 사람들과 집단이 완전성wholeness을 추구하게 한다.

관계를 파괴하는 대화는 종파를 초월한 공동체를 포함해서 일터와 일상생활 어디에나 존재한다. 사람들이 이렇게 말하는 것을 들어본 적이 있을 것이다. "그 사람은 승인받은 대학 클럽 회원도 아니고 진짜 종교인도 아니고 세금을 내지도 않으니 참여하게 놔둬서는 안 돼." "전산 인력, 방사선과, 인사부서는 포함시킬 필요도 없어. 그 사람들 업무 지침에 나와 있는 것도 아니고 이 사람들은 어차피 문제를 복잡하게 만들기만 할 뿐이야." 욕설, 남을 탓하기, 무시하기 등은 관계를 파괴하는 대화에 포함된다. 사람들과 집단을 아무렇게나 취급하고 무시하며 인간 관계에서 배제시키는 것도 모두 포함된다.

관계를 참아주는 대화는 다른 사람과 집단이 제 '자리'를 지키는 한도 내에서는 그 존재를 용인한다. 관계를 참아주는 대화는 소중한 인간 관계를 바라는 열망을 조금도 담아내지 못한다. 당신은 아마 이런 말을 하는 사람들을 알고 있으리라. "이웃 사람들은 … 이 사람들은 말썽을 일으키지 않아. 우리는 교회에서, 우리 팀의 일원으로, 우리 부서에서 이런 사람들을 환영하지. 우리는 그저 서로 사귀지 않을 뿐이야." 관계를 참아주는 대화는 사람들로부터 또 집단으로부터 거리를 유지한다. 그들은 사람을 개별적인 존재로 인식하지 않고 사람을 집단으로 일반화한다. 또한 사람을 '그 사람들'과 같은 언어를 사용함으로써 사람들의 인격을 묵살한다. 이런 대화는 사람들에게 소속감을 주지 못한다. 이런 대화는 공동체를 육성하지도 못하고 완전성을 인식하게 하지도 못한다.

반면에 관계를 돈독하게 하는 대화는 사람들 사이의 유대감을 강화하고 공동체를 발전시키며 사람들에게 소중한 소속감을 불어넣어준다. 우리에게 이런 말들이 익숙하게 들린다면 좋겠다. "아이들에게 무엇을 원하는지 물어봅시다. 결국 그 아이들의 공동체니까요.", "이 사람들은 이 회사에 처음이에요. 우리 이 사람들이 맡은 일 중에서 어떤 점을 마음에 들어 하는지를 알아보고 또 무엇을 배울 수 있을지 살펴봅시다.", "멘토는 전체 부서를 아우르게 하여 개인적 차원에서나 부서 차원에서나 다리가 이어지도록 해야 합니다." 관계를 돈독하게 하는 대화는 사람들이 서로를 만나고 알아가도록 용기를 준다. 이런 대화는 사람을 신뢰하는 마음을 표현하고 사람들이 가진 최고의 것을 이끌어내려 애쓴다. 이런 대화는 변화를 이루어 내기 위한 실천과 학습, 회복력을 위한 기반이 되어 인간 관계를 형성하고 강화한다. 관계를 돈독하게 하는 대화는 전체를 위해 봉사하고 존중하고 있음을 보여주며 신뢰를 쌓아가고 전례 없는 협동심을 북돋아주기 위한 긍정적이면서 강력한 실천 방법이다. 그 대상이 전체 부서든, 프로젝트든, 조직이든, 공동체든, 전 세계든 말이다.

통전성은 인간 관계에서 깊이를 더하고 시간의 공백을 연결한다. "선zen이란 무엇인가?"라는 질문을 받자 고토 로시Goto Roshi 선사는 이렇게 답했다. "단순하고, 단순하고 참으로 단순하다. 그것은 지나간 모든 것들에 대한 무한한 감사. 현존하는 모든 것들에 대한 무한한 봉사. 미래에 다가올 모든 것들에 대한 무한한 책임감이다."[미주 1]

A 리더십의 실천방법 역시 세 가지 요소로 이루어져 있다. 먼저 과거에 대한 감사의 마음을 간직한다. 다음으로 현재에는 구체적으로 봉사하며 섬긴다. 마지막으로 미래를 위해 책임을 다하는 좋은 본보기가 되는 것이 그것이다. 당신이 서 있는 통전성의 길은 지금까지 존재했던 것들 중에서 최고를 배우고 예우하며 그 진가를 깨닫는 방법과 관련되어 있다. 이것은 당신의 삶 전반에 대한 태도와 관련되어 있다. 당신 자신과 다른 사람들, 다른 생명체 그리고 지구에 대한 태도 말이다. 이것은 당신이 선택할 몫이다. 누구와 어떻게 관계를 맺고, 관계를 맺은 사람들의 욕구와 자신의 욕

구 사이에서 어떻게 균형을 잡아 나아가며, 자원을 어떻게 생산, 사용하고 관리할지에 관한 선택들 말이다. 또 이것은 당신의 생각과 말, 행동과도 관련되어 있다. 다가올 세대들에게 당신이 남겨줄 유산이다.

전체를 위해 봉사하라

통전성을 고수한다는 것은 전체를 향해 움직이고 성장하며 진화하는 것이다. 또 다른 사람들이 똑같이 그렇게 하도록 도와주고 이들의 능력을 키워주는 것이다. A 리더십은 여러 수준에서 완전성을 추구한다. A 리더십은 전체의 이야기를 찾고 조직 전체가 같은 방향을 바라보게 하며 세상 모두를 염려하고 전체를 위한 접근 방법을 적용하며 '신성함holy'에 대해 열린 마음을 갖게 한다. A 리더십은 **전체의 이야기**를 추구한다. 사람들의 목소리를 모두 모아 집단의 지혜를 구하고 열린 마음으로 진지하게 귀를 기울임으로써 전체의 모습이 드러난다. 사람들은 리더들이 각 개인이 지니는 사상과 생각, 감정에 귀를 기울여주기를 바란다. 그렇지만 사람들이 더욱 중요하게 여기는 것은 리더들이 전체가 내는 목소리에 귀를 기울이는 것이다. 다이아나 휘트니 박사와 데이비드 쿠퍼라이드 박사는 이렇게 말했다. "사람들이 전체성을 경험하고 나면 보다 더 큰 공동체에 소속되어 소속감을 느끼고 싶다는 욕구가 충족된다. 그 경험은 서로 다른 사람 사이에 그리고 그 결과에 대한 신뢰를 구축한다. 모든 사람들이 전체의 일부로서 어떤 결정을 내리고 나면 그 결정은 지켜지게 마련이다."[미주2]

휘트니 박사와 쿠퍼라이더 박사가 제안하는 대로 '전체의 이야기'를 들려주는 여러 사람들의 대화는 충성심이 생겨나게 하고 책임감을 공유하게 한다.

A 리더십은 **조직 전체**를 조화롭게 조율함으로써 통전성을 보여준다. 이 말은 목적과 원칙, 실천 방법, 우선순위, 절차 면에서 조직 전체가 일치된다는 뜻이다. 사람들은 언행이 일치하는 리더십을 원한다. 또한 가치 체계와 리더십 스타일, 인간의 발전과 변화에의 접근 방법을 공유하고 이를 지지하고 실천하며 이끌어가는 리더들을 원한다. 사람들은 조직의 '로고스, 에토스, 파토스'가 일치되기를 원한다. 그리고 전략 계획이 자신이 종사하는 산업 분야에서 의미가 있고 마케팅 계획과도 합치되며 고객들이 받아야 할 대접과 자원이 분배되는 방식과도 일치되기를 바란다. 사람들은 모든 부서의 사람들과 기능과 조직의 모든 계층에 똑같은 직업윤리 기준이 적용되기를 원한다. 다시 말해 사람들은 조직의 전체성이 존중되길 소망한다. 자기들이 어떤 한 사람이나 집단보다 더 크고 긍정적으로 강력한 완전한 전체에 소속되어 있다는 느낌을 원한다.

전체 시스템을 조율하는 과정에서 조직은 민첩성과 유연성을 기르게 된다. 모순처럼 들리겠지만 절차 역시 강력한 문화를 형성하며 긍정적인 변화를 위한 공동의 역량을 강화한다. 어떤 조직이나 공동체의 구성원들이 정기적으로 모여서 의식적으로 토의하고 전략과 시스템, 구조를 정렬시켜 나간다면 이들은 인간 관계를 형성하고 협동 능력을 계발하며 보다 더 큰 변화에 필요한 결의를 다지게 된다. A 리더십은 안정과 변화 간의 균형을 맞추고자 한다. 즉 그들은 전체 시스템이 조율되어야 할 필요와 민첩성에 대한 요구가 모두 충족되어져야 한다는 것을 인정한다. 또 기꺼이 변화하려는 마음을 실천하는 강력한 조직 문화가 필요하다는 점도 인식한다.

통전성은 **전세계**와 관련된 것이다. 다시 말하면 글로벌하게 생각하면서도 지역을 기반으로 행동하는 것이다. A 리더십은 어디에 있건 그 목적이 무엇이건 큰 시각으로 본다. 이것은 장기간에 걸쳐 작용하기도 하고 단기간에 걸쳐 작용하기도 하는 의식적인 힘이다. 지구 전체 또는 일부 지역을 대상으로 하는 힘이다. 또 인간적이고 환경적이며 기술적이고 금전적인 힘이다. 통전성을 갖추기 위해서는 서로 경쟁하고 갈등하고 또는 반목하는 세력들을 질문과 대화 그리고 집단적인 성찰을 통해서 깨달음과 조화를 이루도록 노력해야 한다.

A 리더십은 모든 생명체를 긍정적인 시선으로 바라보며 삶에 우선순위를 둔다. A 리더십은 우선순위를 정하고 다른 사람들과 함께 삶을 긍정하고 지속가능하게 만드는 사회적 습관과 절차, 기관을 구상하고 만들어 나간다. 의사소통, 금전, 기술, 교육, 사회적 네트워크 등과 같은 자원을 이용해서 전체의 안위를 더욱 증진시킨다.

예를 들어 케이스 웨스턴 리저브 대학교의 'BAWB Business as an Agent of World Benefit'이 가진 창업정신은 글로벌 지속가능성을 구현하기 위해 여념이 없는 조직의 구성원들이 온라인을 통해서 또는 직접 만나서 서로 정보를 교환하고 배우기도 하는 포럼의 역할을 한다. BAWB는 미래의 안위를 보장하기 위해 현재의 조직과 공동체를 설계하는 데 필요한 용기와 창의력 그리고 협동심을 강조한다.

A 리더십은 정신과 육체, 감정 그리고 영성을 모두 아우르는 홀리스틱 holistic 접근법을 이용한다. 이 과정에서 다양한 집단의 구성원들을 참여시키고 사람들이 자신의 잠재력을 진정으로 표현하도록 돕고 삶의 질을 증진시키는 상품과 서비스를 육성하고 조직을 설계한다. 직관과 침묵, 긍정 체크인, 정서적 지능 훈련, 안식일, 느긋한 회의, 묵상, 어울리지 않는 짝과

의 활동improbable pairs, 종교 의식은 삶에 활력을 불어넣는 일터를 만들고 키워 가는 데에 이용할 수 있는 수많은 실천 방법들 중 일부다.

완전성은 또 신성holy에 관한 것이기도 하다. 이것은 우리의 삶 전체에 관련된 것이며 삶의 주변을 에워싸며 움직이는 신성한 삶의 힘이다. 미국 리더십 포럼의 CEO인 조셉 자워스키Joseph Jaworski는 이렇게 말했다.

> 모든 인간은 무엇이든 드러내는 세상에 끊임없이 잠재적 의미를 나타내고 자기 자신을 표현하는 완전한 전체의 일부이다. 개인으로 또는 집단적으로 사람이 맡을 수 있는 가장 중요한 역할은 계기를 마련하는 것, 즉 잠재적 명령이 떨어질 때 이에 '귀를 기울이는' 것이며 그런 다음 마음 속 깊은 곳에서 이루어지기를 바라는 꿈과 비전 그리고 이야기를 만들어 내기 위해 행동을 하는 것이다. 이것은 부버Buber의 표현대로 "인간의 영과 행동으로 … 실현되기를 바라는 것이다." [미주 3]

다이아나 휘트니는 이것을 '영적 공감spiritual resonance'이라고 표현했다. 영적 공감은 "함께 일하는 사람들이 업무 중심적이고 동시에 영적인 성향을 가진 목적을 공유할 때 형성된다고 주장한다. 이것은 사람들이 자연을 생명체로 대할 뿐만 아니라 서로를 진정으로 존중할 때 그리고 사람들이 모든 생명체를 최선을 다해 존중할 때 일어나는 일이다. 이것은 사람들이 약점과 강점을 인식하고 개인으로서나 집단적으로나 사람들로부터 최선을 이끌어내도록 노력할 때 가능해진다. 무엇보다 중요한 것은 영적 공감이 집단의 영적 경험이라는 것이다." [미주 4]

A 리더십은 '직장에서의 영성'을 성장하게 한다. 아칸서스 대학 내의 샘 월튼 경영대학Sam M, Walton College of Business의 타이슨 센터The Tyson Center에는 이 주제에 관한 정보가 더 많이 있다. 이 센터의 임무는 직장에서의 믿음과 영성이라는 분야에서 연구 방법과 실천 방법, 교수법을 개선하는 것이다. 이곳은 사업가들, 학자들, 영적 지도자들 그리고 믿음의 지도자들 또 자영업자들에게 정보 창고 역할을 한다. 이 센터는 직장에서의 믿음과 종교, 영성을 통합하는 방법과 실제를 통해서 성공적으로 이루어 낸 조직사례 등을 연구한다. [미주5]

통전성을 갖추고 실천하는 과정에서 A 리더십은 많은 선택을 해야 한다. 누구를 고용하고 승진시키고 해고할 것인가, 어디에서 누구와 사업을 벌일 것인가, 요금과 비용, 예산은 어떻게 결정할 것인가, 자원은 어떻게 할당할 것인가, 업무상의 니즈와 가족의 바람 사이에서는 어떻게 균형을 잡을 것인가, 훌륭한 부모, 배우자, 동료, 지도자가 되기 위해서는 어떻게 행동해야 할 것인가. 오늘날 리더십이 직면한 문제들은 간단히 해결되는 경우가 드물고 통전성을 실천하는 방법 역시 분명하게 드러나 있지 않다. A 리더십이 가진 긍정적이고 효과적인 접근법은 다른 사람들과 함께 전체의 이익을 위한 결정을 내리는 것이다.

전체를 위해 일한다는 것은 당신이 이전에 신봉했고 심지어 추종하기까지 했던 지배적인 사회 구조까지 대항하여 나아간다는 의미다. 필요하다면, A 리더들은 사람들을 우습게 여기거나 부당하게 대하거나 분열과 상처를 유발하는 관습적인 사회적 절차와 시대에 뒤떨어지는 기관들에 항거한다. 전 미국 대통령 지미 카터Jimmy Carter는 2009년 7월에 60년간 이어 온 독실한 신자로서의 삶을 마감하고, "미국 남부 침례교와의 관계를 끊겠다."라는 고통스럽고 어려운 결정을 내림으로써 이를 실천하였다. '평등을 위해 종교를 버리다.'라는 제목의 편지에서 그는 이렇게 이야기한다.

그렇지만 이 결정은 침례교의 지도자들이 성경에서 두세 구절을 교묘하게 뽑아내 인용하면서 이브는 아담을 따서 만들어졌고 원죄의 책임이 있기 때문에 여자는 반드시 남편에게 '종속되어' 있도록 이미 정해져있어 교회의 지도자나 목사 또는 군대의 군목으로 일하는 것을 금지해야 한다고 주장하는 상황 속에서 피할 수 없는 결정이었다. 내가 가장 참기 힘든 점은 여자가 남자에게 반드시 복종해야만 한다는 믿음이 국가 법률에 변명거리로 이용되어 노예제도, 폭력, 강요된 매춘, 여성의 성기 절제 그리고 강간이 범죄에서 제외되었다는 점이다. 그렇지만 이것에 대한 대가는 크다. 수백만 명의 소녀와 여성들이 가져야 할 신체와 삶에 대한 지배권이 박탈당했으며 교육과 건강, 고용 그리고 자신이 속한 공동체 내에서의 영향력 등을 행사할 여성의 당연한 권리를 계속해서 부정한다. … 종교나 전통을 핑계로 여성과 소녀들을 차별하는 행위를 마치 전능자에게 애초부터 부여받은 권한인 것처럼 정당화하는 것을 용납할 수가 없다. ^{미주 6}

카터 대통령이 내린 결정은 A 리더십이 **합법적인 규칙**을 버리고 그 대신 삶을 긍정하는 가치를 드높이고 더 공정하며 삶을 소중하게 여기는 세상이 절실하게 필요하다고 외치고 있음을 보여준다. '글로벌하게 생각하고 지역적 수준에서 행동하라.'는 문구는 전체를 위해서 가장 훌륭하게 공헌하는 방법을 알려 준다. 우리 시대가 직면한 세계의 실상에 대해 바로 알고, 자기가 가진 가치와 원칙을 분명하게 하고, 모든 사람 하나하나를 긍정적인 시선으로 바라보고, 자기의 입장을 가능한 한 분명히 밝히고, 모든 사람을 위해 노력하는 세상을 만드는 것이 바로 그것이다. 이것은 변화를 의미한다. 미래 지향적으로 우선순위를 매기고 가치 발견을 통해 작업 방법을 확립하며 삶을 긍정하는 구조, 시스템, 상품 및 서비스를 설계하는 그런 변화다. A 리더십은 시스템의 긍정적인 변화와 잘 맞는 유일한 것이다.

사려 깊은 의사 결정

우리는 개인으로나, 집단적으로나 또 글로벌하게 내린 결정의 결과에 의해 만들어진 세상 속에서 살아가고 일을 한다. 아래의 이야기가 보여주듯이 당신이 내린 결정은 모두 당신이 가지고 있는 가치를 보여주고 당신이 세운 원칙을 실행에 옮기고 지구가 지속 가능해지도록 공헌하는 기회가 된다.

통전성으로 가는 길은 당신이 내리는 결정에 의해 펼쳐진다. 그 길은 당신이 내린 결정들이 외부로 퍼져 나가면서 생겨난 영향력이 남긴 자취다. 하루도 빠짐없이 당신은 수백 가지에 이르는 결정을 내린다. 그리고 당신이 내린 그 결정 하나하나가 서로 거미줄처럼 얽혀 있는 모든 생명체로부터 나오고 또 이들 생명체에 영향이 미친다. 이 아이디어를 스스로 테스트 해 보라.

A 리더십은 당신이 스스로 내린 결정을 바르게 인식하고 그 결정이 당신의 가치와 일치하는지 또는 그렇지 않은지를 분명하게 파악하도록 요구

나는 10년이 넘게 의료계를 선도하는 세계적인 의료회사의 경영진과 함께 일해 왔다. 이들은 처음부터 지금까지 줄곧 나의 '역할 모델'이 되고 있다.

나는 이 회사의 CEO와 부사장에게 우리가 추진했던 문화적 변화를 왜 그렇게 중요하게 여기는지 물었다. 나는 이들의 답변을 지금도 생생하게 기억하고 있다.

"우리가 추진했던 문화적 변화는 세상을 더 좋은 곳으로 만드는 가장 훌륭한 방법입니다. 우리는 이 사업에 믿음을 가지고 있고 또 이 사업이 성장하고 번창하기를 바랍니다. 그렇지만 더 중요하게는 우리가 리더로서 내리는 결정에 높은 기준을 적용하려고 합니다. 우리에게는 사람들이 세상에 도움이 되는 봉사를 하도록 도울 의무가 있습니다. 이를 통해 사람들이 스스로를 가치 있게 여기도록 돕고, 사람들의 성장을 후원하고, 세상이 더 좋은 곳이 되도록 돕습니다. 우리는 우리가 가진 가치를 분명히 알고 있고 이런 가치가 우리가 행하는 모든 일에서 반드시 실현되기를 바랍니다. 이것이 우리가 통전성을 가지고 살아가고 또 일할 수 있는 유일한 길입니다."

이때가 내게는 깨달음의 순간이었다! 이들은 조직을 자신과 다른 사람들이 일하고 싶어 할 공간으로 만들어 자신이 살고 싶었던 세상을 만들어가고 있었다. 이들에게 있어서 이것은 간단한 방정식이었다. 자기가 가치 있게 여기는 것이 무엇인지를 알고 자신이 살고 싶은 세상을 상상하고 행하는 모든 것들 안에서 매일 그런 세상을 만들어 나간다. 바로 그것이 사려 깊은 의사결정이다.

한다. 시간이 흐르면서 당신이 내리는 결정이 일관성을 유지하는 것이 특히 중요하다. 조직 안에서 비일관성만큼 비판을 받는 것도 없다. 반면 열려 있으며 시기적절한 의사소통과 투명성 그리고 대화에서 나오는 통전성보다 더 존중받는 것은 없다. 아래의 이야기는 사려 깊은 의사 결정이 존재할 때와 그렇지 않을 때 벌어질 수 있는 일화들을 소개한다. 각각의 이

지난 두 시간 동안 있었던 당신의 마음을 한번 살펴보자.

- 얼마나 많은 결정을 내렸는가? 누군가에게 전화를 걸고 전화에 응답하고 이메일을 쓰고 점심을 주문하고 정기 구독을 취소하고 회의 일정을 정하고 하루 휴가를 내고 팀원들과 회의를 하고 커피를 한 잔 마셨는가.
- 얼마나 많이 의사결정에 대한 논의를 하고 의사 결정에 어떤 기여를 했는가? 회의 일정, 신제품의 출시 시기, 마케팅 예산, 신기술 구매, 문화 변화를 위한 전략 등.
- 얼마나 많은 의사 결정이 이루어졌고 또 그 결정은 당신 자신, 일 그리고 가족에 어떤 영향을 주었는가? 회사를 그만두는 동료, 당신 회사가 수주하게 된 대량의 주문, 휘발유 가격 인상, 내년에 열리는 회의에서 연설을 해 달라는 초대, 남편이나 아내가 저녁 장을 보러 나갔다가 당신이 사는 동네에서 폭력 사태가 발생했다.
- 당신이 내렸던 결정이 다른 사람들의 삶에 어떤 영향을 미쳤는지에 관해 생각해 보라. 단기적으로? 또 장기적으로는?
- 다른 사람들이 내린 결정이 현재 또 미래에 당신의 삶이나 일 또는 가족들에게 어떤 영향을 끼치는지에 관해 생각해보라.

야기는 예상과는 다른 결말을 맺는다. 첫 번째 이야기는 사려 깊은 의사 결정이 실업과 같은 도전에 직면한 상황에서까지도 사람들이 어떻게 평정심을 유지하게 하는지를 보여준다. 두 번째 이야기는 일관성이 지켜지지 않으면 조직 내에서 떠도는 이야기가 사람들이 따르려는 가치와는 다른 모습으로 왜곡되어 빠르게 퍼지고 부정적으로 분열을 조장하는 것을 보여준다.

이야기 1. 새로 부임한 사장은 자신의 리더십에 대해 신뢰를 쌓는 한 가지 방법으로 3교대로 일하는 1,200명의 조직 구성원 모두를 일련의 에이아이 서밋에 참가하도록 지시했다. 이 활동의 목표는 '고향 마을 고객 경험hometown customer experience'을 강화하기 위해 그들의 강점과 원칙 그리고 우선순위를 분명하게 밝혀보자는 것이었다. 이 과정은 성공적이었다. 종업원들과 고객들 모두가 이제 막 모습을 나타낸 긍정이라는 신문화를 즐기고 있었다. 이 과정은 3개월에 걸쳐 실시되었다. 이 기간 동안에 새로 부임한 사장은 자기가 부임하기 전부터 그 직책을 유지했던 최고재무책임자가 자금을 변칙 운용하고 있었음을 발견하였다. 그 최고재무책임자는 그 자리에서 해임되었다.

긴급하게 재정 상태를 검토한 결과 구성원들의 해고가 불가피하다는 사실이 분명해졌다. 이 사장은 우리를 불러 이렇게 물었다. "어떻게 하면 긍정적으로 해고할 수 있을까요?" 그는 상황을 설명했다. 우리는 수 시간 동안 그 사장과 그의 팀과 함께 이 문제에 관해 진지하게 고민했다. 궁극적으로 우리는 성공했다. 여기에서 그 당시에 일어났던 일들을 몇 가지 적어 보겠다.

- 관리자들은 이 상황을 전해 들었고 그날 오후에 모든 사람들이 그 소식을 동시에 들을 수 있도록 부서에 전달하라는 지침을 받았다.
- 그 이후 이틀간 사장은 교대 시간마다 모든 부서를 돌며 직원들이 던지는 질문에 귀를 기울이고 답해 주었다.
- 사람들에게 직무 능력 향상 교육을 위한 장기 휴가와 일자리 나누기 그리고 조기 퇴직을 포함한 선택권을 주었다.
- 회사를 떠나라는 말을 듣게 된 사람들 모두에게 이력서 작성과 구직 카운슬링 등의 도움을 주었다.
- 회사에서 구직 박람회가 열렸다.
- 해고가 있은 후 2주일 동안 2시간짜리 에이아이 모임을 열어서 직원들이 슬퍼하고 또 그동안 벌어진 일에 관해 토의할 수 있게 하였다.

그 결과는 놀라울 만큼 긍정적이었다. 직업 상담사는 일자리를 잃게 된 108명 가운데 이성을 잃고 화를 내는 사람은 겨우 3명뿐이었다고 말했다. 이것은 그가 일해 온 20년 동안 가장 긍정적인 해고였다! 6개월이 지나고 난 뒤 우리는 다시 그 회사의 어느 부서와 함께 일하게 되었다. 우리가 그 부서의 구성원들에게 리더십 팀이 가진 강점에 관해 설명해보라고 하자 이들은 통전성, 접근 가능성, 그리고 성실함이라고 답했다.

이야기 2. 리더십 팀은 에이아이와 직원들의 참여, 협동에 중점을 두겠다고 말했다. 사람들은 열광했고 새로운 방식으로 다른 사람들을 향해 손을 내밀었다. 변화의 씨앗이 뿌려졌고 그러고 나서 신임 간부

두 사람이 영입되었다. 이들은 A 리더가 아니었다. 두 사람 모두에게는 '수직 하향적 권위'를 중시하는 리더라는 악명이 붙었고 그 악명은 빠르게 퍼져나갔다. 일이 이렇게 되자 이전에 일구어 놓은 성과가 몇 주도 지나지 않아 빛을 바래기 시작했다. 직원들은 술렁였다. "직원들과 맺은 약속을 정말 진지하게 여길 생각이었다면 이런 사람들은 도대체 왜 고용한 거지?", "그 사람이 하는 말은 진심이 아닐 거야. 만약 진심이었다면 이런 사람들을 고용했을 리가 없어.", "나는 그 사람들이 하는 말을 믿지 않아. 행동으로 보여주는 것과는 영 맞지가 않는걸.", "나는 무언가 변화가 일어나리라고 생각했어. 이제 그렇지 않다는 걸 알겠어."

사려 깊은 의사 결정은 통전성을 보장하는 강력한 실천 방법이다. A 리더십은 때때로 하던 일을 멈추고 자신의 일을 성찰하고, 사람들과 이야기를 나누고 대의를 위한 결정을 내리기 위해서 다른 대안들을 찾아내는 데에 시간을 들인다. 어떤 사람들은 분별없는 의사 결정이라는 사치를 부린다. 사려 깊은 선택을 하지 않더라도 좋은 일이 생기기도 한다. 이런 사람들은 안전한 주거 공간을 확보하고 있고 음식을 충분히 가지고 있으며 이미 있는 일과 동료가 있으며 사랑하는 친구들과 가족이 있다. 그렇지만 분별없는 의사 결정은 세상 사람들 대부분이 누리지 못할 사치다. 그리고 지각없는 의사 결정은 지속 가능성을 추구하기 위해선 포기해야 하는 사치다. A 리더십을 가진 리더는 개인으로서 그리고 집단적으로 모든 사람에게 득이 되는 세상을 만들 수 있도록 신중한 결정을 내리기 위해 노력한다.

당신이 최근에 내렸던 결정들을 되짚어 본다. 그 결정들이 관계를 개선하는데 얼마나 도움이 되었는가? 그 결정이 사람들과 집단 모두의 존엄성과 완전성을 고취시켜 주었는가? 당신은 시간과 금전 등의 자원을 어떻게 확보하고 사용하는지에 관해 사려 깊었는가? 당신의 결정은 모두에게 득이 되는 세상을 만드는 데에 어떻게 기여했는가?

원칙에 근거한 일처리principled performance에 권한 부여하기

개인적이건 집단적 상황이든 상관없이 원칙에 근거하여 일을 처리하게 되면 사람들이 공유하고 있는 원칙과 일치하게 강점을 활용할 수 있다. A 리더들은 원칙에 근거하여 솔선하여 일을 처리하고 다른 사람들에게도 그렇게 하도록 권한을 부여함으로써 통전성을 보여 준다.

의사결정, 고객 지원, 의사소통, 협동, 품질, 인정 등을 포함하는 모든 형태의 활동은 원칙에 따라 이루어진다. 원칙이란 적절한 활동과 부적절한 활동을 구분하는 기준이나 믿음, 행동 양식이다. 이것은 종종 속담의 형태를 띤다. '파리를 더 많이 잡으려면 식초보다는 꿀이 낫다.', '한 푼 아낀 것은 한 푼 번 것이나 마찬가지다.', '손바닥도 마주쳐야 소리나는 법이다.'

원칙은 성공할 수 있는 방법을 알려준다. 마찬가지로 원칙은 학습, 평가 그리고 인정recognition의 기준으로 작용한다. 예를 들어 식초보다는 꿀로 파리를 더 많이 잡을 수 있다는 믿음은 사람들에게 꿀처럼 친절하고 사려 깊으며 상냥하게 대하는 방법을 가르칠 필요가 있다는 사실을 알려 준다. 사람들이 얼마나 이 원칙에 입각해서 일을 처리하는가, 즉 파리를 잡고 있는가를 평가할 필요가 있음을 시사한다. 또 원칙에 따라 훌륭하게 실천함으로써 성공이 약속된 결과, 즉 파리를 더 많이 잡게 된 사람들을 제대로 인정해 줄 필요가 있음을 말해준다.

이제 당신에게 또는 당신이 이루려는 성공에 있어서 가장 중요한 원칙들을 되짚어 본다. 아래의 내용들을 생각해 본다.

- 무엇이 뛰어난 성과를 낸다고 믿는가?
- 감독자와 관리자가 취해야 할 적절한 역할은 무엇이라고 생각하는가?
- 학습과 성장 그리고 인간 개발에 공헌하는 것은 무엇이라고 생각하는가?
- 당신에게 있어 건강한 인간 관계를 형성하는 것은 무엇인가?
- 무엇이 훌륭한 팀을 만든다고 믿는가?
- 자연 환경에 대한 당신의 행동 방침code of conduct은 무엇인가?
- 당신이 생각하는 탁월성의 기준은 무엇인가?

알다시피, 원칙이란 인간이 존재하고 일하고 배우고 살아가는 데 있어 당신이 최선의 방식이라고 여기는 가치와 믿음의 조합이다. 이런 원칙들은 당신의 이상이며 당신이 선호하는 리더십 스타일이 무엇인지 분명하게 나타내고 당신이 이룬 성과를 설명해 준다. 당신이 세운 원칙들이 다른 사람들과 주고받는 말, 행동과 하나가 될 때 당신은 통전성으로 향하는 길 위에 서게 된다. 사람들은 당신을 가리키며 '언행일치'를 말하고 당신이 표현하는 리더십을 존중하게 되어 결국엔 당신을 존경하게 될 것이다.

A 리더십은 원칙에 따라 일을 처리하도록 권한을 부여함으로써 사람들

이 원칙을 분명하게 규정하고 그 원칙에 따라 행동하도록 독려한다. 이것을 실천하는 방법은 다양하다. 사람들을 모이게 한 다음 위에서 열거한 것과 같은 질문들을 주제로 토의하도록 하는 것도 한 방법이다. 또 구성원들끼리 성공의 원칙에 관련한 성공담을 나누고 분석하게 할 수도 있다. 또는 실무(on-the-job) 코칭을 통해서 이루어지기도 한다. 사람이 스스로에 대해 자부심을 느끼려면 반드시 자기가 하고 있는 일과 그 일에서 일궈낸 성과 그리고 함께 일하는 사람들에 관해서도 자부심이 있어야 한다.

때로 사람들은 자신의 원칙을 기준으로 '잘 했다.'라는 칭찬을 들어야 할 필요가 있다. 경우에 따라서는 자신의 원칙을 확인하고 최고의 탁월성 수준에 도달하기 위해 노력하는 과정에서 코칭을 필요로 하기도 한다. 리즈의 이야기가 이런 사실을 보여준다.

사람들은 일깨워지기만을 기다리고 있는 탁월성에 대한 암묵적인 기준들을 갖고 있다. A 리더십은 "당신이 일을 잘 해냈다는 것을 어떻게 알 수 있을까요?" 혹은 "당신은 이 프로젝트나 절차, 과정에서의 성공을 어떻게 정의하나요?"와 같은 질문을 던짐으로써 이런 암묵적인 원칙들이 무엇인지 밝혀내고 이 원칙들을 자기가 가진 고유한 원칙들과 통합해 나간다. A 리더들은 사람들로 하여금 자신들이 생각하고 있는 탁월성의 기준을 성찰하고 규명하게 이끌면서 그들이 자아 존중감을 갖고 품질과 성공을 스스로 책임져 나가도록 한다. 사람들에게 해야 할 일을 지시하면 실패에 대한 두려움을 키우게 된다. 그러나 사람들에게 원칙을 분명히 말하게 하고 그 원칙에 따라 행동하라고 요구하면 그들은 에너지를 발산하고 성공에 몰입하게 되며 일터에서 통전성을 이루게 된다. 이것은 개인과 팀 모두에 적용된다.

A 리더십은 공유된 원칙들을 찾아내고 분명하게 표현하도록 촉진함으

리즈는 집의 오래된 타일 마루를 예쁜 나무 바닥으로 교체하던 중이었다.

어떤 기준에서 봐도 새 바닥을 설치하던 사람들은 일을 잘 하고 있었다. 인부들이 부엌으로 들어가서 일을 계속했다. 마지막으로 수평을 맞추려고 냉장고를 빼내면서 새 마루에 눈에 띄는 자국이 생겼다. 절망감에서 나오는 탄식이 집 안 전체에 울려 퍼졌다. 사람들이 모두 긁힌 자국을 보려고 서둘러 모여들었다. 사포로 갈아낼 수 있을까? 정말 눈에 띌 정도인가? 긁힌 판자를 교체해야 할까? 감독관이 이렇게 말했다. "리즈, 이건 당신 마루예요. 당신 결정에 달려 있습니다. 우리가 어떻게 해 드리면 될까요?"

리즈는 잠깐 동안 자신의 작업 원칙을 생각하고 나서 두 명의 젊은 작업자들에게 이렇게 말했다. "저는 이 긁힌 자국이 있어도 상관없어요. 시간이 지나면 긁힌 자국이 더 많이 생길 게 확실해요. 진정한 문제는 당신들이 이대로 놔둘 수 있느냐는 것이지요. 당신들이 결정할 문제예요. 이 일을 마치고 당신들이 한 일에 대해 자부심을 느끼려면 어떻게 해야 할까요?"

두 사람은 서로를 마주보고서 미소를 짓고는 긁힌 판자를 뜯어내기 시작했다. 다음날 이들이 일을 마치고 떠나면서 젊은 작업자 중 한 사람이 리즈에게 이렇게 말했다. "이 마루는 제가 시공했던 마루들 중에서 최고라고 생각해요. 우리가 제대로 해낼 수 있도록 기회를 주셔서 감사합니다. 어떻게 하라고 지시를 받는 것보다 훨씬 기분이 좋았어요."

로써 팀과 부서, 집단 그리고 전체 조직 내에서 사람들이 원칙에 따라 일할 수 있는 권한을 부여한다. 그 결과, 사람들은 에이아이 절차를 이용해서 강점을 찾아내고 미래를 상상하며 그런 다음 함께 일해 나가기 위한 일련의 원칙들을 설계하게 된다.

오늘날 여러 의과 대학들이 학생들과 사회가 요구하는 변화에 맞게 교육과정을 새로 디자인하고 있다. 한 유명한 대학의 리더들은 새로 짓는 대학 건물의 설계와 건축에 맞춰서 학사 일정을 다시 짜기로 결정했다. 이들은 에이아이에 근거한 '총체적holistic' 설계 절차에 맞춰 이 계획을 실행에 옮겼다. 의과 대학의 교육 내용과 교수법 그리고 사용할 수 있는 공간이 모두 한꺼번에 다시 만들어졌다. 교육 과정을 재설계할 책임을 맡은 교수진은 매우 헌신적이고 훌륭하며 다양한 배경을 가진 사람들로 구성되어 있었는데, 이들은 교육과정 재설계를 위한 일련의 원칙들을 만들어 내고 이것에 합의를 하고 난 후에야 비로소 각자가 제안하는 바를 서로 조율할 수 있었다. 그러나 이들이 원칙을 만드는 데에 들인 시간은 헛된 것이 아니었다. 이 원칙들로 인해 다른 사람이 낸 성과를 평가하는 일이 훨씬 더 수월해졌고 그 과정에서 생기는 갈등도 줄어들었다. 이들이 서로 공유한 원칙들은 각자가 제시한 제안을 조정하기 위한 틀로 사용되었고 또 최종 교육과정 설계를 확정짓는 기준으로도 사용되었다.

모든 집단 안에는 공유된 원칙들, 즉 전체의 이익을 위해서 함께 일하는 방법에 관한 집단적인 지혜가 존재한다. 이런 원칙들을 발견하고, 구체화하고, 협력을 위한 기반으로 사용하기만 하면 되는 것이다.

통전성: 조직의 성공을 가늠하는 궁극적인 측정 도구

A 리더들은 사람들과 함께 일련의 원칙을 공유하고 구체화함으로써 지속적으로 높은 성과를 낼 수 있는 상황을 조성한다. 일단 원칙이 분명하게 표현되고 합의에 이르고 나면 이 원칙들은 일을 하는 방법이 되고 성공의 척도가 된다. 당신이 누군가가 일을 훌륭하게 해냈다고 칭찬하자 그 사람이 "눈 여겨 봐 주셔서 고맙습니다, 이것이 우리가 여기에서 일하는 방식입니다."라고 대답했다면 당신은 그 사람이 조직이 공유하고 있는 원칙에 입각하여 일하는 사람이라는 것을 알게 될 것이다.

A 리더십은 원칙을 지키는 활동을 통해서 긍정의 힘을 개발한다. A 리더십은 일반적으로 사람들이 긍정적인 변화를 이루는 데 최선을 다해 기여하고 싶어 한다고 가정한다. A 리더십은 성공을 이루기 위해서는 사람들이 자신에게서 무엇을 기대하는지 또 자신의 강점을 적용하는 최선의 방법이 무엇인지를 스스로 깨달아야 한다는 점을 인식하고 있다.

〈그림 7-1〉에서 보듯이 원칙에 따라 일을 수행하기 위해서는 구성원들이 원칙을 공유해야 하며 그 원칙을 공유하기 위해서는 구성원 각자의 강점을 활용해야 한다.

이것은 수준 높은 성과를 달성하기 위한 간단하고도 강력한 공식이다. 그렇지만 조직이 성공에 이르는 열쇠는 당신이 세운 목표를 이루어 줄 합당한 요소들을 확실하게 갖추는 데에 있다. 당신이 세운 원칙이 당신이 이루게 될 성공의 척도가 되기 때문에 이 원칙들이 당신의 사명과 전략 그리고 목표와 하나가 되어야 한다는 점이 절대적으로 또 전략적으로 중요하다. 성공한 조직과 회사, 학교, 항공사, 의료 기관 그리고 협회들은 사명과 전략을 뒷받침할 수 있는 원칙에 입각해 운영된다.

〈그림 7-2〉에서 보듯이 성공에는 중요한 척도가 두 가지 있다. 첫째는 당신이 세운 원칙들이 당신의 사명과 전략, 목표에 합치되는 정도이며, 둘째는 당신이 얼마나 원칙에 맞게 살아가고 일하는가 하는 것이다. 당신의 사명과 전략, 원칙과 강점이 일치하는 정도를 나타내는 통전성은 조직의 성공을 가늠하는 궁극적인 척도다. 원칙을 잘 지키는 조직의 예 세 가지를 소개한다.

〈그림 7-1〉

원칙을 따르는 활동을 나타내는 공식

〈그림 7-2〉

조직 성공의 열쇠가 되는 요소들

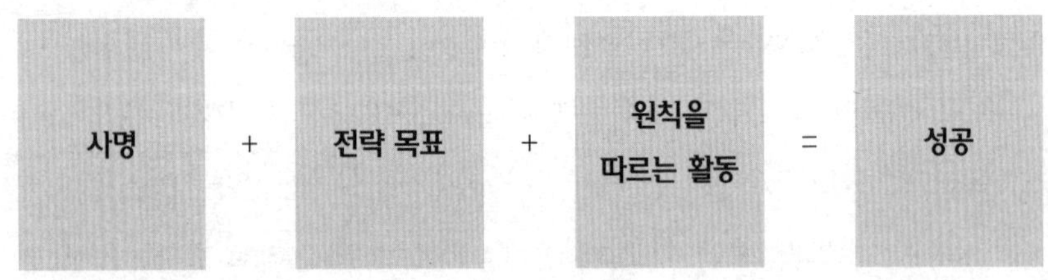

첫 번째 예는 국제 로터리 클럽협회다. 이 협회의 핵심 원칙과 관련한 4가지 시험은 100개가 넘는 언어로 번역되었다. 전 세계의 로터리 클럽의 회원들은 생각과 말과 행동에 관한 4개의 질문을 똑같이 스스로에게 묻는 것으로 통합을 이루었다.

1. 이것은 진실인가?
2. 이것은 관련된 모든 사람들에게 공정한가?
3. 이것은 선의를 쌓고 우정을 더욱 돈독하게 하는가?
4. 관련된 모든 사람들에게 혜택이 돌아갈 것인가?

두 번째는 버몬트 주 워터버리에 기반을 둔 고급 커피 제조업체인 그린 마운틴 로스터즈로 이 회사는 세상을 이롭게 한다는 핵심 원칙에 따라 움직인다. '우리는 세계를 위한 힘이다. 우리는 지역적으로나 세계적으로 긍정적인 변화를 가져오는 비즈니스와 개인의 능력을 지지하고 후원한다.' 회사의 지도자들은 조직의 세전 수입의 5%를 사회사업과 환경 사업에 투자함으로써 이 원칙을 지켜 나가고 있다. 더 중요한 것은 이들이 농부들이 경작에 최고의 농업 기술을 이용하고 스스로 건강을 돌보며 사업 기술을 키워서 수입원을 다원화하며 다양한 인종 집단을 아우르는 공동체를 건설할 수 있게 하고 개발 도상국가의 지역 경제가 안정되도록 돕기 위해서 커피 경작자들과 전 세계의 NGO들에게 지원금을 보조하며 이들의 뒷바라지를 하고 있다는 사실이다.

마지막으로 우리가 아는 조직 중에서 원칙을 가장 엄격하게 고수하는 종교 연합이니셔티브는 2000년에 전문preamble과 목적 그리고 미래 결정과 성장을 인도하기 위한 일련의 원칙들을 제정하기 위해 만들어졌다. 10년이 지난 지금 전 세계의 450개가 넘는 지역 단체들이 설립되어 URI의 전문과 목적 그리고 원칙에 입각해 종파를 초월한 평화 활동을 펼쳐나가고 있다.

그러면 통전성을 위해 치러야 할 대가는 무엇인가? 그 대가는 통전성을 이루지 못한 경우와 비교한다면 크지 않다. 그러나 만약 통전성을 이루지 못했다면 우리는 그 대가로 성공을 내주었어야 했을 것이다. 시작은 미약하다. 공유된 원칙이 없다고 해도 훌륭한 사람들이 모이면 훌륭한 일을 이루어 내겠지만 이런 경우 사람들은 모두 제 나름대로 일하게 될 것이다. 여기에는 완전함과 일관성 그리고 표준화가 존재하지 않으며 시간과 에너지 그리고 대부분의 경우 돈이 든다. 그러다가 일이 커져간다. 절망감도 커져가고 사람들이 서로를 불신하고 탓하게 되고 그 와중에 사업이나 고객들을 잃게 된다. 재작업에 드는 비용과 고객 불만족과 형편없는 품질 문제가 심각해지기 시작한다. 이런 상황이 집중을 방해하고 당신은 잠을 설치기 시작한다. 사람들의 사기는 사상 최저이고 갈등은 사상 최고조에 달해 있다. 가장 뛰어난 사람들이 떠나가고 있다. 사람들은 자기가 맡은 일을 제대로 해내지 못한다. 사람들의 건강이 나빠지기 시작한다. 공유된 원칙 없이는 사람들 간에 관계를 단단하게 유지하지 못하고 또는 협력하여 일하지 못한다. 이런 갈등이 외부로 표출되고 고객들이 이를 알게 되면 다른 곳으로 가버린다. 이 시나리오가 보여 주듯이 통합하지 못하면 실적이 곤두박질치고 만다. 또 당신이 바로잡겠다는 결정을 내리기까지 곤두박질은 계속된다.

전략이 산업과 사회의 흐름과 보조를 맞추거나 그보다 앞서도록 변해야 하는 것처럼 원칙들도 변해야 한다. 방향과 전략을 수정할 때마다 원칙을 다시 검토하고 손질해야 한다. 또 원칙은 당신이 가진 인적 구성과 가치, 모습이 바뀌는 것과 동시에 재정비 되어야 한다.

자기 자신에게 진실하라

A 리더십은 자기애를 실천한다. 통전성은 자기 인식과 타인에 관한 인식, 자기에 대한 배려와 타인에 대한 배려, 자기만족과 타인의 만족을 요구하는 관계상의 과정이다. 무엇이 자신에게 중요한지를 파악하고 열린 마음으로 다른 사람들(예를 들면, 직원, 고객, 정부 기관, 심지어는 경쟁자)이 중요하게 여기는 것에 반응하는 능력을 갖추는 것이 A 리더십의 중요한 실천 방법이다. 당신의 통전성은 당신이 개인적으로 무엇을 선호하는지, 다른 사람들이 필요로 하고 원하는 것을 당신이 이해하는지를 보여주며, 또 이 모두를 존중하며 행동을 취하는 능력을 드러낸다. 한 사람의 개인이건 팀이건 또는 전체 부서이건 간에 A 리더십은 다른 사람들의 니즈를 파악하며 이를 충족시키려 애쓰는 동시에 자기 자신에게 진실하다. 전체를 위해 봉사하면서 말이다.

'자기 자신에게 진실하라.'라는 말은 다양한 이미를 가진 말이다. 우리와 면담을 했던 사람들은 자기 자신에게 충실하다는 말을 이렇게 표현했다. 자신의 직관(감)을 믿는 것이다, 자신의 가치와 원칙 또는 신념에 따라 행동하는 것이다, 자기가 가진 강점과 열정을 활용해서 일하는 것이다. 이들은 '다른 사람들이 어떻게 생각하든지 상관없이, 당신이 믿는 바대로 행동하는 것은 옳다.'는 말과 또 '언행일치'를 강조했다. 나보다 나이가

베이징 올림픽에서 50미터 자유형 준결승이 막 시작하려는 순간 수백만에 이르는 사람들이 미국의 수영 선수 다라 토레스Dara Torres가 수영장 가장자리의 요원들에게 미친 듯이 팔을 흔들면서 수영장을 가로질러 뛰어드는 모습을 지켜보며 깜짝 놀랐다. 그녀가 가장 가까이에 있던 진행 요원에게 다가갔고 두 사람은 짧게 이야기를 나누었다. 경기는 잠시 중지되었다. 나중에 관중들은 스웨덴에서 온 다른 수영선수의 수영복이 찢어졌고 경기를 잠깐 연기해서 이 선수가 수영복을 갈아입게 해 달라고 다라가 요청했음을 알게 되었다. 이런 행동은 보기 드물다. 다라는 경쟁자가 살아남아 경기에 참가하게 해 주었다. 그녀는 완벽한 출발을 위해 자기의 모든 것을 집중하고 싶은 욕구를 잠시 내려놓았다. 출전 성적이 나빠질 위험을 감수하면서까지 말이다. 이 모두가 그녀에게 정정 당당한 승부에 대한 신념이 있었기 때문에 가능한 것이었다.

어린 한 동료는 이것을 '오디오와 비디오를 동기화하는 것'이라고 말했다. 우리의 경험에 비추어 볼 때 A 리더십을 실천하기 위해서는 다음 일곱 가지 면에서 자기 자신에게 진실할 것을 포함한다. 이 7가지의 실천 방법들은 모두 〈표 7-1〉에 요약되어 있는데 통전성의 긍정의 힘을 발현하도록 돕는다. 이들 중 하나라도 결여된다면 부정적인 결과가 나타나 당신을 통합의 길에서 벗어나게 만들고 말 것이다.

자기 자신에게 진실하기 위한 7가지 실천 방법

1. 당신이 사랑하는 일을 하라, 당신이 존경하는 사람들과 함께 하라.

2. 당신의 꿈을 따르라.

3. 당신의 강점을 활용하여 일하라.

4. 당신의 창조력을 표현하라.

5. 가치에 입각하여 결정하라.

6. 자기가 한 말을 지켜라.

7. 관계에 있어서 책임을 다하라.

당신이 사랑하는 일을 하라, 당신이 존경하는 사람들과 함께

자기 자신에게 진실하라는 말은 당신을 행복하게 만드는 것이 누구이며 무엇인지, 당신에게 즐거움을 주는 것은 누구이며 또 무엇인지 그리고 당신에게서 최선을 이끌어 내는 것이 누구이며 무엇인지를 안다는 의미다.

음악의 전설인 티나 터너Tina Turner는 이렇게 물었다. "사랑이 이것과 관계가 있는가?" 리더십에 관한 한 그 답은 '모든 것'이다. 통전성의 길은 사랑의 길이다. 당신이 자기가 하는 일과 함께 하는 사람들을 사랑할 때 이 사실은 분명해진다. 이러한 원리는 세상 모든 일에 적용된다. 우리가 누군가를 '달인'이다 또는 '달인답다'고 말하는 것은 그 사람이 자신이 사랑으로 하는 일을 한다는 의미이다.

건축의 달인은 설계 과정과 자재를 사랑하고 뒤에 서서 최종 결과에 감탄하는 것을 사랑한다. 선생님들 중 최고의 선생님은 학생들을 사랑하고 삶을 사랑하며 자신이 가르치는 과목을 사랑한다. 그 선생님은 인간이 발전해 가는 과정에서 즐거움을 찾는다. 어느 통달한 기술자가 언젠가 우리에게 이렇게 말했다. "당신은 이해하지 못하는 군요. 자기가 하는 일을 사랑하는 기술자들은 정말로 신보다 세상을 더 잘 만들 수 있다고 생각합니다!"

당신이 달인답다고 여기는 사람들에 관해 생각해 보자.

- 이 사람들은 자신이 하는 일에 대한 애정을 어떻게 표현하는가?
- 이 사람들은 함께 일하는 사람들을 어떻게 대하는가?
- 이 사람들은 사람과 자원에 대한 애정을 어떻게 표현하는가?
- 이 사람들에게서 당신이 가장 높이 평가하는 것은 무엇인가?

당신의 꿈을 좇는다

당신이 어디로 가고 싶은지 또 누구와 함께 가고 싶은지를 알라. 그 꿈을 이루도록 주의와 자원을 집중하라. A 리더십은 미래에 초점을 맞춘다. A 리더십은 개인들이 매우 긍정적인 이미지를 갖게 만든다. 이러한 긍정적인 이미지는 열망과 목표 그리고 이들을 이루기 위한 노력이라는 형태를 띠게 된다.

이러한 노력은 훈련된 것이고, 강점에 초점을 두며, 통전성에 이르는 것을 방해하는 제 요소들을 초월한다. 또한 세계적인 차원에서 A 리더십은 지금 우리가 내리는 결정과 행동, 자원이 앞으로 다가올 세대의 안위에 도움이 되도록 사용되어야 한다는 점을 강조한다.

네덜란드에서 발행되는 〈Ode〉지의 편집자인 요한 사버그Johan Schaberg는 이렇게 이야기했다.

진정한 지도자는 절대로 사람들을 이끌겠다고 나서지 않는다. 다른 사람들이 그를 개인적으로 따르는지의 여부는 부차적인 문제다. 이런 지도자들은 이끌지 않는다. 이들은 따른다. 꿈, 이상, 조국의 독립, 가족이 영위할 안락한 삶을 따른다. 또 이들은 매우 분명한 입장을 취하는데 그렇게 해서 자신이 가진 꿈을 공유하고 싶어 하는 주변 사람들의 마음을 움직인다. 진정한 지도자들은 자신이 보다 더 큰 존재와 연결되어 있음을 안다. 이들의 바람은 그것을 섬기는 것이다. [미주 7]

강점을 활용하여 일하라

자기가 가진 강점을 알아야 한다. 그렇지만 또 그 강점에 가치를 더해야 하고 사용하기도 해야 한다. 당신이 가진 강점을 진정으로 소중하게 여기고 이를 활용해야 살기가 더 쉬워지고 성과는 더 향상되며 신명나게 일할 수 있다. 그 뿐만 아니라, 다른 사람들도 당신과 함께 일하기가 더 쉽고 즐겁다고 여기게 된다. 스스로에게 잘하지 못하는 무언가를 강요하면 낙담하게 될 뿐이다. 한 번에 제대로 되지 않은 일을 다시 하는 데는 시간도 더 들고 생산성도 낮아진다. 만약 당신이 자신이 가진 강점이 무엇인지 말하지 못하는 상황이거나 현재 강점을 활용하는 일을 하고 있지 않다면 당신은 자신이 맡은 업무내용을 재조정하거나 인사 담당 부서에 이야기 하거나 경력 상담을 받아 제자리를 찾을 수 있도록 도움을 받아야 한다. A 리더십은 강점을 바탕으로 한다. 당신의 통전성은 자신이 지닌 강점을 제대로 알고 평가하며 강점에 따라 일하는 데에 달려있다.

당신의 창의성을 표현하라

창의적인 자기표현은 자기 자신에게 솔직한 사람이 되기 위해 필수적이다. 사람들로 하여금 당신이 무엇을 생각하고 느끼고 믿는지를 알게 하라. 당신에게 무엇이 중요한지를 말이다. 다른 말로 하자면, 당신이 가진 창의성을 자연스럽게 자기애를 보여주는 방식으로 시간과 장소에 적절하게 표현하라. 사람들이 비난받는다는 느낌을 받게 하거나 선한 의도로 수고하는 데에 방해가 되는 자기애는 통전성과는 거리가 멀다. 자신을 표현하고자 하는 니즈와 함께 일하는 사람들의 니즈 사이에 균형을 유지하는 것이 중요하다. 당신의 통전성은 당신의 '정서적 지능Emotional Intelligence' 에 달려 있다. [미주8]

우리가 수 앤Sue Ann 을 만났을 때 그녀는 생각도 크고 목소리도 큰 관리자였다. 그녀는 강했다. 그러나 그녀의 강함은 긍정적인 것과는 거리가 멀었다. 그녀는 다른 사람들의 말을 끊었고 그 누구보다도 더 오랫동안 더 큰 목소리로 말하고 늘 자신의 생각을 다른 사람에게 강요했다. 그녀는 세 번이나 승진이 좌절되고 나서야 비로소 자신의 의사소통 방식이 얼마나 부적절한 것인지를 깨달았다. 그녀는 코칭을 받았다. 코칭 내용은 단순했다. 그녀는 긍정적으로 강해지는 방법을 배워야 했다. 그녀는 자신이 결코 경험해본 적이 없었다고 생각되는 무언가를 표현하는 방법을 배워야만 했다. 바로 귀 기울여 듣는 일이었다. 다른 관리자들이 의사소통하는 방식을 연구하고 그 중에서 가장 좋은 방법을 배우고 따라하는 데 수 개월이 걸렸지만 그녀는 노력했다. 그녀는 진심어린 태도로 이야기를 들었고 그런 다음 창조적이며 주제에 적절한 생각을 표현하는 법을 배웠다. 그 결과 그녀는 늘 살고 싶어 했던 도시에서 새 직장을 얻었다.

가치에 입각하여 결정하라

당신의 의사결정과 사람들이 당신에게 중요하다고 하는 말을 일치시켜라. 다르게 표현하자면, 당신이 가진 가치를 바탕으로 사려 깊은 결정을 내리도록 노력하라는 말이다. 마크는 자신의 부인이 본인의 가치와 신념에 따라 어떻게 살아가는지에 관해서 이런 이야기를 들려주었다.

나의 아내는 물리치료사이자 필라테스 강사입니다. 아내는 물리치료사로 일하면 돈을 더 많이 벌 수 있지만 사람들에게 필라테스가 더 유용한 경우가 많다고 믿습니다. 아내는 환자들에게 물리치료를 받을 필요가 없고 그 대신 필라테스를 추천한다는 말을 자주 합니다. 환자들의 경제적 부담은 훨씬 줄어들고 그 치료 효과는 훨씬 뛰어납니다. 비록 제 아내 입장에서 볼 때 수입이 줄어든다고 해도 아내는 다른 생각은 하지도 않으려 할 겁니다. 아내가 가슴 속 깊이 간직한 믿음과 통전성을 가로막을 것은 없습니다.

A 리더들은 사람들에게 공통의 가치와 원칙 그리고 핵심적 신념을 명확하게 설명하는 데에 시간을 투자한다. 이들은 자신이 말하고 행하는 모든 것을 일치시키려고 애써 노력한다. 개인 차원에서 A 리더들은 자기가 가진 가치와 원칙 그리고 믿음을 의사결정 및 행동의 기준으로 사용한다. 조직 차원에서 A 리더들은 자신의 가치를 조직의 절차와 시스템 그리고 구조의 모든 면에 스며들도록 설계한다.

많은 리더십 팀들이 사람을 귀하게 여긴다고 말한다. 그렇지만 이런 가치를 자신의 경영 과정에 설계해 넣는 팀은 거의 없다. 미국 중서부 지방 3개 주에 걸쳐있는 어느 건설회사의 예에서 보는 바와 같이 리더들이 이렇게 하기만 한다면 그 성과는 확연하다. 이 회사의 리더십 팀은 면직, 강제 휴업, 해고에 종지부를 찍겠다고 선언했다. 사람들을 회사와 분리시키는 모든 절차가 다시 고안되었고 새로운 절차는 '육성 절차' 라고 부르기로 했다. 사직과 퇴직, 강제 휴업 그리고 면직은 모두 '육성' 의 기회가 되었다. 그 성과로 법적 분쟁이 줄어들었고 남아 있는 사람들의 입장에서는 생산성이 향상되었다.

자기가 한 말을 지킨다

자기애를 보여주는 가장 단순하고 분명한 방법은 자기가 한 말을 실천하고 계약 내용을 이행하며 약속을 지키고 자신의 책임을 다하는 것이다. 그렇게 실천하면 자부심을 가지고 행동할 수 있으며 다른 사람들도 당신에게서 좋은 느낌을 받게 된다. 자기가 한 말을 지키는 것은 다른 사람들로부터 존경받게 할 뿐만 아니라 자기 존중감도 만들어 낸다. 아래의 두 사례의 차이점을 살펴보자.

- 한 공급업자가 당신에게 자재의 견적을 내면서 인도 시기를 알려 주었다. 이 정보를 토대로 당신은 고객들에게 최종 제품을 받아볼 수 있는 시기를 이야기했다. 그 공급업자가 전화를 걸어와서 배송이 늦어진다고 이야기하기 전까지는 모든 것이 순조로웠다. 당신은 고객들에게 전화를 걸어 사과하고 배송 일을 다시 정했다. 자재가 입고되고 당신은 일을 잘 마쳤고 고객들에게 최종 제품을 배송했다. 고객들을 돈을 지불했다. 그런 다음 당신은 공급업자로부터 송장을 받는다. 송장에 적힌 액수는 처음에 합의한 금액보다 더 높다. 당신은 고객과의 관계를 유지하기 위해서 당신 쪽에서 '추가 정비를 부담'하기로 결정한다. 그 공급업지는 당신이라는 고객을 잃었다.
- 어느 고객이 전화를 걸어와 이틀 안으로 자재를 공급해 달라고 요청한다. 그녀는 시간이 매우 촉박한 주문이라고 설명하면서 당신이 도와줄 수 있는지를 물었다. 당신은 긍정적으로 답했고 그런 다음 부서 사람들을 불러 모아 당신이 약속한 것을 배송할 방법을 찾아본다. 회의실 여

기저기에서 좋은 생각이 터져 나왔고 사람들은 헌신적으로 일하며 잔업을 마다하지 않았으며 한 직원은 필요하다면 그 주문을 직접 배달하겠다고까지 나선다. 팀은 협력해서 일을 해나간다. 고객은 필요한 때에 필요한 것을 얻는다. 당신과 당신의 팀은 일을 훌륭하게 처리해 내면서 자부심을 느끼고 자존감을 얻는다.

당신에게 중요한 것을 근거로 계약을 맺으며 성사된 계약은 반드시 지켜야 한다. '남아일언중천금' 이라는 속담은 여자에게도 똑같이 적용된다. 무언가를 하겠다고 말할 때 그 사람은 그 말 속에 자신의 정체성을 불어넣는다. 당신의 정체성, 통전성 그리고 자존감은 모두 당신이 한 말을 지키는 것으로부터 자라난다.

사람들과의 관계에서 책임감있게 행동하라

마지막으로 당신에게 중요한 일에 변동이 생기거나 당신이 하겠다고 말했던 일을 해 낼 능력에 변화가 일어난다면 그 즉시 관련된 사람들과 함께 그 사실에 관한 이야기를 나눈다. 아래의 일화에서 어느 군대의 지휘관들이 인간 관계에서의 책임감을 보여주기 위해 심사숙고해서 어떤 결정을 내렸는지를 소개한다.

군대에서는 의례 사병이 장교에게 경례를 하는 것이 규범이다. 어느 해군 기지의 사령관은 사람들로 붐비는 보도를 걷다가 많은 사병들이 이 규범을 지키지 않는다는 것을 알게 되었다. 이 사령관은 휘하 장교들을 모두 소집해서 이 상황을 어떻게 타개해야 할지 저마다의 의견을 물었다. 장교들이 도출해낸 방법은 세 가지였다. (1)이런 일이 벌어질 때마다 그 자리에서 공개적으로 그 사병을 '심하게 꾸짖는다.' (2)이 규범 위반을 문제 삼지 않는다. (3)장교들이 먼저 경례한다. 이들은 마지막 방법을 선택했다. 다음날 장교들은 걷다가 사병이 다가오면 꼭 경례를 했다. 사병들은 놀란 표정이 확연했고 그 즉시 답례를 했다. 며칠 안으로 경례 예절은 제자리를 찾았다.

우리가 면담했던 사람들은 통전성의 중요성을 강조했다. 한 사람은 단호히 이렇게 말했다. "통전성이 존재한다면 다른 모든 것들이 제 자리를 찾습니다. 통전성이 존재하지 않는 경우에는 바로 그 자리에서 멈춰서는 편이 낫습니다." A 리더가 되기 위해서는 무엇보다도 자기 자신에게 진실해야 한다.

당신이 자기 자신에게 진실했던 때를 떠올려본다. 어떤 상황이었는가? 또 누가 관련되어 있었는가? 자기 자신에게 성실하기 위해서 당신은 어떤 일을 했는가? 그렇게 하고 나니 어떤 기분이 들었는가? 당신은 미래에 그보다도 더 완벽하게 자신에게 진실할 수 있도록 이 상황에서 무엇을 배웠는가?

올바른 인간 관계: A 리더십의 특징

통합의 길을 고수하는 데에는 노력과 지속적인 관심이 필요하다. 표석을 언덕 위로 굴려 올리는 중이라고 생각해 보자. 이것은 어려운 일이고 당신은 반드시 그 자리를 지켜서 그 표석이 다시 뒤로 굴러 내려오지 않게 해야 한다. 그렇듯 통전성도 마찬가지다. 통전성의 길 위에서는 잠들지 못한다. 계속해서 그 길을 고수하려면 당신이 맺은 인간 관계의 품격과 특성을 이해하고 관심을 기울여야 한다.

A 리더십은 올바른 인간 관계의 수많은 모순점들에 관해 기꺼이 그리고 의식적으로 고민하고 다른 사람들과 생각을 주고받는다.

- 권위를 존중하지만 권력을 향해 진실을 말한다.
- 젊은이가 목소리를 내도록 배려하면서도 경험에서 우러나온 지혜의 열매를 거둔다.
- 평등을 존중하면서도 탁월성을 인정한다.
- 연장자들을 존중하면서 새로운 생각에 개방적이다.
- 다른 사람들을 칭찬하면서 학대와 폭력을 솔직하게 고발한다.
- 곤경에 처한 사람들을 도우면서 독립을 지지한다.
- 문화적 차이를 인정하면서도 공유된 의미를 창출한다.

이 목록은 얼마든지 계속될 수 있다. 관계는 우리의 정체성과 공동체 의식 그리고 우리가 일하는 방식의 중심에 자리를 잡고 있다. 우리는 은연중에 서로 연결되어 있는 세상에 살고 있다. 인간들 사이의 유대는 엄연한 실체로서 우리가 다른 사람들과 모든 생명체들과 의사소통하고 상호작용하는 방식에 따라 강해지기도 하고 약해지기도 한다. A 리더들은 시간과 상황에 맞게 적절하게 행동함으로써 서로 연결되어 있다는 유대감을 쌓아간다. 이들은 인간성을 추구하는 사람들로 다른 사람들이 어떻게 일하고 어떻게 살아가는지를 배우고 그 방식을 받아들이는 데 개방적이다. A 리더들은 사람의 내면이 모두 본질적으로 선하다는 것을 믿으며 기쁨, 행복감 그리고 모두를 위한 안위를 이루도록 사람들과 가깝게 지내려고 노력 한다.

통전성의 길에서 벗어나는 가장 손쉬운 방법 중 하나는 관계상 부적절한 행동을 하는 것이다. 남자 간호사를 '의사 선생님'이라고 부르고 여자 의사를 '간호사'라고 부르는 것처럼 관습적인 생각 때문에 우발적으로 일어나기도 한다. 혹은 경쟁을 피해보자고 어떤 직책에 적격자가 아닌 사람을 들이는 등 지각이 없거나 두려움으로 인해 일이 벌어지기도 한다. 사람들에게 소리를 지르거나 정보를 제대로 알려주지도 않고서 자기 기대에 못 미친다고 다른 사람들을 비난하는 것과 같이 뻔뻔스럽기까지 한 일일 수도 있다.

명심하라. 당신이 통전성의 길에서 벗어났을 때는 어떻게 벗어났는지는 중요하지 않다. 중요한 것은 우아하고 능숙하게 제 자리로 되돌아가는 것이다.

사과가 도움이 된다. 그리고 용서 역시 도움이 된다. 당신이 내린 결정과 행동으로 벌어진 의도하지 않았던 결과에 대해 사과하는 것은 당신이 잘못했다는 의미가 아니다. 이것은 당신의 성격이 다른 사람이나 집단이 통전성을 회복하도록 도울 수 있는 강점을 가졌다는 의미다. 예를 들어, 알렉스가 동료인 캐더린이 업무와 관련된 여러 가지 결정을 내릴 때 자신을 제외시켰다고 우려를 표현했을 때 캐더린은 그 즉시 자신이 간과했던 점을 인정하고 사과했으며 어떻게 상황을 올바르게 바로잡을 수 있을지 가르쳐 달라고 요청했다. 두 사람 모두 알렉스가 걱정했던 점을 함께 나누고 여기에 진심으로 귀 기울여 상대방의 이야기를 듣고 인정했으며 알렉스는 캐더린을 바로 용서했다.

당신에게 걱정을 끼쳤거나 당신을 곤란하게 만들었던 다른 사람이나 집단의 부적절한 행동을 용서한다고 해서 당신이 약해지지는 않는다. 용서를 함으로써 당신은 다른 사람들에게서 또 어떤 상황에서 최선의 가능성을 이끌어내는 능력을 갖춘 강력한 지도자가 될 수 있다. 사과와 용서 모두 분위기를 쇄신하고 역사를 바로 세우며 인간 관계에서의 조화를 회복하는 데에 도움을 주는 실천 방안들이다.

어느 도교인Taoist은 우리가 올바른 인간 관계를 유지하는 것이 매우 유익하다고 말한다. "어떤 사람에게서 존경하고 동경할 만한 무언가를 찾아내면 우리는 그것을 자기 것으로 만들어야 한다. 또 다른 사람에게서 근심할 만한 무언가를 찾아내면 우리는 우리 안에 존재하는 근심할만한 점을 고쳐야 한다."[미주 9] 이 말의 첫 부분은 이해하기가 쉽다. 다른 사람들이 지닌 가치 있고 존경할 만한 것으로부터 배우고 이것을 자기의 것으로 만들라는 뜻이다. 두 번째 문장은 이해하고 실천하기가 만만치 않다. 만약 당신이 누군가 다른 사람에게 어떤 약점이 있다고 확신한다고 해서 당신 역시 모습은 다르지만 그 사람과 똑같은 약점을 가지고 있다는 사실을 여간해선 인정하려들지 않을 것이다.

이런 예를 생각해보자. 딕은 늘 회사에 지각을 하고 정작 회사에 도착해서는 변명과 구실을 늘어놓는 데 더 많은 시간을 허비해 버린다. 그의 동료 셜리는 실망했다. 그녀는 자신들이 맡은 일이 늦어지는 이유를 계속해서 딕의 탓으로 돌렸다. 결국 딕은 늘 늦는 사람이었다. 그녀가 마침내 자기반성의 시간을 통해 자신에게도 역시 시간에 맞추지 못한다는 문제가 있음을 깨달았다. 또 그녀는 자기에게도 해당되는 약점을 들어서 자기 편한 데로 딕을 탓해 왔다는 사실도 깨달았다. 이 사실을 깨닫고 나자 그녀는 딕의 일이 늦더라도 자신은 제 시간 안에 일을 마치겠다고 결심했다. 놀랍게도, 그녀가 제 시간에 일을 마치기 시작하자 딕은 제시간에 나타나 자기 몫을 다하고 그녀와 함께 일하기 시작했다. 그는 정말로 이런 상황을 즐거워했다!

인간 관계에 있어서 무엇이 적절하고 부적절한지를 결정하기란 쉽지 않다. 많은 경우, 당신이 할 수 있는 최선은 열린 정신과 마음으로 당신에게 주어진 옵션들이 무엇인지 생각하고 관련자들과 이야기를 나누면서 무엇이 가장 존경할만한 조치인지를 결정하는 것이다. 예를 들어서 아래에 주어진 상황에서 나타난 인간 관계의 복잡성을 생각해보자. 당신이라면 어떻게 처리했겠는가?

캐롤은 CEO에게 직접 보고하는 부사장이다. 오드리는 그 CEO와도 일하고 다른 사업 부서를 관리하는 세 명의 사장들과도 함께 일하는 사내 컨설턴트다. 캐롤과 오드리는 매달 서로 만나 정보를 교환하고 있었는데 한 번은 캐롤이 이렇게 이야기했다. "사람들은 제임스(사업 부서의 CEO)사장에게 문제가 있다고 생각해요. 내 생각에 제임스 사장은 다른 사람의 도움 없이는 당신이 하라고 한 인터뷰를 제대로 해

내지 못할 것 같아요. 당신이 제임스 사장한테 도와 줄만한 사람을 추천해서 그 사람이 인터뷰에서 중요한 사항들을 기록하기도 하고 생각을 제대로 정리하게 하면 어떨까요?” 오드리는 캐롤에게 이런 정보를 알려줘서 고맙다고 말했고 동료들과 상의해 보고 나서 결정된 사항을 캐롤에게 다시 알려주겠다고 말했다.

오드리는 동료 두 사람과 이 상황에 관해 이야기를 나눴다. 정말로 캐롤이 제임스 사장이 도움을 필요로 한다고 말할 입장인가? 만약 제임스 사장이 정말로 도움을 필요로 한다면? 만약 제임스 사장이 심각한 감정이나 건강 문제를 안고 있다면? 누군가 제임스 사장에게 이야기해야 할까? 그렇다면, 누가 해야 하나? 누군가 제임스 사장에게 사람들이 하는 이야기를 알려주어야 할까? 제임스 사장이 요청하지도 않았는데 오드리가 제임스 사장을 도와줄 사람을 구해야 할 입장인가?

오드리와 그의 동료들은 이 상황을 놓고 서로 이야기를 나누고 여러 가지 사항들을 고려한 뒤 자신이 그 사람으로부터 직접 듣지 않은 말이나 그 사람에게 하기가 꺼려지는 말을 하는 것은 적절하지 않다는 견해를 바탕으로 결정을 내렸다. 이들은 오드리가 다시 캐롤과 만나서 제임스 사장이 오드리에게 도움을 청한다면 기꺼이 돕겠다고 말하기로 결정했다. 그렇지 않았다면 이들은 처신이 부적절했다거나, 청하지도 않았는데 남의 인생에 멋대로 뛰어들었다는 기분이 들었을 것이다.

이 이야기가 분명하게 보여주듯이, 인간 관계의 질은 업무 수행의 질을 구성하는 매우 중요한 요소다. 인간 관계에서 무엇이 적절한지를 결정하는 데에는 시간과 생각이 소요되고 주의가 필요하다. 또 그럴 가치가 있다.

올바른 인간 관계는 긍정적인 힘과 친밀함, 학습, 협동 그리고 생산성의 근원이다. A 리더십은 고객과 판매자와 비즈니스, 공동체의 경계를 뛰어 넘는 것은 물론이고 문화와 연령, 관심사 전반에 걸쳐 부서와 조직 내에서의 올바른 인간 관계를 통해 통전성을 이룬다.

정직성은 최선의 방책이다.

정직성이란 단순히 당신이 마음속에 품고 있는 것을 말하는 그 이상이다. 정직성은 선함에 방해가 되는 것은 즐거운 마음으로 가차 없이 제거하여 선한 것을 단단히 부여잡는 것을 말한다. 정직성은 왜 중요한가? 정직성은 전체성이라는 의미를 부여하고 생각과 정보가 자유롭게 흘러갈 수 있도록 한다. 그 반면에 부정직성은 혼란과 죄책감 그리고 수치심을 유발한다. 속임수는 친밀감과 창조력을 가로막고 심지어는 건강을 해치기까지 한다.

당신이 사고와 감정을 솔직하고 완전하게 그러면서도 친절하게 나누었던 때를 생각해 보라. 어쩌면 이미 감지하고 있던 장애물이나 우려를 무릅쓰면서도 이렇게 했던 때를 말이다. 이 경험에는 안도감과 영감이 함께 했을 확률이 매우 높다. 어쩌면 기쁨까지도 말이다. 에이미는 이전 상사에게 솔직하게 이야기했던 경험을 들려주었다.

나는 그 상사와 겨우 6개월 동안 함께 일했을 뿐이었지만 그 6개월은 나의 회사 생활 중 가장 끔찍한 기간이었다. 우리가 함께 일하는 동안 나는 추궁당하고, 비난받고, 위협받는 기분이 들었다. 그 상사와 마주칠 때마다 나는 화가 치밀어 올랐고 그 사람에게 비협조적으로 대했고 심지어는 복수심이 생겨나기까지 했다. 하지만 곧 억울함이 커졌다. 결국, 상사가 승진해서 떠났을 때 나는 처음에는 안도감을 느꼈다.

이건 제대로 사는 게 아니야! 그 상사가 어떻게든 보복을 할지 모른다는 걱정을 무릅쓰고 나는 진실을 말하겠다고 결심했다. 나는 따로 그 상사와 만나서 내가 경험했던 것을 직설적으로 말했다. 나는 당신 밑에서 일하는 것이 무척 어려웠지만 그 경험이 상사로부터 인정을 받기 보다는 스스로 인정을 받기 위해 노력하라는 교훈을 주었다는 말로 이야기를 시작했다. 내가 하려던 말을 채 입 밖에 내기도 전에 그 상사가 내 말을 막았다. 나는 생각했다. '아, 이런. 이제 끝이구나!'

"잠깐만." 그가 말했다. "자네가 잘 하지 못한다고 생각해서 내가 자네를 질책했다고 생각했다는 건가? 천만에, 그렇지 않아! 자네는 내 밑에 있던 직원들 중에서 최고 중 하나였어. 그런데 자네가 가진 잠재력을 완전히 발휘하지 못하는 것이 안타까웠지."

말할 필요도 없이 나는 어리벙벙해졌다. 비록 그 상사의 행동에 관한 나의 견해는 무척 다르기는 했지만 나는 진실을 알게 되어 믿을 수 없을 만큼 감사한 기분이 들었다. 그 상사도 마찬가지였다. 그는 내 경험을 가슴에 품고 다른 직원들을 대하는 태도를 바꾸어 나가기 시작했다. 마침내 우리는 좋은 친구가 되었고 우리 두 사람이 모두 그 회사를 떠난 뒤에도 수년간 서로 연락을 주고받으며 지냈다. 이 모두가 내가 위험을 무릅쓰고 진실을 말했기 때문에 일어난 일이다.

모든 일이 잘 진행되고 있을 때 솔직해지기란 쉽다. 비록 우리가 종종 잊어버리기는 하지만 행복하고 충만하고 존중받으며 안전하다는 기분이 들 때 생각과 감정 그리고 아이디어를 나누는 것은 기분 좋은 일이다. 이것은 우리가 A 리더십을 실천함으로써 푸근하고 안전한 환경을 만들어 나가면 사람들이 스스로에게 또 서로에게 솔직할 수 있는 용기를 가진다는 뜻이다. 셰릴이 부하직원으로부터 솔직한 이야기를 들었을 때 벌어졌던 이야기를 소개한다.

> 어느 날 한 직원이 내 사무실로 찾아와 이렇게 말했다. "문제가 생겼어요. 우리가 모두 모여 의견의 일치를 보았는데 우리는 당신처럼 빨리 일하지도 못하고 그렇게 오랫동안 일하지도 못하겠어요. 그러니까, 우리는 당신이 될 수 없어요. 조금 느긋하게 해 주셔야 해요." 나는 두 팔을 벌려 그녀를 안아 주었고 이렇게 말했다. "난 평생을 그걸 모르고 계속 이런 식으로 살 뻔했네. 말해줘서 고마워요. 이제부터 여러분이 얘기해 주면 내가 느긋해질게요." 듣기에 쉬운 말은 아니었지만 나는 사람들의 우려에 귀를 기울이겠다는 약속을 지켰고 새로운 운영 방식은 정말 훌륭한 성과를 냈다.

사랑과 지원을 아끼지 않는 부모들에겐 이런 경험이 많다. 부모가 안전하고 격려하는 분위기를 만들어 주면 자녀는 실수를 '솔직하게 인정' 하는 경우가 더 많다. 이런 가정의 자녀들은 가족의 전통을 거부한 채, 부모의 가치와는 다른 가치를 선택한다고 하더라도 부모와 가깝게 지낸다. 양심적 병역 기피자가 된 장군의 아들이나 이슬람교로 개종한 복음주의 기독교인의 딸이나 자신이 동성애자임을 밝힌 보수 성향 정치인의 아들 또 전업 주부가 되기로 결심한 여권운동가의 딸을 예로 들어보자. 결과가 가져올 수 있는 불이익을 감수하면서까지 자신이 진정으로 원하는 것을 선택하는 것은 위험하지 않으며 격려해 주는 사람이 있다는 기분이 들 때 더 쉽게 내릴 수 있다.

정직성은 단지 당신이 하는 말과 행동뿐만이 아니다. 정직성은 당신이 하지 않은 말과 행동에 관한 것이기도 하다. 이를 생략의 모습을 한 거짓이라고 부르기도 하는데 이것은 직접적인 거짓말만큼이나 파괴적이기도 하다. 어떤 동료에게 그 동료의 행동이 자신의 생각을 나누는 데에 방해가 된다는 말을 하지 않겠다고 결심한 리더를 예로 들어보자. 그 리더는 동료가 다른 사람에게 자신이 미치는 영향을 알아차리거나 이해하지 못하도록 방해하고 있으며 어쩌면 이런 침묵으로 그 동료가 조직 속에서 실패하게 만들고 있는지도 모른다.

직시해보자. 정직성은 어쩌면 최선의 방책일지 모르지만 가장 쉬운 방책

앞으로 2~3일 간 스스로 더 큰 정직성에 도전해 본다. 솔직하게라는 단어가 들어간 문장으로 시작해서 연습한다. 예를 들어 "솔직하게, 내가 정말 원하는 일은…", "솔직하게, 이 상황에 관해서 내가 느끼는 것은…", "솔직하게 우리가 해야 한다고 생각하는 건…" 이런 문장을 말해보고 어떤 기분이 드는지를 살펴본다. 당신이 말한 것이 직관적으로도 올바르다는 느낌이 드는가? 당신이 말한 것을 믿는가? 다른 사람들이 어떻게 반응하는지를 관찰한다. 이 사람들이 놀라는가? 사람들은 당신이 하는 말을 중요하게 여기는가?

이지 않는 경우도 많다. 다른 사람들에게 정직하기 위해서 우리는 우선 자기 자신에게 솔직해져야 할 필요가 있다. 이것은 고통스럽고, 무시무시하고 심지어는 위협적이기까지 한 무언가를 마주해야 한다는 의미가 되기도 한다.

그렇지만 자기에게 떳떳한 정직성은 진실을 제대로 보도록 돕는다. 그리고 거기에서부터 우리는 선의 길을 선택할 수 있다. 통전성이라는 길을 말이다. 인류의 역사는 통전성의 길에 발을 들이기로 마음먹은 사람들의 이야기로 가득하다. 역사 속의 이런 사람들은 자기 자신에게 솔직해지면서 부패나 압제를 부정한다고 말하고 어떤 민족이나 전통을 보호하거나 더 큰 선을 섬기겠다는 선택을 한다.

실수를 최대한 활용하기

영국의 시인 알렉산더 포프Alexander Pope는 이렇게 말했다. "실수하는 것이 인간이다." A 리더들은 실수를 저질렀다고 사람들을 책망하고 창피를 주지 않으며 실수를 기회로 바꾸는 창의적인 행동을 한다. 이들은 실수를 학습의 기회로 여기기 때문에 이렇게 하기도 한다. 그렇지만 정점에 오른 A 리더들은 지관저으로 즉흥구이 기본 규치을 따른다. 그들은 "그렇지 그리고⋯."라고 말한다. 실수에 대해서도 말이다.

컨설턴트인 프랭크 바렛Frank Barret은 재즈 트럼펫 주자이자 밴드의 리더이며 작곡가인 마일스 데이비스Miles Davis가 했던 말을 이렇게 인용한다. "만약 당신이 실수를 저지르지 않는다면 그것이 바로 실수다." 그는 음반 녹음 중간에 데이비스의 밴드 연주자들 중 한 사람이 완전히 다른 음을 연주하게 되었다는 이야기를 계속했다. 데이비스는 재빨리 그 음을 반복했다. 처음 한 번, 그런 다음 다시 한 번. 조를 바꾸고 이것을 주제로 완전히 새로운 곡을 만들었다. 그 결과 앨범이 수십 만 장이나 팔려나가고 지금까지도 계속해서 연주되는 혁신적이고 획기적인 음악이 탄생했다. [미주 10]

A 리더십은 고의가 없는 실수를 창의적인 가능성으로 변환시켜 통전성을 실천하고 주위 사람들로부터 존경을 얻는다.

재단 모임에 참석한 수백 명의 사람들 앞에서 나는 장학금 수령자에게 엉뚱한 수표를 건네주었다. 그 수표는 우리가 그 수령자에게 지급하기로 했던 것 보다 큰 액수였다. 그 모임의 책임자였던 부사장은 이것을 하나의 기회로 보았다. 나를 질책하여 수표를 돌려받고 수령자에게 사과하는 큰 구경거리를 만드는 대신 그녀는 이것을 긍정적인 기회로 만들었다. 그 모임이 끝나고 나서 그녀는 이 금액을 강조한 보도 자료를 추가로 내보냈다. 그 결과 지역 신문에 큰 기사가 났고 이것을 계기로 기부금이 더 많이 들어왔다. 그녀가 긍정적으로 생각했기 때문에 나의 실수로부터 이득을 얻었다.

이 이야기가 보여주듯이, 실수는 혁신에 이르게 하기도 한다. 보잉 항공사의 어느 안전 관리자는 이런 말을 했다고 한다. "우리가 실패했을 때, 우리는 이를 되풀이하려 애쓴다. 우리는 배우기 위해 실수를 반복한다. 우리는 실수를 감수하고 그 실수가 만들어 내는 새로운 정보가 무엇인지를 살핀다. 이런 과정은 새로운 시각을 갖는 데에 도움이 된다." 흔히 알고 있듯이 3M의 포스트잇 메모지는 쓸모없는 접착제들 무더기에서 발명되었다고 한다. 사실, 진화론 그 자체가 적응 능력을 갖춘 '실수'가 어떻게 새로운 생명체를 만들어 내는지를 보여준다. 최선으로부터 배우면서 A 리더십은 실수를 최대한 활용한다.

사람 · 조직 · 지구의 번영을 위한 책임

시작부터 하워드 슐츠Howard Schultz, 스타벅스의 설립자이자 회장는 자신의 창업 추진력은 금전을 뛰어넘는 것이었다고 말한다. 그는 의식이 올바른 회사를 만들고 싶었고 의식적으로 비슷한 꿈을 가진 사람들을 찾았다. 서로 공유하는 가치와 꿈으로 한데 묶여 스타벅스의 사람들은 이윤과 주주들의 이익, 박애정신, 그리고 사회적 자각 사이에서 어렵사리 균형을 잡기위해 노력한다.

50년이 된 채광 기업인 보드나모나는 아일랜드에서 환경에 관련된 책임의식을 선도하고 전기, 난방, 자원 복구, 수도, 성장 매체 및 관련 서비스를 제공하는 통합적인 공익사업단체이다. 에이아이 계획에 참가하고 난 뒤 보드나모나의 이해관계자들은 건전한 생태하저 원치을 바탕으로 하는 탄광촌 보존과 설계, 개발과 함께 회사가 채광 사업으로부터 빠져나와 재생 가능하고 환경 친화적인 에너지와 재활용 프로젝트라는 신세계로 진입하게 할 '자연과의 새로운 계약'을 채택했다. [미주 11]

역사는 짧지만 빠르게 성장 중인 패스트푸드 식당 체인인 치포틀 멕시칸 그릴Chipotle Mexican Grill은 미국 그 어느 식당보다도 자신 있게 자연 상태에서 사육된 고기를 사용하고, 농작물을 생산할 때 더욱 지속 가능한 방법을 이용하도록 압력을 행사하고, 호르몬을 첨가하지 않는 유제품 공급업자들과 일하도록 유도하는 '통합성을 갖춘 음식Food with Integrity' 프로그램을 채택했다. 임금을 낮춰 경쟁력을 높이는 관례들을 떨쳐버리면서 이 회사는 직원들에게 의료 혜택과 은퇴 연금을 제공하며 유급 휴가 제도를 마련했다.

같은 맥락에서 구글(가장 잘 알려진 검색 엔진 소프트웨어)은 직원들을 위한 특전과 혜택으로 널리 알려져 있다. 뿐만 아니라 구글은 탄소중립을 실천하는 회사가 되겠다는 목표를 채택하는 등 환경적인 노력에도 적극적이다. 구글의 박애 정신을 실천하는 단체인 Google.org는 기후 변화와 빈곤, 신종 질병에 맞서 싸우기 위해 조직되었다.

이런 조직과 공동체들이 가진 공통점은 무엇인가? 이들 모두 '삼중(사람, 이윤, 지구)'의 선을 위한 회계의 가치를 높이고 표방하는 선봉에 있다. ^{미주 12}

사람, 조직, 지구의 번영을 위한 회계Triple bottom line accounting의 본래 의미는 전통적인 보고 형식을 확장해서 재무적인 성과에 생태학적 성과와 사회적인 성과를 함께 고려한다는 의미다. 지속 가능 경영이라는 이 개념은 어떤 회사가 주주들보다는 이해관계자들에게 더 큰 책임 의식을 가질 것을 요구한다. 이 경우에 '이해관계자'란 직접적이든 간접적이든 이 회사가 취한 조치에 의해 영향을 받게 되는 모든 사람들이다. 이해관계자 이론에 따르면 이런 비즈니스의 주체는 주주들(소유주)들의 이윤을 극대화하기보다는 이해관계자들의 이익을 조정하는 수단으로 이용되어야 한다. ^{미주 13}

지속 가능 경영에 따라 실적을 평가함으로써 조직과 공동체는 통진성이라는 개념을 제도화 하게 된다. 모두를 위한 세상을 만든다는 말이다. 이것은 매우 오래된 개념으로 이로쿼이Iroquois 국가의 헌법인 '위대한 법률'에 정곡을 찔러 분명하게 명시되어 있다. "사람들 모두의 안위를 위해서 보고 들을 것이며 항상 현 세대뿐만 아니라 얼굴이 아직 땅 아래에 있는 사람들까지도 포함한 다가올 세대들을 염두에 두어야 한다. 아직 태어나지 않은 미래 국가의 국민들 말이다." [미주 14]

통전성을 지닌 A 리더들은 무엇이 전체를 위한 것인지에 대해 지속적이고 일관된 관심을 갖고 분별있게 행동한다. 이들은 장기적인 안목을 가지며 현재와 미래 모두를 아우르는 전체를 위한 최선을 달성하기 위한 결정을 내리기 위해 애쓴다.

역량 함양하기: 더 많은 발전을 위한 자원

〈표 7-2〉

완전성: 핵심적 실천 방법 요약

	핵심 실천 방법
개인적	• 개인적으로 의식적인 의사결정을 내리도록 노력한다. • 자기 자신에게 성실하게 대한다.
일대일	• 일대일로 원칙을 따르는 활동을 장려한다. • 올바른 인간 관계를 맺는다.
팀이나 그룹	• 팀 또는 집단이 세운 원칙을 척도로 성공을 가늠한다. • 실수를 최대한 활용한다.
전체 조직이나 지역 사회	• 전체 조직 또는 공동체 전체에 기여하며 일한다. • 지속 가능 경영에의 설명

추천 도서

- Cannibals With Forks: The Triple Bottom Line of the 21st Century
- John Elkingto write (Oxford: Capstone Publishing, Ltd.), 1997
- The Ecology of Commerce: A Declaration of Sustainability
- Paul Hawken write (New York: HarperCollins Publishers), 1993
- Edgewalkers: People and Organizations That Take Risk, Build Bridges. and Break New Ground
- Judy Neal write (Westport, CT: Praeger), 2006
- Emotional Intelligence
- Daniel Goleman (New York: Bantam Books), 1995

추천 사이트

- Center for Business as an Agent for World Benefit BAWA

  http://worldbenefit.case.edu

  BAWA는 회사와 기업, 산업 연합을 도와 세계가 직면한 사회적 문제와 환경적 문제들을 도전의 기회로 전환한다. 이들은 이러한 기회를 시장이 강전과 연계하여 지속가능한 지구를 만들어가는 데 노력한다.

- Green Business

  http:www.greenbusiness.net/triple-bottom-line.html

  매일 자신의 비즈니스를 성장시키는 데에 지속가능한 경영 방법을 사용하는 생태학적 기업가와 전문가들에 의해 만들어진 토론장이다.

• The Tyson Center

http://waltoncollege.uark.edu/news/view.asp?article=704

타이슨 센터의 사명은 직장 내의 신념과 영성의 분야에서 연구와 실천 방법, 교육 상태를 개선하는 것이다. 이 사이트는 사업가들과 학자들, 영적 지도자와 신념의 지도자들 그리고 전문업 종사자들을 위한 정보원이다.

주석

미주 1 : Huston Smith & Jeffrey Paine, Tales of Wonder, New York: HarperCollins, 2009, p.134.

미주 2 : Diana Whitney & David L. Cooperrider, "The Appreciative Inquiry Summit: An Emerging Methodology for Whole System Positive Change" OD Practitioner, vol.32, 2000, pp.13-26.

미주 3 : Josepg Jaworski, Synchronicity: The Inner Path of Leadership, San Francisco: Berret-Koehler, 1996, p.182.

미주 4 : Diana Whitney, "Appreciative Inquiry: Creating Spritual Resonance in the Workplace", Journal of Management, Spritualty and Religion, 발행 유예.

미주 5 : Tyson Certer for Faith and Spritualty, http://waltoncollege.uark.edu/news/view/asp?article=720, 2009년 11월 19일 검색.

미주 6 : Jimmy Carter, "Losing my Religion for Equality" 2009년 7월 14일에 작성한 서 한중 http://www.theage.com.au/opinion/

losing-my-religion-for-equality-20090714dk0v.html?page=-a, retrieved November 19, 2009.

미주 7 ： Johan Schaberg, "Everyone Can Be a Leader", Ode Magazine, 2005년 3월 http://www.odemagazine.com/doc/21/everyone _ can_be_a_leader, 2009년 11월 19일 검색.

미주 8 ： Daniel Goleman, Emotional Intelligence, New York: Bantam Books, 1995.

미주 9 ： Adapted from Richard Wilhelm and Cary F. Baynes, translators, The I Ching, Book of Changes, 3판, Princeton, NJ:Princeton University Press, 1967.

미주 10 ： 2004년 9월 19 ~ 22일에 개최된 제2회 에이아이 국제 학술대회에서 미 해군 박사 후 과정의 시스템 관리 부교수인 Frank Barrett 박사의 발표 내용 중 발췌.

미주 11 ： O'KellySutton의 Paul O'Kelly와 Peter Hanan이 제공한 배경 정보, http://www.okellysutton.ie/ 2009년 11월 19일 검색.

미주 12 ： "지속 가능 경영triple bottom line"이란 단어는 1994년에 John Elkington이 만들어낸 말이다. 이후 John Elkington은 이 구절을 Cannibals with Forks: The triple bottom line of 21st Century Business, Mankato, Mn: Capstone Publishing, 1997에서 확장하였다.

미주 13 ： http://en.wikipedia.org/wiki/Triple_bottom_line, 2009년 11월 19일 검색.

미주 14 ： http://www.indigenouspeople.net/iroqcon.htm, 2009년

역주 1 :　 통전성은 원문의 Integrity를 번역한 말이다. 통전성이란 정직하
고 견고한 성품, 말과 행동이 일치하여 신뢰할만한 성품, 지·
정·의가 조화를 이룬 완전함 혹은 총체성을 일컫는다. 저자는
이러한 통전성으로 이르는 길을 보여주는 것이 리더십의 핵심
실천 전략이라고 주장하는 바, 장의 제목에서는 본보기 되기
로, 문장 내에서는 통전성으로 옮겼다.

A 리더십

8 장

A 리더십을 발휘하여
긍정적인 차이를 만들라

리더십은 어떤 일이 일어나게 만든다. A 리더십은 좋은 일들이 일어나게 만들고 이런 일들은 긍정적이며 삶을 긍정하는 방식으로 일어난다. 이것은 인간 안위의 근간이며 번성하는 조직과 공동체의 기반이다.

A 리더십의 다섯 가지 전략과 이전 장에서 소개한 많은 실천 방안을 활용함으로써 당신은 긍정적인 차이를 만들어 낼 수 있다. 직접적으로는 당신이 관여하고 있는 현재의 삶과 간접적으로는 후대로 일곱 세대들에 영향을 미칠 수 있다. 미주1

당신이 미치는 영향력은 개인 차원의 것일 수도 있고 시스템 차원일 수도 있으며 사회적이거나 재정적일 수도 있으며 지역적이거나 세계적인 것일 수도 있다. 궁극적으로 이들은 모두 서로 연관되어 있다. A 리더십의 전략과 실천 방안을 채택하고 당신에게 맞게 변형시킨 다음, 당신만의 것으로 만들고 강점과 관심사, 책임에 따라 적절히 활용해보라.

당신이 A 리더로서 가장 효과적으로 일할 수 있는 분야에서 당신의 강점과 관심사, 책임 등은 하나가 되어 힘을 발휘할 것이다. 이를 통해 A 리더로서 당신이 점유할 수 있는 고유한 영역이 무엇인지를 알 수 있을 것이다. A 리더십은 당신으로 하여금 가장 강한 힘을 발휘하고 세상에서 가장 긍정적인 차이를 만들어 낼 수 있게 도와줄 것이다.

행동으로 나타나는 A 리더십

당신은 A 리더십의 실천 방안들을 이용해서 다른 사람들의 삶 속에서 차이를 하나하나 이루어 낼 수도 있고 또는 프로그램과 정책, 사회적 혁신, 협동, 변혁을 통해서 전반적인 차이를 만들어 낼 수 있다. 세상 모든 사람들은 매일 다른 사람들의 삶 속에 긍정적인 차이를 만든다.

아래의 A 리더 목록을 시를 읊듯이 천천히 긍정의 눈을 통해 읽어본다.

- 복도에서 인사를 건네는 사람, 어린이나 노인을 위해 똑같이 문을 잡아 주는 사람, 먼저 미소를 짓거나 화창한 날씨를 이야기하는 사람
- 조국과 자신이 사랑하는 사람들을 지키기 위해서 생명의 위협을 무릅쓰는 것이 영광이라고 말하며 평화를 위해 복무하는 군인들
- 아름다움과 조화 그리고 기쁨을 캔버스 위에 그리고 텔레비전, 유튜브를 통해 노래하고 춤을 추는 표현을 제공함으로써 생기를 불어넣는 예술가들
- 암과 심장 질환, 치매, 에이즈와 같은 질병의 치료와 예방을 추구하는 연구자들
- 책을 읽고 기술 대학, 신학교, 의과 대학에 다니며 사회에 공헌하기 위해 배우고 자신의 능력을 함양하도록 공부하는 학생들
- 가족을 돌보기 위해서 역경과 추운 날씨, 질병, 굶주림, 이민 또는 전

쟁을 극복하려 맞서 싸우는 부모들

- 다른 사람들의 안위를 위해서 기도하고 예배를 드리는 종교인들
- 역사에서 벌어졌던 부당한 행위를 잠시 미뤄 두고 사람들과 사회를 갈라놓는 분열을 용서하고 치유하는 사람들
- 어린이들의 마음과 정신 속에 더 나은 삶을 향한 희망에 관한 이야기들을 채워주는 할아버지 할머니들
- 우리 사회의 기반 시설을 관리하는 공무원들과 자원 봉사자들
- 또, 바로 그렇다, 통찰력과 능력을 갖춘 주요 기업체의 CEO들이 복잡한 사회적, 정치적, 환경적, 경제적 역학들을 정리하여 거리에 자동차가 다니게 하고, 아침식탁 위에 시리얼이 올라가게 하며 약국에 약품을 비치하게 하는 것.

이들은 가장 높은 이상과 더 나은 세상의 모습을 좇아 살아가고 일하는 역할 모델들이다. 이들 모두 한 사람 한 사람이 실천하는 A 리더십이다.

A 리더십이 되기 : 아, 당신이 만들어 낼 차이

마하트마 간디가 세상을 변화시키고자 했던 사람들에게 해 주었던 가르침인 '당신이 보기를 원하는 그 변화가 되라.'는 말은 특히 A 리더가 되고자 하는 사람들에게 의미 있는 말이다. A 리더십의 전략과 실천방법을 활용하는 과정을 통해 당신은 A 리더가 된다. A 리더십이라는 외투를 걸치면 당신은 긍정적인 차이를 만들어 낸다. 〈그림 8-1〉은 A 리더십과 긍정적인

결과 사이의 관계를 보여준다.

인격을 함양한다

당신이 긍정적인 차이를 만들어 내는 최선의 방법이며 또 가장 중요한 방법은 자신의 인격을 함양하는 일이다. A 리더십을 실천함으로써 당신은 더 나은 사람이 되고 최고의 상태에서 보다 일관성을 가지고 일할 능력을 갖춘, 의심할 바 없는 통전성을 갖춘 리더가 된다. 우리들 안에는 핵심적 긍정 요소라고 할 수 있는 잠재력의 씨앗을 가지고 있는데 이들 씨앗은 실현되기만을 고대하고 있다.

〈그림 8-1〉

A 리더십으로 긍정적인 결과 얻기

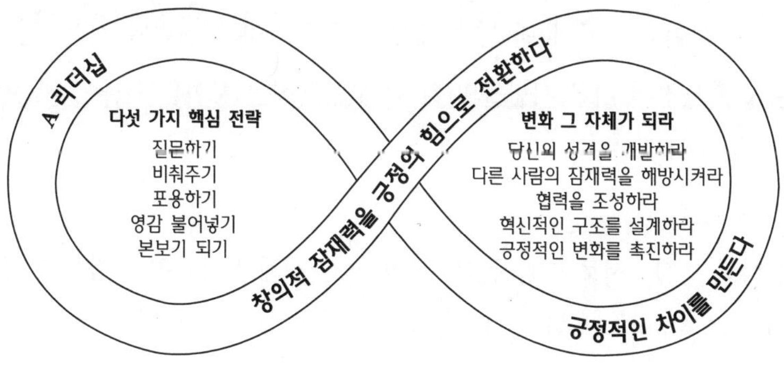

어떤 문화권에서는 아이의 이름에 잠재력이 드러나도록 이름을 짓는다. 가족과 공동체의 구성원들은 아이가 태어나기 전에 그 아이가 세상에 가져올 재능을 알아내고 그 아이의 이름을 듣기 위해서 아이의 영에 귀를 기울인다.[미주 2] 또 어떤 사회에서는 젊은이들을 어린 나이에 도제살이를 시켜서 잠재된 재능을 발굴한다. 사람들은 모두 잠재력을 가지고 있다. 모든 사람에겐 그 잠재력을 키워야 할 의무가 있다.

개인적인 발전은 열대 우림지역을 구하거나 신기술을 발명하거나, 도시를 운영하는 것 등에 비해 작은 공헌인 것처럼 보일지 모른다. 개인적인 발전은 작아 보인다. 하지만 그것은 사실이 아니다. 이것은 긍정적인 차이를 만드는 최선의 방법이며 가장 중요한 방법이다. 이것은 조직과 공동체의 삶을 위한 굳건한 기반을 만들어 낸다. 라코타의 "lena ecunk'unpi, hecel oyate ki ninpe kte"[미주 3] 라는 말은 '우리는 사람들이 살아갈 수 있게 하기 위해 이 일을 한다.' 라고 번역된다. 이것은 우리가 행하는 모든 일이 사람들의 삶에 영향을 미친다는 의미다. 모든 것이 말이다. 따라서 당신이 자신의 강점과 재능, 지식 그리고 지혜를 개발하기 위해서 하는 모든 일이 긍정적인 차이를 만들어 낸다. 아래에 소개한 분야와 관련된 개인적인 발전은 모두 당신이 다른 사람들의 삶 속에 긍정적인 차이를 만들어 내는 역량을 강화한다.

- 문화적 인식 : 서로 다른 문화, 생활양식, 세계관을 가진 사람들을 인식하고 존중하며 이들과 의사소통한다.
- 감성 지능 : 제대로 감지하고 감정을 표현하며 측은한 마음으로 귀 기울여 듣고 다른 사람들의 표현에 답한다.

- A 지성Appreciative Intelligence : 어떤 사람이나 상황에 내재하는 긍정적인 잠재력을 본다.
- 기술 친화력 : 기술을 배우고 사용하는 데에 익숙해진다.
- 신체적인 안위 : 신체적인 체력과 힘 그리고 건강을 증진하는 결정을 내린다.
- 금전적인 감각 : 자기 자신과 가족, 사회를 위해서 돈을 벌고 사용하고 기부한다.
- 환경 의식 : 지구와 모든 생명체를 존중하고 돌보는 인간의 활동을 적극적으로 지원한다.
- 영적 지성 : 세상과 자기 자신을 신 또는 영성에 중심을 맞춘 렌즈를 통해서 바라보고 자신의 삶과 행동을 여기에 맞춘다.

당신의 인격을 함양하는 일은 긍정적인 차이를 만들어 낼 수 있는 중요한 방법이다. 그렇지만 이 일이 쉽지만은 않다. 여기에는 자기 자신을 탐색하고 알아내고 개발하기 위한 용기와 헌신, 인내, 지원이 필요하다. 당신이 이렇게 하도록 도움을 주는 실천 방안으로는 자신의 강점을 이용하여 내면과의 대화를 넓히고 사려 깊은 의사 결정을 내리려고 노력하는 것 등이 포함된다.

다른 사람들의 창조적인 잠재력을 발현하도록 하라

당신이 A 리더십을 통해서 긍정적인 차이를 만들어 내는 두 번째 방법은 다른 사람들로 하여금 창조적인 잠재력을 자유롭게 발현하게 하는 것이다. A 리더십은 모든 사람들을 긍정적인 시선에서 바라본다. A 리더들은 사람들이 자신이 할 수 있는 한 최상의 상태가 되도록 돕도록 헌신하는 코치이며 퍼실리테이터다. 이들은 강점에 기초한 질문과 대화, 의사소통을 통해 차이를 만든다. 또 이들은 사람들의 창의력이 자유롭게 발현하도록 도와주고 자신의 강점과 희망, 꿈을 발견하고 표현하고 깨닫도록 격려함으로써 자신감을 불어넣는다.

자기가 가진 강점을 바탕으로 일하고 직감에 귀를 기울이며 꿈을 따르는 사람들은 보통 그저 돈을 위해 일하는 사람들보다 더 행복하고 건강하며 생산성이 높다. 사람들이 자신의 강점을 인식하고 강점을 사용하도록 자기가 맡은 일을 새롭게 정의하도록 도움을 줄 때마다 당신은 긍정적인 차이를 만들고 있는 것이다. 누군가의 직관이나 '말도 안되는 생각'을 경청할 때마다 당신은 그 사람의 창조력이 정체되지 않도록 도와주는 셈이 된다. 어떤 사람이 자신에게 이롭거나 건강에 유익하거나, 삶의 질을 향상시키는 결정을 내리도록 도울 때마다 당신은 세상에 긍정적인 차이를 만들고 있는 것이다.

존을 예로 들어보자. 전문 웹사이트 디자이너인 존은 기술을 사랑하고 그 사랑을 고객들과 나누기를 좋아한다. 그의 시스템을 누구나 들여다 볼 수 있게 해 놓았기 때문에 실험과 놀이가 끊이지 않는다. 그리고 그는 질문을 받으면 언제나 적극적으로 교육하고 가르친다. 그 결과는? 기계라면 질색인 중년들까지도 용기와 능력을 얻었다. 질문법을 이용하는 존의 긍정적인 방식이 사람들에게서 최고를 이끌어낸다.

A 리더십은 삶을 중심에 둔다. A 리더십은 행하고 말하는 모든 것의 심

장에 삶을 둔다. A 리더십에서 가장 필수적인 성공의 척도는 바로 이것이다. 우리의 행동은 어느 정도로 삶을 고양하는가? 사람들에게 양식을 공급하는가? 사람들을 행복하게 만드는가? 지구를 염려하는가? 부를 분배하는가? 사람과 상황에서 최고를 이끌어내는가? 우리가 이야기를 나누었던 사람들은 위대한 리더십은 '사람 중심'이라고 말했다. 우리는 이 말을 믿지만 오늘날 이 시대에 그저 사람 중심만으로 충분하지 않다는 것도 인정한다. '창조적인 잠재력을 자유롭게 풀어주기'가 일반적으로 사람들로부터 최고를 이끌어 내는 행위를 가리키는 교육, 멘토링, 감독, 경영 그리고 지도 등을 의미하는 것에서 한 발짝 더 나아가 우리가 속한 살아있는 생태시스템의 모든 구성원들을 염려하고 이들에게서 최고를 이끌어내는 리더십까지도 인정한다. A 리더십은 전체를 위한 보살핌 속에서 삶을 중심에 둔다.

자신감을 키우거나 기술을 갈고 닦거나 창조력을 북돋아주거나 누군가의 세계관을 넓혀주는 것과 같은 일은 모두 세상에서 긍정적인 차이를 만든다. 강점 탐지와 A 코칭 등의 실천 방안이 도움이 된다.

업무 경계를 초월한 협업을 장려하라

당신이 A 리더십을 실천함으로써 긍정적인 차이를 만들어 낼 세 번째 방법이자 포괄적인 중요한 방법은 경계선을 초월한 협력을 장려하는 것이다. 우리가 사람들에게 리더십에서 바라는 것이 무엇인지에 관한 면담을 실시했을 때 우리가 가장 빈번하게 들었던 대답은 바로 직장에서 다른 사람들과 함께 일하고 의사결정에 참여하고 공통의 미래를 창조하도록 협력하는 협동이다. 모든 사람들과 비즈니스의 기능, 의료 기관과 학교, 공동체는 협업을 하면 일이 더 잘 된다고 믿는다.

사람들이 원하는 것은 비단 협업만이 아니다. 세계적 웰빙 이론가인 진화생물학자 엘리사벳 사토리스Elisabet Sahtouris 박사는 다음과 같이 말하였다. "세계적인 경제 시스템과 교통 및 통신 기술, 정보 혁명 속에서 우리가 생존하기 위해서는 사람 간에, 국가 간에, 혹은 사람과 환경 간의 경쟁을 버리고 협력을 해야 하며 하나가 되어야 한다. … 우리에게는 삶에 대한 경외심을 되찾고 정복 충동을 협력 의지로 바꿀 능력이 있다고 나는 믿는다." 미주4

알다시피, 경계선을 초월하여 협업을 장려하는 데에는 대단한 잠재력이 존재한다. 이런 일을 시작하는 데에는 당신이 속해 있는 팀이나 부서, 집단이 적격이다. 그렇지만 서로 다르거나 심지어 갈등을 빚고 있는 사람들 사이에 협업이 이루어진다면 파급효과는 더 클 수 있다. A 리더십은 협업이 거의 불가능해 보이는 집단들 사이에 협업이라는 가교를 건설하고 미래를 함께 창조하는 데에 참여함으로써 세상에 긍정적인 차이를 만들어 낸다.

경계선을 초월한 협업을 이루어 냄으로써 A 리더십은 조직과 공동체의 인간 관계 조직을 강화하고 행동과 영향력의 새로운 가능성을 만들어낸다. 긍정 체크인과 의외의 참여자를 초대하는 등의 실천 방안이 도움이 될 것이다.

혁신적인 사회 구조를 설계하라

아마도 A 리더십이 세상에서 긍정적인 차이를 만들어 내는 가장 지속적인 방법은 혁신적인 사회 구조의 설계일 것이다. A 리더십은 우리 삶의 형태를 결정하는 사회 구조 속에 가치를 설계함으로써 후대를 위한 유산을 남긴다. 윈스턴 처칠Winston Churchill은 구조와 성과 사이의 관계를 이렇게 표현했다. "우리가 구조를 설계하고 그 후에는 구조가 우리를 설계한다." 성과와 삶의 질에 영향을 주는 사회적 구조의 힘을 인정하는 A 리더들은 강점을 바탕으로 삶을 긍정하며 가치를 발견하는 정책과 프로그램, 제품, 서비스, 기술, 조직 문화를 설계한다.

당신은 일을 처리하는 새로운 방법을 설계하는 것과 관계가 없다고 생각할 수도 있다. 그렇지만 다시 생각해 보길 바란다. 리더십은 설계에 관한 것이다. 회의 설계, 마케팅 활동 설계, 제품, 서비스 그리고 정책 설계, 전략적 계획 및 제휴 설계, 시장, 지배 시스템, 경제, 통화설계까지도 포함된다. 리더십이 해야 할 일은 구조 안에 가치를 설계해 넣어 이것이 삶의 가치가 되고 일을 처리하는 당연한 방법이 되도록 만드는 것이다.

사람들이 '뉴딜 정책 배후의 여인'이라고 소개하기도 하는 프란시스 퍼킨Frances Perkins은 삶을 긍정하는 구조를 설계하는 데에 인생을 바쳤다. 그녀가 가졌던 상위 중산 계층의 가치와 그녀가 받았던 교육으로 볼 때 퍼킨은 짓밟히고 혜택 받지 못한 사람들을 위한 대변자로는 어울리지 않았다. 그렇지만 시작부터 그녀는 자기가 가진 엄청난 지성과 직관력 그리고 정치적 능란함을 오늘날에는 흔하지만 당시에는 매우 진보적인 것으로 여겨졌던 경제 사회 프로그램에 쏟아 부었다. 결국 그녀는 프랭클린 델라노 루스벨트Franklin Delano Roosevelt 대통령 재임기간 중 노동부 장관으로 임명되어(미국 최초의 여성 각료) 최초로 최저 임금과 산업 안전, 아동 노동법, 사회 보장 제도와 실업 급여 제도, 미국 노동관계위원회 관계 법령을 제안하고 법률로까지 제정하게 되었다. 피할 수 없는 대중의 비난과 정치 공격에도 아랑곳하지 않고 그녀는 죽을 때까지 모두를 위한 정의와 공감, 기회의 본보기가 되는 미국이라는 꿈을 이루기 위해서 쉬지 않고 계속해서 일했다.

혁신적인 사회 구조를 설계하기 위해서는 반드시 자신의 인격을 함양해야 하고 다른 사람들의 창의적인 잠재력을 발현시킬 수 있어야 하며 자유롭게 경계선을 초월하는 협업도 조성해야 한다. 이 책 전반에서 소개한 에이아이 서밋과 사람, 이윤, 지구를 위한 경영 실천 방안이 도움이 될 것이다.

긍정적인 변화를 활용하기

마지막으로 A 리더십을 실천함으로써 당신은 긍정적인 변화를 활용하여 긍정적인 차이를 만들어 낼 것이다. A 리더십이 실천하는 일은 개인의 개발에서부터 대규모의 변혁을 위한 코칭에 이르기까지 모두 긍정적인 변화에 초점을 맞춘다. A 리더들은 에이아이를 사용해서 긍정적인 차이를 만든다. 에이아이는 모든 인간 상호작용과 조직에서 긍정적인 변화를 이루기 위한 주도적인 절차다. 전략 기획과 문화 변혁을 위해서, 경영자의 개발과 임원들의 개발을 위해서, 노동조합/경영진 간의 동반관계 제휴관계를 위해서 그리고 공동체의 구상과 구축을 위해서 변화가 필요하다. 휘트니와 트로스튼–블룸의 책 "긍정조직혁명의 파워(The Power of Appreciative Inquiry)"는 가장 실용적이고 접근하기 쉬운 책이라는 평가를 받고 있다. 우리는 긍

정적인 변화를 활용함으로써 세상에서 긍정적인 차이를 만들어 내기 위한
입문서로 이 책을 추천한다.

변화가 되라

이제 오늘날의 세계는 A 리더십이 필요하다고 부르짖고 있다. 당신을
비롯한 많은 사람들이 이 부름에 응답했다. 당신의 생각과 말, 행동 모두
가 당신이 상상해 온 그런 차이를 만들어 내기를 기원한다. 마침내 당신이
세상에서 보기를 기원하는 그 변화가 되기를 기원한다.

주석

미주 1 :　우리는 '일곱 세대 동안'이라는 구절을 현재 대중문화에서 사
용하는 대로 미래에 영향을 미친다는 의미로 사용했다. 그렇지
만 일부 미국 원주민 공동체는 이 구절을 앞뒤로 일곱 세대라는
의미로 받아들인다. 오늘 행했던 일이 미래에 벌어질 일은 물론
이며 과거에 일어났던 일에까지 영향을 미친다는 믿음이다.

미주 2 :　Sobunfu Some, The Spirit of Intimacy: Ancient African
Teachings in the Ways of Relationships, New York: Harper
Collins, 2000.

미주 3 :　Howard Bad Hand 번역, Native American Healing, New
York: McGrow-Hill, 2001.

미주 4 : Elisabet Sahtouris, Earthdance: Living Systems in Evolution, Bloomington, IN:iUniverse, 2000.

제 3 장

결론

인류를 위해 일하라…

당신 자신은 한층 위대한 사람으로 거듭나고,

더 위대한 조국과 더 나은 세상을 창조하게 될 것이다.

– 마틴 루터 킹 주니어

A 리더십은 조직과 사회의 모든 단계, 모든 지위에 존재한다. 그러한 리더십은 누구에게나 존재하며 높은 성과와 긍정적인 변화를 이루어 내는 원동력이다. 이 관계적인 역학relational dynamic은 사람들이 공동의 대의나 뜻 깊은 목적, 도발적인 호기심으로 한데 모일 때 발생한다. 그리하여 각 사람과 상황으로부터 최고를 이끌어낸다. 최고의 A 리더십은 다음과 같은 특성을 지닌다.

- 질문에 기반을inquiry based 둔다: A 리더십은 개인과 집단이 연구하는 방향으로 움직인다는 사실을 인지하고, 명령보다는 질문을 사용한다.

- 강점과 가능성을 비춰준다illuminating : A 리더십은 사람들과 세상을 좋든 나쁘든 있는 그대로 바라보고, 일상생활과 일에 왕성한 긍정성을 갖고 임하며, 최고의 성과를 낸다.

- 포괄적이고 참여적이며 사람들에게 초대의 손을 내민다Inclusive, engaging, and inviting: A 리더십은 관계의 범위를 확장하여, 사람들이 자기 꿈을 실현하기 위해 스스로 목소리를 내게 한다. 서로 다른 분파와 가깝지 않은 사람들 사이에 탐구와 대화를 촉진한다.

- 영감적이고 낙관적이다Inspiring and life affirming: A 리더십은 창의성을 일깨워 미래에 희망을 준다. 그리하여 보다 나은 세상의 이상을 꿈꾸는

사람들의 몸과 마음, 가슴을 움직인다.

- 통합적이고 전체적이다Integral and Holistic: A 리더십은 '통전성'을 중시
한다. 인류의 복리와 낙관적인 조직, 지속가능한 세계를 위해 일하며
봉사한다.

A 리더십은 보다 나은 세상을 위한 우리의 희망이다. A 리더십이 빠르
게 성장하고는 있지만, 아직 모든 조직과 공동체의 표준이 되지는 못했다.
하지만 지금까지 많은 사람들이 이를 적극적으로 수용하고 받아들였다. 우
리는 운 좋게도 많은 수의 그러한 조직과 공동체를 만날 수 있었으며, 이
책에 그들의 이야기를 소개했다.

- 브라질 식품회사The Brazilian Food Company의 소유주들: 모든 직원과 공
급자, 지역 지도자들을 초대해 사업의 미래를 함께 구상했다. 이 회사
는 현재 건강식품 업계를 선도하고 있다.
- 아일랜드에 소재한 한 광업회사의 지도부: '자연과의 새로운 계약a new
contract with nature'을 통해 지속가능한 세계의 동력으로 거듭났다.
- 한 호텔 겸 카지노의 신임 총지배인: '긍정적 구조조정appreciative
downsizing'을 성공적으로 이끌었다.
- 주요 건강관리 기관의 경영진: '미래를 향해 하나로 나아가기moving as
one into the future'를 통해 환자에게 질 좋은 서비스 제공을 약속했다.
- 미국 반도핑 기구U.S. Anti-Doping Agency: '진정한 스포츠true sports'를 적
극적으로 실천하는 운동선수들이 보여주는 것만큼 높은 탁월성 표준을
조직 자체에도 적용하고 있다.

- 시스터즈 오브 더 굿 쉐퍼드의 지역 지도부: 장기 목표설정 과정에서 650여 명이 모여 의견을 수렴했다. 91세의 한 수녀는 이렇게 말했다. "대의에 동참하는 일에 나이는 문제가 되지 않아요."
- 그린 마운트 커피 로스터스의 지도부: 타고난 식견으로 재배자와 소비자 모두가 커피를 통해 혜택을 받을 수 있는 기반을 마련했다.
- 미 해군 제독들: 수차례에 걸쳐 200인 회의를 주최하고 거기에 직접 참여함으로써 해군 각계각층의 리더십을 함양했다.

이들 리더와 그들이 이끄는 긍정적인 조직들은 우리에게 희망을 준다. 이들은 A 리더십의 모범으로, 창조적인 잠재력을 결집하여 긍정적인 힘과 성과로 전환한다. 그리하여 세계에 긍정적인 변화를 가져오고 긍정적인 유산을 남긴다.

이제 당신의 차례이다

이제 당신이 지금까지 이 책을 통해 당신 자신과 A 리더십에 관해 배운 모든 것을 고려해 볼 때이다. 다음의 몇 페이지가 지침이 될 것이다. 당신이 배운 것을 검토하고, A 리더십을 이용해 당신의 미래를 상상하고, 당신의 A 리더십 유산의 이야기를 작성하라. 다음을 주목하여 시작하라.

- A 리더로서 당신 자신에 대해 새로 알게 된 것이 무엇인가?

- 당신의 A 리더십 능력과 역량을 어떻게 설명하겠는가?

- 5가지 핵심전략Five Core Strategies, 즉 질문하기, 비춰주기, 포용하기, 영감 불어넣기, 본보기 되기 가운데 어느 것에 가장 자신이 있는가?

- 어떤 전략 혹은 구체적인 실천방법이 가장 큰 만족감을 주는가?

- A 리더십의 적용에 관해 좋은 의견이 있는가? 다시 말해, A 리더십을 적용할 만한 크거나 작은 프로젝트가 생각나는가?

- A 리더십의 구체적인 실천방법 가운데 어느 것이 당신의 부서나 팀, 공동체에 가장 크게 도움이 되겠는가?

- 당신의 인생에서 A 리더십의 어떤 면을 가장 적극적으로 개발하고 싶은가?

이제 위의 질문들은 뒤로하고 미래를 내다볼 차례이다. 5년 뒤의 오늘을 상상하라. 이 책 "A 리더십"의 개정판이 막 출간되었다. 당신의 A 리더십 이야기가 대표적인 사례로 수록되었다. 다음의 질문들에 대한 답을 생각하고 적어보라.

- 당신은 지금 누구와 무엇을 하고 있는가?

- A 리더십을 어떻게 실천하고 있는가?

- 5가지 핵심전략 중 어느 것이 당신의 최강점인가?

- 누구와 함께 어떻게 해서 그러한 탁월한 재능을 보이게 되었나?

- 구체적으로 어떤 방법을 통해 잠재력을 긍정적인 힘과 성과로 전환하고 있는가?

- 당신이 A 리더십을 실천함으로써 다른 사람들이 얻는 혜택과 그들이 보

인 반응은 어떤 것인가?

- 어떤 긍정적인 변화를 일으키고 있는가? 후손들에게 무엇을 물려 줄 것인가?

이제 생각을 마쳤으면, 아래 공간에 당신의 A 리더십 이야기Appreciative Leadership Story를 써보라. 장래의 당신에 대해 현재시제로('나는 … 한다.') 쓰기 바란다.

3개월에서 6개월마다 다시 읽고, 그것이 현실이 되어가는 과정을 지켜보라. 괜찮다면 이름 당신의 이야기를 이름, 연락처와 함께 우리 기관의 이메일 appreciativeleadership.org로 보내주기 바란다. 당신이 허락 한다면 우리 웹사이트 www.appreciativeleadershipnow.com에 공개하려 한다.

나의 A 리더십 이야기

A 리더십의 미래에 대한 우리의 비전

우리의 이야기를 먼저 공유해야 공평할 것 같다. 5년이 흘렀다. 또 한 팀의 비범한 사람들이 우리의 A 리더십 개발 프로그램Appreciative Leadership Development Program을 갓 수료했다. 그리하여 그들은 우리가 전수한 A 리더십의 가르침을 실천하고, 거기에 새로운 시도를 더해 더욱 확장하고 있는 수천 명의 사람들의 무리에 합류했다.

우리는 세계를 순회하며 무대에 올라 A 리더십의 가르침을 설파하고 있다. 가는 곳마다, A 리더십의 도움으로 인생을 바꾼 사람들의 이야기를 수도 없이 듣는다. 전 세계의 기업들이 5가지 핵심전략을 성공적인 조직으로 거듭나기 위한 기반으로 채택하고 있다. 지역사회들은 관공서와 중소기업, 서비스 제공자들에게 높은 수준의 A 리더십을 요구하고 있다. 학교들도 A 리더십의 실천을 기초에 둔 관계지향적인 교육과정을 도입하고 있다. 그 결과 사람, 기업, 지구는 번영하고 있다.

이것이 우리의 비전이다. 부디 현실로 이루어지길 바란다.

저술은 리더십과 마찬가지로 관계를 맺는 과정이다. 오랜 기간 동안 수많은 분들이 이 책에 실린 생각들에 관해 의견을 내주셨고, 그 중에는 30년 가까이 도와주신 분도 계시다. 우리의 생각을 명료히 정리해주고, 우리가 여기서 채택한 원칙들에 따라 살 수 있도록 역할모델과 교사가 되어 도움 주신 분들도 계시다. 그 밖에도 A 리더십 접근법에 대한 우리의 믿음이 더 깊게 뿌리내릴 수 있도록 난제를 던져주셨던 분들이 계시다. 그들 모두가 아니었다면 이 책은 세상에 나오지 못 했을 것이다.

우리의 모든 지인과 친구, 가족, 동료, 고객들에게 감사의 말씀을 드린다. 또한 아래 이름이 적힌 개인과 조직, 공동체에도 이야기와 격려의 말들, 이 책의 정신을 살찌우는 데 도움이 된 모든 것들에 대해 깊고 진심 어린 감사의 말씀을 드린다.

존 에이벌즈Jon Abels, 존 애덤스John Adams, 매릴리 애덤스Marilee Adams, 헐린 앤더슨Harlene Anderson, 패트리샤 아레나즈Patricia Arenas, 토니 어콕Tony Aucock, 레베카 어먼 시니어Rebecca Auman, Sr., 섀런 로즈 아서슨Sharon Rose Authorson, 미셸 아비탈Michel Avital, 에밀리 액슬로드와 딕 액슬로드 부부Emily and Dick Axelrod

하워드 배드 핸드 시니어Howard Bad Hand, Sr., 바버라 비즐리Barbara Beasley, 론 벨Ron Bell, 사라조 버먼Sarajo Berman, 데이비드 베리David Berry, 스캇 블랙먼Scott Blackmun, 놈 블레이크Norm Blake, 서빈 브레데마이어Sabine Bredemeyer, 킴 브라운Kim Brown, 마이크 번즈Mike Burns

로버트 콜드웰Robert Caldwell, 미셸 카터Michelle Carter, 폴 채피Paul Chaffee, 샘 챈Sam Chan, 디네시 찬드라Dinesh Chandra, 루이스 코시올론Louis Cocciolone, 스테판 코시올론Stephan Cocciolone, 데이비드 쿠퍼라이더David Cooperrider

모라 다 크루즈Maura Da Cruz, 숀 데일리Sean Daly, 스티븐 데코스키 시니어Steven Dekosky, Sr., 머시 델리언Mercy deLeon, 마크 데트먼Mark Dettmann, 던 돌Dawn Dole, 리서 우야닉 에벨Lise Uyanik Ebel, 마르타 에르하트Marta Erhard, 수젠 페이가이서Suzanne Fey-Gaiser, 클레어 피알코프Claire Fialkov, 브루스 파일Bruce Fyle, 도리 폰테인Dorrie Fontaine, 섀런 프란케몽Sharon Franquemont, 론 프라이Ron Fry

패트리샤 걸리번Patricia Gallivan, 매리 거겐과 켄 거겐 부부Mary and Ken Gergen, 찰스 깁스 시니어Charles Gibbs, Sr., 매리 앤 지오다노 시니어Mary Ann Giordano, Sr., 주드 엘런 골럼비에스키Jude Ellen Golumbieski, 마이크 구부Mike Goobu, 에이미 고얼리Amy Gorely, 짐 그레이디Jim Grady, 리타 길드Rita Guild

데이비드 하다드David Haddad, 줄리 헤이즐립Julie Haizlip, 바버라 하트
퍼드Barbara Hartford, 레베카 헤크먼Rebecca Heckman, 앨런 헨더슨Allan
Henderson, 캐롤 헨더슨Carol Henderson, 마거릿 헨더슨Margaret Henderson,
페기 홀먼Peggy Holman, 에드 하월Ed Howell

제프 잭슨과 모리스 모넷 부부Jeff Jackson and Maurice Monette, 데니스 재
피Dennis Jaffe, 길 저드슨Gil Judson, 톰 케이니Tom Kaney, 주디 킨Judy
Keene, 폴 켈리Paul Kelly, 아시와니 쿠나라Ashwani Khurana, 낸시 크리플런
Nancy Kriplen

피터 랭 시니어Peter Lang, Sr., 브리지드 롤러Brigid Lawlor, 스튜어트 러
빈Stewart Levine, 바버라 루이스Barbara Lewis, 제시카 루이스와 돈 루이스
부부Jessica and Don Lewis, 마틴 리틀Martin Little, 짐 로드Jim Lord, 짐 루데
마Jim Ludema

내털리 메이Natalie Mae, 샐리 마헤Sally Mahe, 데비 맨검Debbie Mangum,
줄리 맨허드Julie Manhard, 마이크 맨틀Mike Mantel, 수젠 매러너와 존 매러
너 부부Suzanne and John Mariner, 로리 마슬락 시니어Laurie Maslak, Sr., 매리
캐서린 마세이Mary Catherine Massei, 엘스페스 맥애덤Elspeth McAdam, 캐롤
맥로런Carol McLaurin, 셰일라 맥나미Sheila McNamee, 커트 멜리츠키Kurt
Meletzke, 캐롤린 밀러Carolyn Miller, 버나드 모어Bernard Mohr, 암샤타 먼로
Amshatar Monroe, 피터 모랄레스Peter Morales, 캐롤 아길레라 무가 시니어
Carlos Aguilera Muga, Sr., 매덜린 먼디Madeleine Munday

타카후미 나와 Takafumi Nawa, 게리 넬슨 Gary Nelson, 뎁 니컬 Deb Nickell, 딕 노트배트 Dick Notebaert, 킬리 올와일러 Kelle Olwyler, 릭 펠렛 Rick Pellett, 마지 페리 Marge Perry, 페기 플루스오건 Peggy Plews-Ogan, 테니 풀 Tenny Poole, 밥 포산자 Bob Possanza, 필립 풀린 Phillipe Poulin

손자 라다츠 Sonja Radatz, 앤 래드퍼드 Anne Radford, 닐라 레언허트 Nila Reinhart, 로즈매리 리처드슨 Rosemary Richardson, 존 리즈먼 John Rijsman, 데이너 라빈슨과 짐 라빈슨 부부 Dana and Jim Robinson, 마이런 라저스 Myron Rogers, 프랭크 라저스와이트 Frank Rogers-White, 캐런 로니 Karen Roney, 짐 로즈와 수 로즈 부부 Jim and Sue Rose

마지 쉴러 Marge Schiller, 주디스 슈스터 Judith Schuster, 신좌섭 JwaSeop Shin, 존 쇼얼링 John Shorling, 존 쇼터 John Shotter, 패티 스미스 Patti Smith, 낸시 서던 Nancy Southern, 벳시 스탕 Betsy Stang, 재키 스타브로스 Jackie Stavros, 줄리 스탁턴 Julie Stockton, 수레시 스리바스트바 Suresh Srivastva, 빌 스윙 시니어 Bill Swing, Sr., 클레어 슐라체트카 Clare Szlachetka

에미코 타카마 Emiko Takama, 쿠니오 타카마 Kunio Takama, 조해너 보덜링 Johanna Vodeling, 제인 왓킨스와 랠프 켈리 부부 Jane Watkins and Ralph Kelly, 랠프 와이클 Ralph Weickel, 그레그 웰치 Greg Welch, 앤 윌리엄스 Anne Williams, 로즈매리 윌리엄스 Rosemary Williams, 티시 윌슨 Tish Wilson, 수전 우드 Susan Wood, 대니얼 잔데 Danielle Zande, 앤드리어 진츠 Andrea Zintz

아르테미스 Artemis, 캘거리 헬스 리전 Calgary Health Region, 콜로라도 스프링스 리더십 연구소 Colorado Springs Leadership Institute, 엘포마 재단 El Pomar Foundation, 그린 마운틴 커피 로스터스 Green Mountain Coffee Roasters, 휴렛 패커드 Hewlett-Packard, 일본 휴먼밸류 Human Value, Japan, 헌터 더글라스 윈도 패션사업부 Hunter Douglas WFD, 리더십 파익스 피크 Leadership Pikes Peak, 산체스 테니스 Sanchez-Tennis and Associates, 시스터즈 오브 더 굿 쉐퍼드 중북 아메리카 지구 Sisters of the Good Shepherd PMNA, 멘토링 컴퍼니 The Mentoring Company, 타오스 연구소 The Taos Institute, 바야르타 연구소 The Vallarta Institute, 세계종교연합 United Religious Initiative, 미국 반도핑 기구 U.S. Anti-Doping Agency, 버지니아대학 의료센터 University of Virginia Health System

다이아나 휘트니 박사 Diana Whitney, Ph.D.

CPCCorporation for Positive Change사의 대표이다. 영감이 가득한 기조 연설가이자 경영고문, A 리더십과 긍정변화 분야의 이상을 꿈꾸는 선구자이다. 30개국 이상에서 에이아이의 도입과 개발에 이바지했으며, 이를 활용해 사업과 의료건강, 교육, 종교 단체 등의 대규모 변혁과 전략적 문화 변화에 대한 자문을 하고 있다. 그녀의 저서는 전 세계 수백만 명에게 영향을 미쳤고, 본인에게는 화려한 수상경력을 안겨줬다. 15권의 책과 수십 편의 글을 저술 혹은 편집했다. 현재 공인된 지도자들의 국제 망을 두고 있는 ALDPAppreciative Leadership Development Program을 설계했다. 타오스 연구소Taos Institute의 설립자이자, 세이브룩 대학Saybrook University의 특별자문위원이며, 세계 비즈니스 아카데미World Business Academy의 명예회원이다.

연락처: Diana@positivechange.org

아만다 트로스텐-블룸 Amanda Trosten-Bloom

CPC사의 Managing director이다. 널리 존경받는 컨설턴트이자, 전문 지도사이며, 활력적인 연설가이다. 에이아이 분야의 선구자로, 영리사업과 비영리단체, 지역사회 등의 전체적인 체계 변화에 활발히 참여하고 있다. 조직 탁월성 추구, 조직 문화변화, 전략기획을 도우며 경영자 및 경영진들과 성과지향적인 협력관계를 쌓고 있다. 첨단기술과 서비스, 제조업, 공공부문 등에 관한 수십 편의 탁월한 글과 책을 저술하여 상을 받았다. "The Power of Appreciative Inquiry"와 "The Encyclopedia of Positive Questions"을 포함해 책 4권의 책을 공저하였다.

연락처: Amanda@positivechange.org

케이 레이더Kae Rader

레이더 컨설팅Rader Consulting의 대표이자, CPC의 컨설팅 파트너로 활동하고 있다. 성과지향적인 컨설턴트이자, 역동적인 퍼실리테이터이며, 연설가이다. 다양한 조직의 경영진을 도와 협동적이고 고성과 문화를 구축하고, 전략을 구상하며, 성과를 증진하고, 운영계획을 개발한다. 비영리재단의 모범경영governance best practice에 대한 자문도 제공하고 있다. 미국올림픽위원회U.S. Olympic Committee와 인디아나스포츠기업Indiana Sports Corporation, 엘포마 재단El Pomar Foundation의 고위 임원으로 재직 중이다. 콜로라도 대학University of Colorado에서 비영리경영 과정을 졸업하고 행정학 석사학위를 취득했다.

연락처: Kae@positivechange.org

| 역자 소개 |

이영석

ORP연구소의 대표이며 미국 CPC(Corporation for Positive Change)의 컨설팅파트너, CPC의 Certified Appreciative Inquiry Practitioner, Appreciative Leadership Development Program의 공식 Trainer, ICA(Institute of Cultural Affairs)의 CTF(Certified ToP-Technology of Participation-Facilitator)로 활동하고 있다. 한국긍정변화센터(KCPC)를 설립하여 AI를 통한 긍정변화 전파에 노력을 기울이고 있으며, 한국 ToP 퍼실리테이션센터(KTCF)를 설립하여 참여기반의 퍼실리테이션을 통한 조직과 사회변화 활동을 수행하고 있다. 한국에아이협회 부회장, 한국퍼실리테이터협회부회장으로 활동하고 있으며 성균관대학교에서 산업조직심리학박사학위를 취득하였고, 성균관대 겸임교수를 하고 있다. LG전선(현 LS전선) HR팀, 한국능률협회(KMA)의 컨설팅 부문장을 역임하였으며 조직개발전문가로 활동하고 있다. 저서로 "조직신뢰", "DC 기반학습"이 있으며 공역으로 "퍼실리테이션 쉽게 하기", "핵심역량과 학습조직", "컨센서스 워크숍 퍼실리테이션", "긍정조직혁명의 파워", "A 팀 빌딩", "AI Summit", "A Coaching", "A리더십" 등이 있다.

김명언

서울대학교 사회과학대학 심리학과의 조직심리학 담당 교수이다. 미국 미시건대학교에서 조직심리학 석사 및 박사학위를 취득하였으며 동대학교 경영대학 교수, 서울대학교 대학생활문화원장, 한국 산업 및 조직심리학회 회장, 한국심리학회 회장을 역임하였다. GS Caltex, LG, 삼성, SK, 노동부, 서울대학병원 등의 자문교수 및 연구 프로젝트 수행하였다. 저서로는 "한국기업문화의 이해", "21세기 한국의 미래발전과 성장동력"(공저)가 있으며 역서로는 "긍정에너지 경영", "이기는 결정"(공역) 등이 있다.

신좌섭

현재 서울대학교 의학대학 의학교육학교실 주임교수, 의학교육연수원 부원장, 이종욱-글로벌의학센터 부소장 겸 교육개발부장이며 한국의과대학 의학전문대학원장협회 전문위원장, 한국의학교육학회 학술이사 등을 역임하였다. (재) 짚풀문화재단 이사장, (사) 신동엽기념사업회 이사, (사) 인권의학연구소 이사이기도 하다. 서울대학교 의과대학을 졸업하고 서울대학교 대학원에서 의료역사학 석사를, 한양대학교에서 교육공학 박사 학위를 취득하였다. International Association of Facilitators의 Certified Professional Facilitator, Corporation for Positive Change의 Certified Appreciative Inquiry Practitioner, Certified Trainer for Appreciative Leadership Development Program로서 집단의 참여-대화-합의를 이끌어내는 Facilitation 실천과 연구 활동을 하고 있다. 1980-90년대 노동문제 전문가로 활동하면서 "안전하고 건강한 노동을 위하여" 등의 저서를 집필하였으며, 최근에는 공적개발원조 전문가로서 라오스, 캄보디아, 남태평양도서국가 포럼, 몽골, 미얀마, 남수단 등의 개발도상국 의료인력 역량강화 사업을 수행하고 있다. 한국의학사, 의학교육, 개발원조 등에 관한 다수의 논문을 집필하였다.

A 리더십

초판 1쇄 발행 2011년 3월 25일
재판 1쇄 발행 2014년 5월 30일

지은이 다이아나 휘트니, 아만다 트로스튼-브룸, 케이 레이더
옮긴이 이영석, 김명언, 신좌섭
펴낸곳 ORP Press
펴낸이 이영석
출판등록 2003년 4월 3일 제321-3190000251002003000015호

기획편집 최보배
마케팅 영업 긴지애
디자인 아이테르 커뮤니케이션 aripark69@hanmail.net
제작처 동아사 wpeace@hanafos.com

주소 서울특별시 서초구 서초대로 124(방배동) 선빌딩 3층
전화 02-3473-2206
팩스 02-3473-2209
홈페이지 orp.co.kr
이메일 kcpc@orp.co.kr

ISBN 978-89-965141-0-7

값 12,000원